کشتار زندانیان سیاسی ایران در سال ۱۳۶۷

گزارشی از جفری رابرتسون، وکیل دادگستری

مترجم: هرمز حکمت

از انتشارات

بنیاد عبدالرحمن برومند

دربارهٔ تهیه کنندهٔ گزارش

جفری رابرتسون، وکیل دادگستری، بنیانگذار و رئیس دفتر حقوقی دوتی در لندن است. وی در شماری از کشورهای دنیا سمت مشاور و نمایندهٔ حقوقی در پرونده‌های مهم حقوقی در زمینه‌های قانون اساسی، حقوق بشر، حقوق بین‌الملل و قوانین کیفری را برعهده داشته و نخستین رئیس دادگاه استیناف دیوان بین‌المللی کیفری سازمان ملل متحد در سیرالئون بوده است. در این دادگاه وی احکام رهگشایی دربارهٔ بخشودگی مجرمان، غیرقانونی بودن خدمت سربازی کودکان و شماری دیگر از مسائل مربوط به حقوق بین‌الملل کیفری صادر کرده است. درسال ۱۳۸۷، وی از سوی دبیرکل سازمان ملل متحد به عنوان یکی از حقوقدانان برجستهٔ شورای حقوقی سازمان ملل متحد برگزیده شد. جفری رابرتسون در انگلستان قاضی ویژه و استاد مدعوّ قوانین حقوق بشر در کالج کوئین مری است. وی دربارهٔ جنبه‌های گوناگون حقوق بین‌الملل و موازین و اصول حقوق بشر کتاب‌ها و مقاله‌های بسیاری نوشته و در بسیاری از برنامه‌های تلویزیونی و رادیویی انگستان و استرالیا شرکت کرده است. مقاله‌های پژوهشی وی را در سایت زیر می‌توان دید:
www.geoffreyrobertson.com

دربارهٔ بنیاد عبدالرحمن برومند

بنیاد عبدالرحمن برومند برای پیشبرد حقوق بشر و دموکراسی در ایران به یاد دکتر عبدالرحمن برومند، وکیل دادگستری و یکی از مبارزان راه آزادی در ایران، تأسیس شده است. وی در ۲۹ فروردین ۱۳۷۰ در پاریس به دست مأمورین جمهوری اسلامی به قتل رسید. این بنیاد، که نهادی مستقل است و به هیچ گروه و سازمان سیاسی و دولتی وابسته نیست، ترویج و تقویت فرهنگ مردم سالاری و اندیشه حقوق بشر را از شرایط ضروری استقرار و ثبات دموکراسی در ایران می‌شمرد. بنیاد عبدالرحمن برومند در فروردین ماه سال ۱۳۸۰ به ابتکار لادن و رویا، فرزندان وی به ثبت رسید. این دو به خاطر تلاش‌هاشان برای پیشبرد حقوق بشر در ایران در سال ۱۳۸۸ مفتخر به دریافت جایزهٔ لش والسا (رئیس جمهور سابق لهستان) شدند.

اصول و ارزش‌های مندرج در اعلامیه جهانی حقوق بشر ۱۹۴۸ و میثاق‌های مرتبط با آن رهنمون بنیاد عبدالرحمن برومند است. این بنیاد با اعتقاد به جوهر جهانی حقوق بشر و آزادی‌های فردی همهٔ تلاش‌هایش را بر این اصل قرار داده است که کلیهٔ این آزادی‌ها و حقوق باید، بدون استثناء و هیچگونه تبعیض جنسی، نژادی، ملی، اجتماعی، مذهبی و عقیدتی، ترویج، تأمین و تضمین شوند.

بنیاد عبدالرحمن برومند در تلاش برای پیشبرد اهدافش از حمایت مالی افراد و سازمان‌های خیریهٔ غیردولتی آمریکایی و اروپایی برخوردار می‌شود. یکی از حامیان بنیاد برومند، بنیاد ملّی برای دموکراسی (NED) نیز نهادی مستقل، غیر دولتی و غیر انتفاعی است. اگرچه بودجهٔ NED از سوی کنگرهٔ ایالات متحدهٔ آمریکا تأمین می‌شود، هیئت مدیره آن در طراحی و اجرای برنامه‌هایش از استقلال کامل برخوردار است. بنیاد برومند از هیچ دولتی کمک مالی دریافت نمی‌کند.

www.iranrights.org

یادداشت ناشر

در بهمن ماه سال ۱۳۸۷، مقامات جمهوری اسلامی تصمیم گرفتند که صدها گور بی نام و نشان را در گورستان خاوران، در جنوب تهران ویران کنند. تصمیم به از بین بردن اسناد جرم، آخرین مرحلهٔ رویداد غم انگیزی بود که در تابستان ۱۳۶۷ با کشتار مخفیانهٔ هزاران تن از زندانیان سیاسی ایران آغاز شد. ماه‌ها پیش از زیر و رو کردن قبرها، در مرداد ماه ۱۳۸۷، مأموران امنیتی از تجمع اعضای خانواده‌های کشته‌شدگان، که هر ساله انجام می‌گرفت، جلوگیری کرده بودند. به عنوان یک نهاد غیردولتی حقوق بشر که پاسداری و گرامی داشت یاد همه قربانیان خشونت دولتی و در عین حال ترویج دادرسی عادلانه در ایران را در برنامهٔ کار خود قرار داده است، بنیاد عبدالرحمان برومند خود را موظف می‌داند که اقدامات جمهوری اسلامی را در انکار، تحریف و جعل واقعیت‌های تاریخی و از بین بردن مدارک مربوط به اعدام‌های دسته جمعی به آگاهی جامعه بین‌المللی برساند.

از بدو تأسیس، بنیاد به جمع آوری نام و مشخصات هزاران زندانی سیاسی در ایران که در قتل عام ۱۳۶۷ اعدام شدند و نیز دیگر اعدام‌ها پرداخته و برای جستجو و جمع آوری مدارک با خویشان، دوستان و هم بندان آن‌ها مصاحبه کرده و از طریق پایگاه اینترنتی پیامهای خانواده‌ها و آشنایان را در تصحیح و تکمیل پرونده‌های تنظیم شده مورد بررسی قرار داده است. افزون بر این بنیاد از طریق گردآوری و پژوهش در گفته‌ها و نوشته‌های شاهدان این کشتارها، خاطرات منتشر شدهٔ زندانیان و نیز اظهارات رسمی مقامات دولتی سعی کرده است که مبانی سیاسی و ایدئولوژیک این کشتارها را روشن کنند.

در اوایل سال ۱۳۸۸، بنیاد مجموعه اسناد و مدارک گردآوری شده را در اختیار جفری رابرتسون، حقوقدان و مشاور حقوقی مشهور و معتبر انگلیسی قرار داد که به تحقیق و بررسی کشتارهای مخفی سال ۱۳۶۷ ایران بپردازد و نظر حقوقی و مستند خود را دربارهٔ این جنایات در دسترس عموم قرار دهد. وی به تنهایی و در استقلال کامل، دربارهٔ مدارک و اسناد جمع آوری شده، اعم از گواهی گواهان، بیانیه‌های رسمی دولتی و یا رویدادی تاریخی، داوری کرده است. گرچه بنیاد به انتشار این گزارش -که آن را گامی در راه گسترش پژوهش‌های حقوقی و تاریخی می‌شمرد- دست زده است الزاماً با همهٔ تجزیه و تحلیل‌های تاریخی و سیاسی آقای رابرتسون موافق نیست. با این همه، بنیاد در مجموع یافته‌ها و نتیجه گیری‌های حقوقی او را مورد تأیید قرار می‌دهد.

بنیاد از همهٔ زندانیانِ جان به در بُرده و بازماندگان قربانیانی که حاضر به دادن گواهی شده‌اند سپاسگزار است. آنان با افشاگری‌ها و گواهی‌های شجاعانهٔ خود تلاش جمهوری اسلامی را برای کتمان حقایق مربوط به کشتار زندانیان سیاسی در سال ۱۳۶۷ خنثی کرده‌اند. این گواهی‌های افشاگرانه بر اعتبار روایت گزارش و تحلیل‌های قضایی مؤلف آن افزوده است. گواهان این کشتار گرایش‌ها و باورهای سیاسی گوناگون دارند و الزاماً با تحلیل نویسندهٔ گزارش دربارهٔ ریشه‌ها و شرایط تاریخی این کشتار، و یا با نظر او دربارهٔ احزاب و سازمان‌هایی که در آن زمان به آن پیوسته بودند، موافق نیستند. این شاهدان عینی تنها برای تحقق عدالت و فاش شدن هویت مسئولان این جنایت است که به دادن گواهی پرداخته اند؛ گواهی‌هایی که جداگانه منتشر خواهند شد. بنیاد امیدوار است که این گزارش مستند حقوقی بازماندگان قربانیان این جنایت را در تلاش برای رسیدن به عدالت یاری دهد؛ عدالتی که نه تنها رژیم جمهوری اسلامی بلکه جامعهٔ بین‌المللی به آنان مدیون است؛ جامعه‌ای که خود را متعهد به پیکار علیه نسل کشی و جنایت علیه بشریت می‌داند.

فهرست مطالب:

۱. قصور در انجام تحقیقات

در اواخر تیرماه ۱۳۶۷، هنگامی که جنگ ایران و عراق با اعلام ترک مخاصمه‌ای پرخاشگرانه به مرحلهٔ پایانی‌اش رسیده بود، ناگهان در سراسر ایران ارتباط زندان‌هایی که از مخالفان لبریز بود با دنیای خارج بریده شد. قرارهای دیدار خویشان با زندانیان لغو گردید، رادیوها و تلویزیون‌های زندانیان از کار افتاد و دسترسی به روزنامه‌ها متوقف شد و زندانیان مجبور به ماندن در سلول‌های خود و محروم از ورزش روزانه و رفتن به کلینیک زندان شدند. حق ورود به این زندان‌ها در انحصار یک هیئت بازپرسی قرار گرفت که اعضایش مردان معمم و ریشویی بودند که در اتومبیل‌های بی.ام.و. و یا مرسدس بنز - برای رفتن به زندان‌های دور از شهر- سفر می‌کردند. یک قاضی شرع، دادستان انقلاب و یک مقام بالارتبهٔ اطلاعاتی اعضای این هیئت بودند. تقریباً همهٔ زندانیان -که شمارشان به چند هزار می‌رسید- و به جرم عضویت در سازمان مجاهدین خلق زندانی شده بودند، تک تک از برابر این هیئت گذشتند. این سازمان سیاست را از کارل مارکس، ایدئولوژی را از اسلام و جنگ پارتیزانی را از چه گوارا برگرفته بود. در مخالفت با رژیم شاه به هواداری از انقلاب اسلامی که آیت اله خمینی را به مسند قدرت نشاند برخاست. این هواداری، امّا، دیر نپایید و سازمان پیوندش را با حکومت مذهبی خمینی برید، و آن گونه که امروز ادعا می‌کند، برای استقرار دموکراسی در ایران به جنگ مسلحانه با جمهوری اسلامی پرداخت. هیئت بازجویان تنها یک پرسش از زنان و مردان جوانی داشت، که بیشترشان از سال ۱۳۶۰ فقط به اتهام شرکت در تظاهرات خیابانی و یا داشتن نوشته‌های سیاسی در زندان بودند. گرچه از قبل نمی‌دانستند، مرگ یا زندگی این زندانیان بسته به پاسخی است که به پرسش بازجویان می‌دهند. چشم زندانیانی را که پاسخشان نشان از ادامهٔ همکاری با مجاهدین خلق بود می‌بستند و آنان را به ردیف به سمت چوبه‌های دار می‌فرستادند. قربانیان جوان را، چهار چهار یا از جرّثقیل حلق آویز می‌کردند یا در گروه‌های شش نفره در سالن بزرگ زندان به دار می‌کشیدند. برخی از آنان را نیز شبانه به پادگان زندان روانه می‌کردند تا پس از نوشتن وصیت‌نامه تیرباران شوند. جسد اعدام شدگان را پس از آغشته کردن با مواد ضد عفونی به کامیون‌های سردخانه دار منتقل می‌کردند تا شبانه در گورستان‌های بی نام و نشان دفن کنند. تنها ماه‌ها پس از اعدام زندانیان، به خویشان آن‌ها، که تشنهٔ شنیدن خبری از فرزندان یا مادر و پدران محبوس خود بودند، کیسهٔ پلاستیکی‌ای تحویل می‌دادند که محتوایش اشیاء متعلق به معدوم شدگان بود. به خویشان معدومین هیچ اطلاعی دربارهٔ محل خاکسپاری عزیزانشان داده نمی‌شد. آنان حتی از حق برگزاری مراسم علنی عزاداری محروم بودند. تا میانهٔ مرداد ۱۳۶۷ جمهوری اسلامی هزاران زندانی را بی‌محاکمه، محروم از وکیل و حق پژوهش با بی‌رحمی تمام اعدام کرد.

رهبران رژیم، امّا، به کشتار اعضا و هواداران سازمان مجاهدین خلق اکتفا نکردند. این کشتارها، پس از وقفهٔ کوتاهی در ایام عزاداری ماه محرم از سر گرفته شد، هنگامی که کمیتهٔ مرگ (نامی که زندانیان به هیئت بازجویان داده بودند) به احضار اعضای سایر سازمان‌های چپگرا پرداخت که از نظر کمیته عقاید و آرایشان با ایدئولوژی حکومت مذهبی که روح الله خمینی پس از انقلاب بر پاکرده بود سازگاری نداشت، از جمله حزب کمونیست توده که با مسکو پیوندی دیرینه بسته بود، سازمان مارکسیست لنینیستی فدائیان خلق (که به دو بخش اکثریت و اقلیت مشعب شده بود) پیکار (مارکسیست لنینیست سنتی)، و دیگر گروه‌های چپگرا.

مصاحبهٔ کمیتهٔ مرگ با افراد این گروه طولانی‌تر و موذیانه‌تر از پیش بود امّا اندک بختی برای زنده ماندن (البته در بسیاری موارد پس از شکنجه) به آنان می‌داد. این بار، جرم زندانیان نه اعتقادات سیاسی بلکه گرایش‌های مذهبی و

اکراهشان از تبعیت از اسلام برساختۀ رژیم بود. به سخن دیگر، بازجویان در پی آن بودند که افراد این گروه را به ارتداد متهم کنند. در پایان یک جلسۀ دادرسی اختصاری، آنان که جرمشان خدانشناسی و یا بی ایمانی بود امّا پدران و مادرانشان به خدا و اسلام اعتقاد داشتند، محکوم به اعدام شدند؛ امّا زنان متهمی که دارای همین ویژگی‌ها بودند، همراه دیگر مردانی که خانواده‌ای غیرمذهبی داشتند محکوم به تحمل ضربات روزانۀ شلاق بودند تا نماز بخوانند و یا زیر ضربه‌های شلاق جان دهند. و چنین بود که از اوایل شهریور تا آبان ماه موج دوم اعدام‌ها به قصد نسل‌کشی انجام گرفت، زیرا قربانیان به خاطر مذهبشان هدف قرار گرفته بودند. این بار، امّا، نظم و قاعده‌ای در کار نبود زیرا گاه قربانی نه اعدام که شکنجه می‌شد. این موج دوم کشتار نیز، همانند کشتار مجاهدین خلق، پنهانی صورت گرفت. خویشان قربانیان هفته‌ها، و گاه ماه‌ها، از مرگ عزیزانشان بی‌خبر ماندند. حتّی به آنان گفته نمی‌شد که فرزندان یا پدرانشان را مخفیانه کجا دفن کرده‌اند. رسانه‌ها نیز که مطیع رژیم بودند خبری از این اعدام‌ها منتشر نمی‌کردند.

کشتار دستجمعی، امّا، هرگز مخفی نمی‌ماند. در اواخر مرداد ۱۳۶۷، خبر افزایش ناگهانی اعدام‌های سیاسی در ایران در دو روزنامۀ نیویورک تایمز و فیننشال تایمز منتشر شد و در پی آن، در ۱۱ شهریور ۱۳۶۷ سازمان عفو بین‌الملل در یک بیانیۀ اضطراری نگرانی عمیق خود را از اینکه ممکن است صدها تن زندانی سیاسی در ایران اعدام شده باشند اعلام کرد.[۱] تا آن هنگام هنوز کمتر کسی از ابعاد کشتار خبر داشت، امّا در مهر ماه همین سال، سیل شکایت‌های شفاهی و کتبی دربارۀ موج کشتارها به سوی نمایندۀ ویژۀ کمیسیون حقوق بشر سازمان ملل متحد، گالیندو پُل، سرازیر شد. در ۵ مهر همین سال، وی موضوع را در جلسه‌ای با نماینده دایمی ایران در سازمان ملل متحد در میان گذاشت. اما پاسخی که گرفت این بود که «کشتار» در عرصۀ جنگ با مجاهدین خلق رخ داده بود، به هنگامی که در اوایل مرداد ماه، شمار معدودی از نیروهای این سازمان کوشیده بودند از مرز عراق وارد خاک ایران شوند اما به سرعت شکست خورده بودند (این حمله و ضد حمله را جمهوری اسلامی «عملیات مرصاد» لقب داده بود و مجاهدین «فروغ جاویدان»). در واقع، نمایندۀ ایران کشتار زندانیان را یکسره انکار کرد و از پاسخ دادن به پرسش‌های گالیندو پُل امتناع ورزید آن هم به این بهانه که اطلاعات دربارۀ کشتار را منابع وابسته به مجاهدین خلق قبلاً به او داده‌اند و بنابراین مسلماً تبلیغاتی دروغین بوده است.[۲] با این همه، پُل در اواخر مهر ماه گزارش‌های معتبری را که در این باره به او رسیده بود منتشر کرد. براساس این گزارش‌ها، بین ۲۳ و ۲۵ مرداد ماه ۱۳۶۷، اجساد ۸۶۰ زندانی سیاسی یکجا در گورستانی در تهران دفن شده بود. (این گزارش مقدماتی به احتمالی، علی اکبر هاشمی رفسنجانی، رئیس وقت مجلس شورای اسلامی، را برانگیخته بود که در ۲۳ بهمن ۱۳۶۷ -ظاهراً نسنجیده- اقرار کند که شمار زندانیان سیاسی که در چند ماه اخیر کشته شده اند از هزار تجاوز نمی‌کند،[۳] رقمی که به نظر او پذیرفتنی می‌آمد.

در آذر ماه ۱۳۶۷، یک خبرنگار تلویزیونی اطریشی از میرحسین موسوی، نخست وزیر وقت (که در حدود بیست سال پس از این تاریخ در انتخابات ۱۳۸۸ ریاست جمهوری شکست خورد) پرسید که دربارۀ ادعاهایی که در رسانه های غربی در مورد نقض حقوق بشر منتشر شده است چه نظری دارد. موسوی با اشاره به قضیۀ مرصاد از پاسخ به این سؤال طفره رفت و گفت: "آن ها نقشه هایی برای کشت و کشتار داشتند و ما مجبور بودیم که توطئه آن‌ها را سرکوب کنیم... ما در این زمینه‌ها هیچ گذشتی نداریم.» وی در ادامه به روشنفکران غربی توصیه کرد که حق دولت‌های جهان سوّم را برای گرفتن تصمیم‌های قاطعانه علیه دشمنانشان به رسمیت بشناسند و اظهار تأسف کرد که اگر «آلنده»، رئیس جمهور مقتول شیلی، قاطعانه اقدام کرده بود کودتاچیان موفق نمی‌شدند.[۴] (موسوی قاعدتاً به این واقعیت آگاه بود که اگر در سال ۱۳۶۷ کسی در تهران به نشر و تبلیغ آراء چپگرانۀ آلنده می‌پرداخت بی درنگ اعدام می‌شد.)

در اسفند ماه ۱۳۶۷، خمینی در پیامی تاریخی به

پرخاش علیه هواداران چپگرای سابقش پرداخت: «هیچ تأسفی نمی‌خوریم که آنان در کنار ما نیستند. چرا که از اول هم نبوده‌اند. انقلاب به هیچ گروهی بدهکاری ندارد.» پرخاش او معطوف به دیگران نیز بود: به «گروه‌ها و لیبرال‌ها» که از او به خاطر اینکه «حکم خدا را بر علیه منافقین و ضد انقلابیون جاری» می‌کند انتقاد کرده بودند. به دیگران نیز هشدار داد که به حال «دشمنان خدا و مخالفین و متخلفین نظام» احساس دلسوزی نکنند. و در پایان پیام یادآور شد که: «تا من هستم نخواهم گذاشت حکومت به دست لیبرال‌ها بیفتد. تا من هستم نخواهم گذاشت منافقین اسلام این مردم بی‌پناه را از بین ببرند.»[5] گرچه رویهٔ جمهوری اسلامی در سازمان ملل این بود که همهٔ دعاوی دربارهٔ اعدام در زندان‌ها را انکار کند، اما سخنان و بیانیه‌های دوپهلو و تهدید آمیز رهبران رژیم را، که برای مصرف داخلی بود، در نهایت باید توجیهی بی پروا برای کشتار دستجمعی متهمان شمرد.

واقعیت آن است که سازمان ملل متحد از کشتارها - اگر هم نه از تعداد کشته‌شدگان که به هزارها تن می‌رسید- اندک زمانی پس از آغاز و قبل از پایان آن‌ها آگاه بود. کمیسیون حقوق بشر سازمان در سال ۱۳۶۵ گالیندو پل را، که یک دیپلومات اهل اِل سالوادور و استاد دانشگاه بود، به سمت نمایندهٔ ویژهٔ خود برگزید. وظیفهٔ وی این بود که سالانه گزارشی دربارهٔ اوضاع ایران، به ویژه دربارهٔ خبرهای موثّقی که دربارهٔ اعدام و شکنجهٔ زندانیان سیاسی و سرکوب بی رحمانهٔ بهائیان منتشر می‌شد برای اعضای کمیسیون تهیه کند.[6] گزارش نخستین وی، که در سال ۱۳۶۵ منتشر شد، شلاق زدن زندانیان و استفادهٔ گسترده از دیگر شیوه‌های اِعمال شکنجه را تأیید می‌کرد (معاینه‌های پزشکی زندانیان فراری و یا آزاد شده تردیدی در درستی این خبرها برجای نمی‌گذاشت) اما او تنها به دو تقاضا از دولت ایران اکتفا کرد. یکی برای تشکیل یک کمیسیون حقوق بشر به منظور رسیدگی به آنچه وی «ادعاهائی» دربارهٔ بدرفتاری با زندانیان و دادرسی‌های اختصاری می‌دانست و دیگری دادن اجازهٔ سفر به ایران. وی در عین حال از موافقت جمهوری اسلامی (موافقتی که به سرعت پس گرفته شد) با دیدار فرستادگان صلیب سرخ با زندانیان اظهار خشنودی کرد.[7] امّا، جمهوری اسلامی به جای دادن پاسخ به این تقاضاها کوشید تا با طرح بحث‌های نامربوط توجه گالیندو پل را از مسائل اصلی منحرف کند، از جمله بحث دربارهٔ سازگاری احکام اسلام با موازین حقوق بشر و اینکه آیا حقوقدانان مسلمان در تدوین اعلامیه جهانی حقوق بشر نقش کافی داشته‌اند یا نه. گالیندو پل در گزارش خود در سال ۱۳۶۶، ضمن پرداختن به مطالب طرح شده از سوی جمهوری اسلامی اشاره‌ای به شمار زندان سیاسی، که در این زمان به چندین هزار تن رسیده بود نکرد و حتی تقاضای قبلی خود برای دیدن زندان‌ها را هم مسکوت گذاشت (با آنکه از خبرهای منتشر شده دربارهٔ احتمال اعدام فوری برخی از زندانیان آگاه بود). پیشنهاد او این بود که «دولت ایران با رسیدگی به شکایت‌ها دربارهٔ وضع زندان‌ها پاسخی مناسب و فوری ارائه کند.»[8] گام‌هایی که جمهوری اسلامی حاضر شد در این موارد بردارد، اعدام زندانیان متهم به همکاری با سازمان‌های مخالف رژیم بود که در اوایل مرداد سال ۱۳۶۷ آغاز شد و در آبان ماه همان سال پایان یافت.

در چهارم شهریور۱۳۶۷، پُل مطلع شد که ۲۰۰ زندانی مجاهد در داخل زندان اوین حلق آویز شده‌اند. تنها در ششم مهر بود -ظاهرا پس از دریافت اطلاعاتی دربارهٔ موج اعدام‌هایی که از مرداد آن سال آغاز شده بود- که در نامه‌ای به نمایندهٔ دایمی ایران در سازمان ملل متحد خواستار توضیحی رسمی دربارهٔ این اعدام‌ها شد و در گزارش اولیه به مجمع عمومی سازمان ملل به تاریخ ۲۱ مهر ۱۳۶۷ وی به صراحت اعلام کرد که: «شمار بزرگی از زندانیان عضو گروه‌های مخالف رژیم، بین ماه‌های تیر و شهریور در ایران اعدام شده‌اند.»[9] وی همچنین گزارش داد که در ١٤ مرداد رئیس قوه قضاییه (موسوی اردبیلی) اعلام کرده بود که افکار عمومی به شدت خواهان آن است که همهٔ اعضای سازمان مجاهدین خلق، بدون استثنا و بی دخالت دادگاه، اعدام شوند و نیز تهدید کرده

بود که اعضای دیگری از این سازمان و از گروه‌های مخالفان رژیم اعدام خواهند شد.[۱۰] گزارشگر ویژهٔ سازمان ملل متحد در زمینهٔ اعدام‌های شتابزده قبلاً در تلگرافی به وزیر امور خارجهٔ ایران اخطار داده بود که دولت جمهوری اسلامی ایران با اعدام زندانیان پس از محاکمات اختصاری، غیررسمی و بدون رعایت مقررات آیین دادرسی؛ با خودداری از تفهیم اتهام به متهمان؛ با محروم کردن متهمان از دسترسی به وکیل؛ با محروم کردن متهمان از حق تحقیق و استیناف؛ و با تخلفات دیگری که ناقض ضوابط بین‌المللی ناظر بر دادرسی منصفانه‌اند، ماده ۱٤ میثاق بین‌المللی حقوق مدنی و سیاسی را نقض کرده است.[۱۱] واقعیت آن است که علی رغم قصور پروفسور پل در اتخاذ اقدامات پیش گیرانه در دورانی که کشتارها صورت می‌گرفت، مدارک و اسناد مربوط به این کشتارها در ۲۱ مهر ماه ۱۳۶۷ در اختیار مجمع عمومی سازمان ملل متحد قرار گرفت. نه این مجمع و نه شورای امنیت سازمان ملل هیچ یک، گامی در واکنش به این جنایات برنداشتند.

از این زمان به بعد هم گزارش‌های معتبر و متعددی در مورد موج کشتار، به دست پروفسور پُل می‌رسید. در بهمن ماه ۱۳۶۷ وی با ضمیمه کردن فهرستی شامل نام بیش از یک هزار تن از قربانیان احتمالی به گزارش بعدی خویش به مجمع عمومی، اعلام کرد که طبق اطلاعاتی که از منابع معتبر دریافت کرده است شمار اعدام‌شدگان به چند هزار تن می‌رسد. بیشتر آنان از مجاهدین خلق‌اند و بقیه از سایر گروه‌های چپگرا. بسیاری از قربانیان «دوران محکومیت خود را گذرانده بودند و بسیاری دیگر زندانیانی آزاد شده‌ای بودند که دوباره دستگیر و سپس اعدام شده‌اند. . . عده‌ای نیز شاهد دفن شدن اجساد بسیار در گورهای کم عمق بوده‌اند.»[۱۲] گالیندو پل در پایان گزارش چنین نوشت:

"دولت ایران موج کشتاری را که ظاهراً از ماه تیر تا مهر سال گذشته روی داده است یکسره انکار می‌کند. این انکار برای بی پایه دانستن ادعاها کافی نیست. . . ادعاها و شکایت‌هایی که از منابع متعدد، از جمله شماری ازسازمان‌های غیردولتی، دریافت شده و در رسانه‌های جمعی نیز بازتاب یافته است، به اعدام‌های شتابزده اشاره می‌کنند، آن هم در مناطقی که عرصهٔ عملیات نظامی نبوده‌اند. . . بسیاری از این گزارش‌ها شامل نام‌های کشته‌شدگان و تاریخ و محل اعدام آن‌هاست. برخی از آن‌ها به کسانی اشاره می‌کنند که بسیار زودتر از تاریخ وقوع این حوادث دستگیر شده بودند و نیز به زندانیان سابقی که پس از آزادی دوباره دستگیر شده‌اند. این ادعاها می‌بایست بر اساس موازین متداول بین‌المللی از طرف دولت ایران مورد تحقیق واقع شود. به ویژه، قاعده آن است که چگونگی پیروی از موازین ناظر بر محاکمات منصفانه در هر پرونده‌ای مورد تحقیق قرار گیرد و نتایج به دست آمده گزارش شود."[۱۳]

استاد گالیندو پُل، با همهٔ اطلاعات و داده‌هایی که در دسترسش بود، غرق در خوشحالی از برقراری آتش بس بین ایران و عراق، با اعلام رضایت عمیقش از این رویداد، قاطعانه اطمینان می‌دهد که دولت ایران «به زودی توجهش را، با رویکردی مثبت، معطوف به مسائل مربوط به حقوق بشر خواهد کرد» و به تحقیق و بررسی سوء استفاده از قدرت دولتی خواهد پرداخت. وی با ساده لوحی حیرت انگیزی در این گزارش چنین فرض می‌کند که دولت ایران به تحقیق دربارهٔ موارد تخطی از قانون و نقض حقوق بشر دست خواهد زد با آنکه در گفت و گوهای مکررش با نمایندگان حکومت ایران در سازمان ملل متحد، آن‌ها ریاکارانه به او اطمینان دادند که مرگ هزاران تن از مجاهدین در جبههٔ جنگ رخ داده است و نه در زندان‌ها.[۱۴]

دولت ایران هرگز خبر یا گزارش درستی دربارهٔ کشتارهای ۱۳۶۷ در اختیار نمایندهٔ ویژهٔ سازمان ملل قرار نداد. در این مورد می‌توان گالیندو پل را تا حدّی مقصر دانست. زیرا، گرچه مأموریت ویژه‌اش از سوی کمیسیون حقوق بشر تمدید شده بود، به نظر می‌رسد که او دیگر چندان علاقه‌ای برای پیگیری تحقیقات در مورد ادعاهای مطرح شده درباره کشتار در زندان‌ها نداشت. گزارش بعدی او در آبان ۱۳۶۸ حاوی این دروغ بزرگ جمهوری اسلامی است که قربانیان ادعایی کشتارها عفو و از زندان آزاد شده اند. او، گرچه گذرا، به

کشتارها به عنوان یک واقعیت اثبات شده اشاره می‌کند، وعدهٔ فریبکارانهٔ جمهوری اسلامی دربارهٔ بهتر کردن وضع زندان‌ها را می‌پذیرد. به این ترتیب، گالیندو پل به تحقیقات جدّی دربارهٔ اخبار مربوط به کشتار نپرداخت و مأموران رژیم ایران هم در این تاریخ، یعنی یک سال پس از کشتارها، اجازهٔ سفر به ایران را همچنان از او دریغ کرده بود.

در سال ۱۳۶۹، هنگام ارائهٔ گزارش گالیندو پل، برنامهٔ رژیم برای حذف منتقدان، به هدفش، یعنی ارعاب مخالفان رسیده بود. کشتن کاظم رجوی، نمایندهٔ شورای ملی مقاومت (ائتلافی که رکن اصلی‌اش سازمان مجاهدین خلق است) در سازمان ملل و دیگر منتقدان رژیم در سراسر اروپا، انتقاد از رژیم را به کاری خطرناک مبدل کرده و جسارت گواهان را به حداقل رسانده بود. فتوای هولناک خمینی برای کشتن سلمان رشدی در بهمن ۱۳۶۷ نیز بر غلظت فضای وحشت افزود. جمهوری اسلامی که با حذف بسیاری از مخالفانش در داخل و خارج از کشور به حد کافی از ثبات خود مطمئن شده بود به گالیندو پل اجازه سفری ٦ روزه را به ایران داد. در این سفر، پنج روز به گفت و گوی او با مقامات دولتی اختصاص یافته بود و یک نیم روز به بازدید از زندان اوین. در این زندان از او با یک گروه موسیقی استقبال شد (این شگرد را دولت آلمان هیتلری نیز هنگام ورود بازدیدکنندگان خارجی از اردوگاه‌های مرگ ترزین و آشویتز به کار برده بود).[۱۵] به او، امّا، اجازه داده نشد با زندانیانی که خواسته بود دیدار کند.[۱۶] درعوض افرادی را -که احتمالاً زندانی واقعی نبودند- به دیدار او آوردند. این «زندانیان» به او اطمینان دادند که رفتار زندانبانان با آنان رضایت بخش و کیفیت غذای زندان عالی است.[۱۷] گروهی از زنان عضو سازمان دولتی زنان نیز به گالیندو پل گفتند که «زنان ایران از آزادی کامل و بدون هیچ محدودیتی برخوردارند.»[۱۸] به دلایلی که هرگز اعلام نشد، گالیندو پل موفق به دیدار آیت‌الله منتظری -که یکی از پایه گذاران رژیم جمهوری اسلامی بود و هنگام وقوع کشتارها در مقام جانشینی خمینی قرار داشت و به خصوص خواستار دیدن گالیندو پل بود- نشد، امّا علاقه‌ای هم به دانستن این دلائل نشان نداد.[۱۹] جمهوری اسلامی هم با استفاده از فرصت به وی یادآوری کرد که «اکنون در موقعیتی است که بتواند ادعاهای بی‌پایه‌ای را که مخالفان رژیم جعل کرده‌اند انکار کند»[۲۰] و بر «نقشی که عفو و رحم در دین اسلام دارد» انگشت گذارد.[۲۱] گرچه خبر زندانی بودن مخفیانهٔ برخی از مجاهدین جان به در برده از اعدام در بند ۲۰۹ زندان اوین، به گالیندو پل رسیده بود، وی به بررسی بیشتر در این باره نپرداخت.[۲۲] به این ترتیب، بخش پایانی گزارشی که وی ارائه کرد به سان کوهی بود که بغُرّد و آن‌گاه موشی زاید. در این بخش، او تنها به تأیید این واقعیت پرداخت که شمار ادعاهایی که دربارهٔ نقض حقوق بشر در ایران موجود است بیش از آن است که بتوان آن‌ها را بی اعتبار دانست. علاوه بر این به گفته او «اقدامات جمهوری اسلامی برای پایان بخشیدن به چنین ادعاهایی کافی نبوده است.»[۲۳] به گزارش سازمان عفو بین‌الملل، قبل از دیدار گالیندو پل از ایران، رژیم دسته گل‌ها و سنگ قبرهای بخشی از گورستان مرکزی تهران را که گمان می‌رفت محل دفن جمعی باشد جمع کرد، از بیم آنکه پروفسور پل بر دیدنش اصرار ورزد.[۲۴] گالیندو پل، امّا، حتی درخواست دیدن این محل مظنون را هم نکرد.

واقعیت مسلم این است که کمیسیون حقوق بشر و مجمع عمومی سازمان ملل هر دو، در همان ابتدای کار، به شواهد و مدارکی دربارهٔ کشتارها دست یافته بودند، امّا، نه در آن زمان و نه پس از آن به تحقیقات واقعی و مجّدانه دست نزدند. تعجب آور اینکه گزارش‌های گالیندو پل از ۱۳۷۰ به بعد حتّی نامی از این کشتارها نیست (گرچه به اعدام زندانیان سیاسی بدون دادرسی منصفانه اشاره می‌کنند).[۲۵] در این مرحله، گزارش‌ها بیشتر معطوف به برنامهٔ قتل رهبران سازمان‌های مخالف رژیم در خارج شده بود. آخرین نخست وزیر شاه، شاپور بختیار در فرانسه کشته شد و گروهی از رهبران و اعضای سازمان‌های سیاسی مخالف رژیم در آلمان، سوئیس و ترکیه آماج رگبار گلوله‌های آدمکشان جمهوری اسلامی‌شدند. قتل یکی از مترجمان آثار سلمان رشدی نیز در پی فرمان خونریز سید علی خامنه ای، جانشین خمینی و رهبر کنونی جمهوری اسلامی، انجام شد. در این فتوا از همهٔ

مسلمانان جهان خواسته شده بود که حکم قتل را دربارهٔ همه کسانی که به نوعی با انتشار آیات شیطانی سلمای رشدی ارتباط داشته‌اند اجرا کنند.[۲۶] در این واقعیت تردید چندان نیست که بی پروایی جمهوری اسلامی در بی اعتنایی اهانت بار به حقوق بین‌الملل، حاصل گریختن این رژیم از پاسخگویی به ارگان‌های سازمان ملل متحد در مورد کشتار بی‌رحمانهٔ هزاران زندانی بود. چرا به این رژیم اجازه داده شد که از عواقب نقض فاحش و مستمر حقوق زندانیان -که از زمان کشتار زندانیان ملل متفق در ژاپن در پایان جنگ جهانی دوم مانندی نداشته است- بگریزد؟ کشتار زندانیان سیاسی در زندان‌های جمهوری اسلامی در سال ۱۳۶۷ رخ داد، پنج سال پیش از تشکیل دادگاه‌های بین‌المللی برای مجازات مرتکبان جنایات علیه بشریت در یوگوسلاوی سابق و روآندا. در بهار همان سال، صدام حسین کردهای ساکن حلبچه را با گازهای سمی کشت و از انتقام سازمان ملل هم مصون ماند. در فضای سیاسی که با پایان جنگ ایران و عراق در تابستان ۱۳۶۷ ایجاد شد دیپلومات‌ها و کارمندان سازمان ملل متحد عملاً جنایتی را که هر دو دولت مرتکب شده بودند نادیده گرفتند. اما آنچه به ایران دادند بخشودگی بود و پیامی که همراه دارد: اگر بتوان هزاران تن زندانی را پنهانی و بی‌محاکمه کشت و از کیفر گریخت، به یقین می‌توان دیگر اصول حقوق بین‌الملل را هم زیرپا گذاشت و از مجازات مصون ماند، مخالفان را در کشورهای دیگر کشت و حتی به ساختن سلاح‌های هسته‌ای هم پرداخت. در سال ۱۳۶۷، هنگامی که سازمان ملل متحد، دولت‌ها و کمیسیون‌های عضوش، نتوانستند یا نخواستند مجدّانه به تحقیق دربارهٔ کشتار دستجمعی در زندان‌های ایران بپردازند، جمهوری اسلامی ایران آسان به این واقعیت پی برد که حقوق بین‌الملل نه تنها دندان تیزی ندارد، بلکه از به هم ساییدن دندان‌هایش هم عاجز است.

آشکارا، سازمان ملل متحد از انجام تحقیقات جدّی دربارهٔ نقض حقوق بشر در ایران کوتاهی کرده بود، اما در زمستان سال ۱۳۶۷ سازمان عفو بین‌الملل با انتشار گزارشی کوتاه اما کوبنده با عنوان «کشتار ۱۳۶۷» وارد میدان شد. این گزارش شامل نام ۲۰۰۰ قربانی، «از جمله شماری از زندانیان عقیدتی می‌شد که . . . عملاً قادر نبودند به جاسوسی یا عملیات تروریستی اقدام کرده باشند. بسیاری از کشته‌شدگان نوجوانان یا جوانان محصلی بودند که سنشان از بیست و اندی سال بالاتر نمی‌رفت.» در این گزارش شرح دلخراش نمونه‌هایی از رفتار بی‌رحمانهٔ مأموران رژیم با والدین سوگوار کشته‌شدگان نیز آمده بود، از جمله بی‌خبر نگه داشتن آنان از محل دفن عزیزانشان. طبق این گزارش، آیت‌الله منتظری در چند نامه به خمینی از قتل عام‌ها شکایت کرده بود. این نامه‌ها را می‌توان نشان آگاهی بالاترین سطوح تصمیم گیری رژیم از محاکمات شتابزده و اعدام هزاران تن از زندانیان، بدون رعایت اصول قانون اساسی و موازین آیین دادرسی، شمرد. افزون بر این، طبق همین گزارش «کشتار زندانیان سیاسی به احتمال بسیار با قصد قبلی و براساس یک برنامه ریزی حساب شده و با موافقت بالاترین مقام‌های دولتی انجام شده است.»[۲۷]

هویت «مقام بالای دولتی» تنها پس از گذشت ۱۲ سال، هنگامی کاملاً آشکار شد که خاطرات منتظری همراه با نامه‌هایش به خمینی در سال ۱۳۷۹ انتشار یافت. این خاطرات را شاگردان منتظری در قم تنظیم کرده بودند، در شهری که هم محل زندگی‌اش بود و هم وفاتش. منتظری، در دوران شاه فقیهی تندرو و آشتی ناپذیر می‌نمود و از همین رو بارها به زندان افتاده بود. در انقلاب ۱۳۵۷ در زمرهٔ رهبران با نفوذ آن شناخته می‌شد. نقش‌اش در پیروزی انقلاب و استقرار جمهوری اسلامی چنان بود که مجلس خبرگان رهبری او را به اتفاق آراء به عنوان جانشین رهبر نظام پس از خمینی برگزید. منتظری به یقین از مجاهدین دل خوشی نداشت -پسرش در سال ۱۳۶۰ در انفجار بمبی که کار مجاهدین شمرده شد کشته شده بود- امّا در میان رهبران طراز اول رژیم او تنها کسی بود که کشتار مجاهدین را برنتابید. بر پایه آنچه در خاطراتش آمده است، در ششم مرداد ۱۳۶۷، چند روزی پس از آغاز حملهٔ «فروغ جاویدان» مجاهدین، خمینی در فتوایی محرمانه دستور

کشتن همهٔ مجاهدینی را که هنوز در زندان‌های ایران به سر می‌بردند صادر کرد. وظیفهٔ اجرای این دستور مشخصاً به یک گروه سه نفری محوّل شد: حسینعلی نیّری، قاضی شرع (که چندی پس از این تاریخ به مقام نیابت ریاست قوه قضاییه منصوب شد)، مرتضی اشراقی، دادستان کل تهران (و اکنون یکی از قضات دیوان عالی کشور)، و مصطفی پورمحمدی، معاون وزیر اطلاعات به نمایندگی از این وزارتخانه (وی در کابینهٔ نخست احمدی نژاد وزیر کشور بود). فتوای خمینی در واقع حکم قتل همهٔ مجاهدینی بود که به آرمان‌های سازمان خود وفادار مانده بودند. به این ترتیب، کمیتهٔ سه نفری وظیفه‌ای برای صادرکردن حکم و یا قضاوت دربارهٔ یک یک زندانیان نداشت. تنها مأموریت کمیته این بود که بر اساس پرونده هر زندانی و پاسخش به یک پرسش ساده، احراز کند که وی مشمول حکم فتواست. در انجام این مأموریت فتوا تصریح کرده بود که «آقایانی که تشخیص موضوع به عهده آنان است وسوسه و شک و تردید نکنند و سعی کنند «اشداء علی الکفار» (سورهٔ الفتح، ایهٔ ۲۹: بر کافران سخت گیر) باشند.»

فتوای رهبر به سرعت مورد پرسش موسوی اردبیلی، رئیس قوه قضاییه قرار گرفت. پرسش وی این بود که آیا حکم فتوا تنها شامل کسانی می‌شود که قبلاً محاکمه و محکوم به اعدام شده‌اند یا همهٔ زندانیان محاکمه نشده و یا محکوم به حبس کوتاه مدت هم مشمول آن می‌شوند. پاسخ خمینی این بود که **«در تمام موارد فوق هر کس در هر مرحله اگر بر سر نفاق باشد حکمش اعدام است.»** پرسش بعدی موسوی اردبیلی این بود که آیا مقامات قضایی محلی می‌توانند مستقلاً در این موارد تصمیم بگیرند یا باید تصمیم را به مرکز استان محول کنند. پاسخ این بود که «**سریعا دشمنان اسلام را نابود کنید، در مورد رسیدگی به وضع پرونده‌ها در هر صورت که حکم سریعتر انجام گردد همان مورد نظر است.**» منتظری در ۹ مرداد ضمن انتقاد از آن، اظهار داشت که فتوا «در شرایط فعلی حمل بر کینه توزی و انتقامجویی می‌شود.» وی بر این نکته تأکید کرد که اعدام‌هایی که بدون رعایت آیین دادرسی یا موازین قضایی صورت گیرند به اعتبار نظام لطمه خواهند زد و مجاهدین معدوم را به مقام شهدا خواهند رساند. اندرزهای او به عفو و بخشش، امّا، به گوش ناشنوای رهبر فرتوت نرسید که اندکی پیشتر خبر نزدیک شدن پایان عمرش را از پزشکان معالجش شنیده بود (خمینی سالی بعد به بیماری سرطان در گذشت). در این میان، منتظری نومیدانه در نامه‌ای به رئیس قوه قضاییه با اشاره به اینکه قاضیان شرع تا آن تاریخ نزدیک به ۳۸۰۰ زندانی را کشته اند، نوشت که «من آیندگان و تاریخ را در نظر می‌گیرم.»

پس از انتشار نامه‌های منتظری، بلافاصله سیل پیشنهادها دربارهٔ ضرورت داوری حقوقی دربارهٔ کشتارها، به جای داوری تاریخ، سرازیر شد. لرد اوبری و شماری از نمایندگان پارلمان انگلیس خواستار رسیدگی فوری کمیتهٔ حقوق بشر سازمان ملل متحد دربارهٔ کشتارها شدند. در زمستان ۱۳۸۰، این درخواست، همراه با درخواست صدور ادعانامه‌ای علیه «ملایان حاکم بر ایران به خاطر کشتار ۳۰۰۰۰ زندانی سیاسی»، در کتابی ۲۵۰ صفحه‌ای با عنوان جنایت علیه بشریت منتشر شد. نام ۳۲۰۸ نفر از مجاهدین قربانی شده همراه با عکس برخی از آنان در این کتاب آمده است، همراه با روایت تکان دهنده بازماندگان قربانیان دربارهٔ جلوگیری مأموران از برگزاری مراسم ترحیم. افزون بر این، در این کتاب ۲۰ تن از مأموران و رهبران رژیم نیز با قید نام و مشخصاتشان به عنوان عوامل اصلی کشتارها معرفی شده‌اند. آمر اصلی کشتار، امام خمینی، در سال ۱۳۶۸ مرده بود، امّا، دیگران همچنان در قوه قضاییه یا دیگر نهادهای دولتی شاغل مناصب مهم بودند. ادعا می‌شد که کمیتهٔ امور خارجهٔ شورای ملی مقاومت ایران -سازمانی که مجاهدین در آن نقشی اساسی را ایفا می‌کنند- مؤلف و ناشر کتاب بوده است. با همه جزئیاتِ قابل قبولی که دربارهٔ قربانیان سازمان خود در کتاب به چشم می‌خورد، در مجموع کتاب آشکارا روایتی یک سویه به نظر می‌رسد. رقم سی هزار قربانی کشتار اغراق آمیز می‌نماید[۲۸] و دست کم ارتباط برخی از کسان، که در شمار مرتکبین جنایات نام برده شده‌اند، با سلسله مراتب فرماندهی که اجرا کنندهٔ فتوا بوده است، مستند به سند یا اسناد معتبری نیست. امّا، به یقین برخی از این افراد با قتل

مخالفان رژیم، که پس از کشتار زندانیان در کشورهای اروپایی روی داد، ارتباط داشته‌اند. امّا، مسلماً چنین ارتباطی را به خودی خود نمی‌توان دال بر ارتباط این افراد با کشتار زندانیان شمرد. همان گونه که از عنوانش بر می‌آید، به نظر می‌آید که کتاب دربارهٔ «جنایت علیه بشریت» است. در آن تاریخ دادگاه‌های نوبنیاد سازمان ملل متحد در پی محاکمه رهبران نظامی و سیاسی کشورهای بالکان و روآندا به اتهام ارتکاب جنایات فجیع بودند. در این زمان، امّا، هنوز نظریهٔ دقیقی دربارهٔ اینکه آیا می‌توان چنین جنایاتی را ناقض اصول حقوق کیفری بین‌المللِ آن زمان دانست، ارائه نشده بود. در واقع، باید به یاد داشت که در همین اوان صدّام حسین با استفاده از سلاح‌های شیمیایی مرتکب قتل ۸۰۰۰ کرد در حلبچه شده بود بی‌آنکه واکنشی در جامعهٔ بین‌المللی بر انگیزد.

با گذشت زمان، جان به در بردگان از کشتار زندانیان سیاسی در ایران به تدریج شهامت آن را یافتند که خاطراتشان را در رسانه‌های جمعی گوناگون روایت کنند. بازماندگان و خویشان قربانیان این جنایات نیز هرگز از تلاش برای زنده نگاه داشتن یاد و نام عزیزان خویش دست بر نداشته‌اند. در دی ماه ۱۳۸۸ مأموران انتظامی رژیم مانع گردهمایی بازماندگان در گورستان تهران شدند و گروهی دیگر از مأموران دولت هم برای از بین بردن آثار جنایات به زیر و رو کردن قبرهای گروهی پرداختند. در سال ۱۳۷۸ نیز یروانت آبراهامیان، استاد تاریخ کالج باروخ نیویورک، موفق به بازساختن مکانیزم انجام کشتار ۱۳۶۷ شده و به شرح آن در یکی از فصل‌های کتابش با عنوان «اعتراف‌های زیر شکنجه»[۲۹] پرداخته بود. اسناد و شواهد این کشتار در فیلم «پرسپولیس» و در کتاب پرفروش و تقدیر شدهٔ آذر نفیسی با عنوان «خوانش لولیتا در تهران» اشاره فراوان شده است. آذر نفیسی در این کتاب می‌نویسد:

> قربانیان این کشتار دو بار به قتل رسیدند. بار دوّم با بی اعتنایی و سکوتی که می‌رفت تا مرگ فجیعشان را از یادها بزداید، از اهمیت و معنای حقیقی‌اش تهی کند و در نهایت، به گفتهٔ هانا آرنت، نه تنها مرگ که بودنشان را نیز منکر شود.[۳۰]

در همه سال‌هایی که از این کشتار گذشته، جمهوری اسلامی هیچگاه سکوتش را نشکسته است. کمیسیون اسلامی حقوق بشر که با تصویب دولت تشکیل شد شکایت‌هایی دربارهٔ «پاکسازی» زندان‌ها در سال ۱۳۶۷ دریافت کرد و فهرستی طولانی از قربانیان را تسلیم مقامات قضایی کرد و تنها پاسخی که گرفت یک پاسخ یک سطری در انکار هر نوع آگاهی دربارهٔ موضوع بود. مسئولان زندان‌ها نیز منکر وجود هر نوع سابقه و پرونده‌ای در این باره شدند. به این ترتیب، کمیسیون حتّی در پیدا کردن محل دفن قربانیان نیز توفیقی نیافت. دبیر کمیسون با شجاعتی نومیدانه اقرار کرد که کمیسیون دارای اختیارات کارسازی در این مورد نیست: «کارهای ما مثل کسی است که می‌خواهد با ناخن دیواری را سوراخ کند.»[۳۱]

در سال ۱۳۸۸، مرکز اسناد حقوق بشر ایران، در شهر نیوهیون ایالت کنتیکت ایالات متحد آمریکا، گزارشی با عنوان «فتوای مرگبار: قتل عام زندانیان ۱۳۶۷ ایران» منتشر کرد حاوی خلاصه‌ای از شهادت شاهدان، همراه با جزئیاتی هولناک و تکان دهنده از کشتارهایی که در ۱۲ زندان ایران روی داده بود. این گزارش به داستان جلوگیری مأموران دولت از برگزاری مراسم سوگواری بازماندگان اعدام شدگان و محروم کردن آنان از هر گونه خبری دربارهٔ عزیزانشان نیز پرداخته بود. این مرکز مصاحبه‌هایی با قربانیان را منتشر ساخت و هویت برخی از زندانبانان مجری حکم کشتار را فاش کرد، اما اطلاعات تازه‌ای به دست نداد. این مرکز زیر چتر مالی دولت آمریکا قرار دارد و در نتیجه گرچه گزارش‌هایش را نسبتاً معتبر می‌دانم، دیگران ممکن است تصور کنند که کمک مالی دولت جرج بوش به آن‌ها استقلالشان را مخدوش کرده است. تجزیه و تحلیل این مرکز دربارهٔ اینکه کشتارها چرا ناقض حقوق بشر بین‌المللی بوده‌اند بیشتر بر اساس میثاق بین‌المللی حقوق مدنی و سیاسی بوده است. امّا، مشکل اینجاست که بسیاری از دولت‌های جهان اصول این میثاق را، که به هرحال ضمانت اجرایی ندارد، رعایت نمی‌کنند. بسیاری از کشورها، از جمله ایران، ایالات متحده آمریکا و انگلیس نیز به پروتکل پیشنهادی کمیتهٔ حقوق بشر که می‌تواند ضمانت اجرایی محدودی برای میثاق باشد

نپیوسته اند. مؤلفان بی نام این گزارش به این نتیجه رسیده‌اند که «شواهد فراوانی نشان دهنده آن می‌باشد که پیش از آنکه ایران با آتش بس موافقت نماید و یا آماج حملات ارتش آزادیبخش ملی قرار بگیرد، قتل عام زندانیان سیاسی طرح ریزی و تدارک شده بود.»[۳۲] این ادعای مهمی است امّا اسناد مُثبتهٔ این ادعا آن چنان که مؤلفان گزارش می‌گویند چندان متعدد و قانع کننده به نظر نمی‌رسد. تحقیقات خود من نیز نتیجه گیری آن‌ها را مورد تردید قرار می‌دهد. با این همه، گزارش مرکز اسناد حقوق بشر ایران، که با انتشار شواهد دیگری که بازماندگان کشتار ارائه کرده‌اند، تکمیل شده است بر اعتبار این ادعا می‌افزاید که بسیاری از قضات و رهبران معمّم جمهوری اسلامی که همچنان در مقام‌های خود برجای مانده‌اند، در کشتارهای سال ۱۳٦۷ معاونت و مباشرت داشته‌اند.

بر پایهٔ رویدادها و تحقیقات یاد شده بود، که مسئولان بنیاد عبدالرحمان برومند از من دعوت کردند تا «بر اساس تحقیقاتی که دربارهٔ ادعای کشتار زندانیان سیاسی ایران در سال ۱۳٦۷» انجام می‌دهم نظرم را «دربارهٔ مسئولیت‌های جمهوری اسلامی که از تعهدات آن به حقوق بین‌الملل ناشی می‌شود» ارائه کنم. این بنیاد به یاد دکتر برومند، وکیل دادگستری ایرانی، کوشندهٔ هوادار دموکراسی و مشاور دولت مستعجل شاپور بختیار، تشکیل شده است. دکتر برومند در سال ۱۳۷۰ در پاریس به دست ایادی جمهوری اسلامی به قتل رسید. این بنیاد بنیادی غیر دولتی و غیر انتفاعی است و فعالیت‌هایش تا کنون عمدتاً بر ترجمه، طبقه بندی و انتشار اسناد و مدارک مرتبط با وضع حقوق بشر در ایران پس از انقلاب اسلامی ۱۳۵۷ متمرکز بوده است.[۳۳] به یقین، کارهای پژوهشی و تحقیقاتی بنیاد، شامل گردآوری اسناد و مدارک و شواهد مرتبط با قربانیان نقض حقوق بشر در ایران، خوشایند جمهوری اسلامی نیست. من از پرونده‌ها و آرشیو بنیاد و امکانات ترجمه‌ای که در دسترس بنیاد است بهره جسته ام امّا تصریح کرده ام که تحقیقاتم باید در استقلال کامل از بنیاد انجام گیرد و من شخصاً مسئول همهٔ نظرها، رأی‌ها و عقیده‌هایی خواهم بود که در این گزارش بازتاب یافته است. تا آنجا که می‌دانم، هیچ دولتی در کار بنیاد دخالتی ندارد و منابع مالی آن نیز از سوی سازمان‌های خصوصی در آمریکا و اروپا تأمین می‌شود.[۳۴]

از آنجا که دولت ایران همواره دربارهٔ اتهامات روزافزونی که متوجه‌اش بوده است مهر سکوت بر لب زده، تصمیم بر این گرفتم که گام نخستین من مصاحبه با کسانی باشد که هنگام کشتارها در زندان به سر می‌بردند، بیشتر برای آگاه شدن از شواهدی که ارائه می‌دهند و داوری دربارهٔ اعتبارشان. در این کار، خانم جنیفر رابینسون، وکیل دادگستری استرالیایی، مرا یاری داده است. ما دو تن با بیشتر از ٤٠ زندانی سابق و خویشانشان در دفترهای وکالتم در لندن، واشنگتن، آمستردام، پاریس، کلن، فرانکفورت و برلین، مصاحبه کردیم. روایت‌های برخی از مصاحبه شوندگان در آن زمان انتشار یافته بود امّا برخی دیگر هنوز در این باره سخنی نگفته بودند. در داوری دربارهٔ اعتبار روایت مصاحبه شوندگان لازم بود نقش عوامل گوناگون در نظر گرفته شود از جمله: ادامهٔ وابستگی‌ها و تعصبات سیاسی پیشین که می‌توانست آنان را به گزافه گویی وا دارد یا گواهی آنان را مخدوش سازد؛ قوّت حافظه آنان که ممکن بود با مرور زمان، با تکرار خاطره‌ها یا احساس شرم از آنچه در سال ۱۳٦۷ در کمیتهٔ مرگ گفته بوده‌اند، کاهش یابد. نیز لازم بود تفاوتی قائل شویم بین آنچه مصاحبه شوندگان به چشم خویش دیده بودند با آنچه خود از رویدادها استنتاج کرده یا، اغلب با الفبای رمز، از دیگران در آن سوی دیوار بندهای زندان شنیده بودند. به نظر من در روایت‌هایی که گواهان یا بازماندگان نقل می‌کردند تناقض‌هایی وجود داشت، در مواردی شاخ و برگ‌هایی به روایت افزوده می‌شد تا آن را با روایت دیگران سازگار کند و گاه نتیجه گیری‌های راویان چندان منطقی به نظر نمی‌رسید -به عنوان نمونه، پیوند دادن رویدادهای اواخر سال ۱۳٦٦ و اوایل ۱۳٦۷ با برنامه ریزی قبلی کشتارها. امّا، با همهٔ استثناهای یاد شده، بن مایهٔ روایت‌ها - که فشرده‌اش در دو پاراگراف پیشین آمده است و تفصیل‌اش در فصل‌های ۳ تا ۵ این گزارش- با یکدیگر همخوان بوده‌اند

و گویای واقعیت، و نه چیزی جز واقعیت. بیشتر پاراگراف‌های نقل شده از شهادت‌ها عین گفته‌های منتشر شدهٔ گواهان است. در مورد مصاحبه‌ها، تغییرات همگی در شکل و شیوه و ساختار دستوری جملات بوده اند و در بازنویسی آنها، محتوای اصلی سخنان مصاحبه شونده تغییر نکرده است.

در روی دادن کشتارها، در سال ۱۳۶۷ و در زندان‌های ویژهٔ زندانیان سیاسی، همان گونه که روایت شده‌اند، تردید نباید کرد. این کشتارها در دو مرحله صورت گرفتند: نخست، هنگامی که کمیتهٔ مرگ به سراغ مجاهدین توبه نکرده آمد و مرحلهٔ دوم، در پی توقفی کوتاه، هنگامی که کمونیست‌ها و چپگراهای خداناباور به عنوان مرتد به صف قربانیان کمیته پیوستند. در مورد چگونگی اجرای حکم فتوا، به ویژه در زندان‌های استان‌های گوناگون، سردرگمی کم نبوده است شاید به این دلیل که حملهٔ «فروغ جاویدان» خشم جنون آسای رهبران رژیم را نسبت به مجاهدین انگیزهٔ آغاز کشتار کرده بود. در این مرحله رژیم نخست به کشتن هر کسی دست زد که از مجاهدین هواداری می‌کرد و آن گاه به کشتنِ مخفیانه و شتابزدهٔ هر زندانی مردی پرداخت که از نیایش به خدا سرپیچی کرده بود؛ همان خدایی که ولی فقیه خلافتش را در زمین بر عهده داشت.

روایات زندانیان سابق البته به همهٔ جوانب واقعیت نمی‌پردازند. این زندانیان قربانیان بالقوه بودند، ناظران جنایت، از مرگ گریخته‌ها و در یک مورد فراری از مینی‌بوسی که روانهٔ کشتارگاه بود. هنوز هیچ زندانبانی شهادتی علنی در باره هیچ یک از کشتارها و اینکه دستور چگونه ابلاغ و اجرا شد، نداده است. امّا این حفره اطلاعاتی پرکردنی است. برخی از زندانبانان در طول رویداد کشتار مضطرب و افسرده به نظر می‌رسیدند و برخی دیگر می‌کوشیدند تا زندانیانی را که با آنان انسی پیدا کرده بودند نجات دهند یا از خطری که در انتظارشان بوده است آگاه کنند. در هر دادگاهی که برای محاکمهٔ مرتکبان جنایات بین‌المللی تشکیل شود گواهی مستقیم دربارهٔ چگونگی ارتکاب جنایت نه تنها بجا است بلکه در مواردی باید آن را ضروری شمرد. حفرهٔ اطلاعاتی دیگر دربارهٔ مقدمات صدور فتوا و نحوهٔ انتقال و ابلاغ آن است. جدا از استنتاج‌هایی که از نامه‌های منتظری بر می‌آید، دربارهٔ هویت افرادی که در این نقشهٔ مرگبار نقشی اساسی داشته‌اند تنها به حدس و گمان می‌توان پرداخت. شورای ملی مقاومت ایران بیست تن از رهبران رژیم را به تبانی و مشارکت در طراحی و اجرای این نقشه متهم کرده است. گرچه ادعاهای این شورا را باید با اندکی تردید پذیرفت، امّا، نمی‌توان یکسره آن‌ها را نادیده گرفت؛ زیرا هنوز دارای شبکه اطلاعاتی منحصر به فردی در ایران است: به عنوان نمونه، در سال ۱۳۸۲، ادعای تکان دهندهٔ شورا مبنی بر اینکه جمهوری اسلامی در حال بناکردن تأسیسات غنی سازی اورانیوم در نطنز و تولید آب سنگین در اراک است بر پایهٔ تصاویری که دوربین‌های فضایی آمریکا گرفته بودند تأیید شد.[۳۵] از سوی دیگر، نادرستی ادعای اخیر این شورا نیز ثابت شده است که احمدی نژاد جوان را، در عکسی که به ظاهر در دوران اشغال سفارت ایالات متحدهٔ آمریکا در تهران در سال ۱۳۵۸ گرفته شده، می‌توان دید.[۳۶]

شهادت برخی از گواهان عینی در مصاحبه با ما، هویت سه تن از اعضای کمیتهٔ مرگ را تأیید کرده است. این گواهان که در زندان‌های اصلی تهران (اوین و گوهردشت)، با اعضای کمیتهٔ مرگ روبرو شده بوده‌اند هویت چند تن از مأموران زندان را نیز که در کشتار با ولع هرچه تمام‌تر شرکت داشتند فاش ساختند. به گفتهٔ این گواهان، برخی از این مأموران حتّی پاهای آویزان زندانیانی را که به چوبهٔ دار آویخته شده بودند می‌کشیدند تا زودتر جان دهند و جا برای گروه بعدی قربانیان سریع‌تر باز شود. در حال حاضر، دلایل و نشانه‌های مباشرت رهبران رژیم در کشتارها را باید عمدتاً در نامه‌های منتظری، و در تلاش‌های برخی از رهبران سابق و لاحق رژیم برای سرپوش گذاشتن بر این جنایات جست و جو کرد از جمله: علی خامنه‌ای (رهبر نظام)، موسوی اردبیلی (از قضات عالی رتبه)، علی اکبر هاشمی رفسنجانی (رئیس مجمع تشخیص مصلحت نظام) و سید حسین موسوی (نخست وزیر وقت) که امروز یکی از رهبران جنبش سبز است، گرچه این جنبش همواره خود را الهام یافته از آیت‌الله منتظری می‌شمرد.[۳۷]

پرسش این است که آیا امروز پیگیری مرتکبان کشتاری که دو دهه از ارتکابش می‌گذرد، ضروری است؟ کشتاری که در پایان جنگی روی داد که بیشتر از یک میلیون کشته بر جای گذاشت و آماج کشتار هم کسانی بودند که به گروه‌های تروریستی و کمونیستی و یا به رژیم عراق تمایل داشتند. به نظر من، پاسخ این پرسش بیشتر از هر زمان دیگری مثبت است. حقوق بین‌الملل تنها پناه و ملجاء زندانیان سیاسی به ویژه در دوران جنگ است، در دورانی که دولت‌ها اغلب مایلند به بهانهٔ درگیری با یک دشمن خارجی از احساسات برانگیخته شده مردم سوء استفاده کنند و آن‌ها را به انتقامجویی برانگیزند. در چنین فضایی حاکمان بهتر می‌توانند محکوم شدگان به اتهامات سیاسی را سپر بلای خود سازند. اگر بخواهیم در آینده حاکمان به وسوسهٔ کشتار مخالفان با چنین دستاویزهایی دچار نشوند باید جنایاتی را که در گذشتهٔ نه چندان دور روی داده است افشا کرد و مرتکبان را به سزایشان رساند. در غیر این صورت، حاکمانی دیگر در دورانی دیگر باز به همان دستاویزهای بی‌معنایی خواهند آویخت که از سوی کسانی چون رفسنجانی و موسوی در توجیه کشتارها در سال ۱۳۶۷ عرضه شد، و شهامت اخلاقی کسانی چون منتظری نمونه دیگری نخواهد یافت؛ چه بیم آن است که به ثمر نرسد (از دلایل مغضوب شدن و سال‌ها در حبس خانگی بودن منتظری، اعتراضش به کشتارها بود).[۳۸] به خاطر بی پناهی و آسیب پذیری کامل زندانیان جنگ است که ماده ۳ کنوانسیون ژنو ناظر به رعایت حداقلی از رفتار انسانی با زندانیان، اهمیتی ویژه دارد. بر اساس همین ماده است که دولت‌ها و در صورت کوتاهی آنان، جامعهٔ بین‌المللی موظف به بررسی ادعاها در مورد نقض این ماده و در صورت اثبات اتهام، مجازات مرتکبان می‌باشد. چنین وظیفه‌ای از سال ۱۳۶۷ بر دوش سازمان ملل متحد و کمیسیون [از سال ۱۳۸۵ شورای] حقوق بشر آن قرار داشته است. مجمع عمومی و شورای امنیت این سازمان، امّا، ترجیح داده‌اند که از اجرای این وظیفه طفره روند. اگرچه نمایندهٔ ویژهٔ سازمان ملل متحد از آنچه در ایران می‌گذشت آگاه بود، جمهوری اسلامی عملاً او را از اجرای وظیفه‌اش باز داشت و سرانجام، در نبود ارادهٔ راسخ، بررسی‌ها بی‌فرجام ماندند و به بوتهٔ نسیان سپرده شدند. چنین بررسی‌هایی باید، پیش از آنکه گواهان عینی بدرود زندگی گویند احیا شوند و به یاری شهادتشان مرتکبان به سزای خویش رسند.

در مورد حاضر، البته هویدا شدن حقایق کشتارها به افشای ماهیت رژیمی یاری خواهد داد که تاکنون، با رهبری کسانی که از آمران و مباشران کشتار بوده‌اند، بر اریکهٔ قدرت مانده است. جمهوری اسلامی، به یاری بلندپروازی‌های هسته‌ای اش، دروغ‌هایش به سازمان ملل متحد و رفتار خشونت بارش با منتقدان و مخالفان، همچنان به آزمودن میزان صبر جامعهٔ بین‌المللی ادامه می‌دهد. قتل تظاهر کنندگان در خیابان‌ها، نمایش اعترافات اجباری بر پردهٔ تلویزیون و شکنجهٔ زندانیان همه یادآور این واقعیت‌اند که اگر جهان به نقض گسترده و مستمر حقوق بشر در ایران بی اعتنا ماند، چه فجایعی روی خواهد داد. اینکه ملت‌ها باید با فجایعی که در گذشتهٔ سرزمین شان رخ داده روبرو شوند و به جبرانش بپردازند، به عنوان یکی از اصل‌های جدید حقوق بشر بین‌المللی پذیرفته شده است. «مصونیت ابدی از کیفر» نباید وجود داشته باشد. در مورد ایران نیز مرتکبان جنایت تا زنده‌اند نباید از مجازات مصون مانند.

من این پیشگفتار را با سپاس از همه گواهانی که حاضر شده‌اند به پرسش‌های من و خانم رابینسون پاسخ دهند به پایان می‌برم. برخی از این گواهان، به دلایل گوناگون، مایل به افشای نامشان نبوده‌اند. من به خواست ایشان احترام می‌گذارم. به ویژه باید از کسانی سپاسگزاری کنم که بی باکانه ما را در تجربه‌ها و خاطراتشان سهیم کردند. بدون چنین شهامتی تهیهٔ این گزارش ممکن نمی‌شد. به ویژه باید از یاری منیرهٔ برادران و ایرج مصداقی قدردانی کنم. از رویا و لادن برومند سپاسگزارم که همهٔ اسناد و مدارکی را که در آرشیوهای بنیاد دارند همراه با امکانات ترجمه در اختیار من گذاشته‌اند و با پذیرفتن خواهشم مرا در دیدار و مصاحبه با زندانیان سابق

یاری داده‌اند. خانم رابینسون با نهایت علاقه، و با بصیرت و مهارت‌های خاص خود مرا یاری داده است. کمک‌های خانم پنلوپی پرایور و آقای متیو آلبرت، به ترتیب شاگرد سابق و دستیار پژوهشی ام، ارزنده‌تر از آن بوده‌اند که به وصف آیند. و نیز سپاسگزارم از دفتر حقوقی داتی کاپر وینگاردن استریت، کپنهاگن که کار تحقیقاتم را با امکاناتی که در اختیارم گذاشتند تسهیل کردند.

این گزارش را بسیاری از کسانی هم که آشنایی خاصی با تاریخ و اوضاع سیاسی امروز ایران ندارند خواهند خواند. برخی از فصل‌های این تاریخ و برای پی بردن به وضع ایران در سال ۱۳٦۷ و رفتار احزاب و سازمان‌های گوناگون پیش از آغاز کشتار و به ویژه برای داوری دربارهٔ توضیحات مبهم رژیم در مورد خشونتی که نسبت به برخی از گروه‌های سیاسی بلافاصله پس از پایان جنگ با عراق به کار برده شد، مهم است. از همین روست که من در فصل بعدی نخست به شرح شمّه‌ای از دگرگونی‌های تاریخی سال‌های پیش از آغاز کشتار که با رفتار متقابل رژیم و مخالفانش مرتبط است می‌پردازم*. در دو فصل بعد به شرح وضع زندانیان سیاسی در سال ۱۳٦۷ خواهم پرداخت و نیز به تهیهٔ مقدمات کشتار مجاهدین و سپس چپگراها و چگونگی ارتکاب آن. فصلی دیگر را به شرح گورستان‌های پنهانی و به داستان ممنوع کردن خویشان کشته‌شدگان از برگزاری مراسم سوگواری، اختصاص داده‌ام. سرانجام، به اصول و موازینی از حقوق بین‌الملل اشاره خواهم کرد که مرتکبان جنایات علیه حقوق بشر را سزاوار تعقیب و مجازات می‌دانند. هم امروز هم می‌توان از این اصول برای رسیدن به این هدف بهره برد.

* تنها بخشی از این مقدمهٔ تاریخی در متن فارسی ترجمه شده است.

۲. پیش درآمد کشتارها

آخرین روزهای دوران پهلوی هنگامی آغاز شد که، در سال ۱۳۵۶، نشریه‌های مطیع دولت به تحقیر و تمسخر خمینی پرداختند. امّا، واکنش عمومی که در تظاهرات خیابانی متبلور شد آیت‌الله غایب را به مظهر مقاومت و امید تبدیل کرد. در چنین فضایی بود که مرتکبان به آتش کشیدن سینما رکس آبادان را -که به کشته شدن نزدیک به ۳۸۰ تن تماشاگر بی گناه انجامید- نیز، آن گونه که بعدها ثابت شد، به خطا، کار مأموران ساواک دانستند. در شهریور سال ۱۳۵۷ شایعات رایج شمار کشته‌شدگان «جمعهٔ سیاه» را به بیش از صد تن رساند. این دو رویداد سازمان‌ها و نیروهای گوناگون سیاسی و مذهبی را، با همه اختلافی که در هدف نهایی با یکدیگر داشتند، همبسته‌تر از پیش به دشمنی با نظام پادشاهی برانگیخت. حتی پشتیبانان آمریکایی شاه، در دوران ریاست جمهوری کارتر، که نسبت به نقض حقوق بشر تا حدی حساس بودند، چنین سرکوبی را قابل توجیه نمی‌دانستند. هنگامی که چندی بعد، شاه ناگزیر به شاپور بختیار، یکی از اعضای جبههٔ ملی و هواداران مصدق، روی آورد و او را به پذیرفتن مسئولیت نخست وزیری دعوت کرد، کار از کار گذشته بود. در این مرحله تظاهرکنندگان به مقررات حکومت نظامی وقعی نمی‌گذاشتند، به منع رفت و آمد شبانه اعتنا نمی‌کردند و از بام خانه‌های تهران تکبیر می‌گفتند. دو دستگی در میان نیروهای ارتش رو به افزایش بود و در راه پیمائی‌های روزانه شعارهای مرگ بر شاه و زنده باد خمینی بلندتر می‌شد. ایرانیان متموّل نزدیک به شاه تا آن وقت ایران را ترک کرده و ثروت‌های خود را به بانک‌های خارجی انتقال داده بودند. بختیار در دوران ۳۷ روزهٔ نخست وزیری اش ساواک را منحل و مردم را به برگزاری انتخابات آزاد دعوت کرد. همانند سال ۱۳۳۲، شاه ایران را ترک کرد امّا این بار کرمیت روزولتی نبود که بازگشت او به ایران را تأمین کند؛ در ازاء، خمینی در ۱۲ بهمن ۱۳۵۷ به ایران بازگشت و جمعیتی بزرگ با چنان اشتیاقی به استقبالش رفت که گویی

روزنامهٔ کیهان ۲۷ مرداد ۱۳۵۸

امام: اشتباه کردیم که انقلابی عمل نکردیم

امام: اشتباه کردیم که انقلابی عمل نکردیم

اگر قشرهای فاسد به صف ملت برنگردند خدا میداند انقلابی عمل میکنم

برای حل اختلافات با بخشداران منطقه: اعزام بازرس به دو بخش مرزی ایران و روسیه

و امّا اشتباهی که ما کردیم این بود که به طور انقلابی رفتار نکردیم ...

اگر ما از اوّل که رژیم فاسد را شکستیم و این سد بسیار فاسد را خراب کردیم، به طور انقلابی عمل کرده بودیم و قلم تمام مطبوعات را شکسته بودیم و تمام مجلات فاسد و مطبوعات فاسد را تعطیل کرده بودیم و رؤسای آنها را به محاکمه کشیده بودیم و حزب‌های فاسد را ممنوع اعلام کرده بودیم و رؤسای آنها را به سزای خودشان رسانده بودیم و چوبه‌های دار را در میدان‌های بزرگ برپا کرده بودیم و مفسدین و فاسدین را درو کرده بودیم، این زحمت‌ها پیش نمی آمد...

من اعلام می‌کنم به این قشرهای فاسد در سرتاسر ایران که اگر سرجای خودشان ننشینند ما به طور انقلابی با آنها عمل می‌کنیم.

به استقبال امام زمان می‌رود. خمینی امّا، همراه با اراده‌ای آهنین آمده بود تا استبداد اسلامی را بر کشور حکمفرما کند. همان‌گونه که یک ماه و چند روز پس از بازگشتش به ایران اعلام کرد: «ملّت ما خون داده است تا جمهوری اسلامی وجود

پیدا کند نه جمهوری، نه جمهوری دمکراتیک یعنی جمهوری غربی، یعنی بی‌بند و باری غرب، این تقلیدها را کنار بگذارید، این غربزدگی‌ها را کنار بگذارید.»[۳۹]

۱۸ ماه گذشت تا خمینی و همراهان معمم او، که رفسنجانی متنفذترین آنان بود، بتوانند به انواع حیل معارضان و مدعیان قدرت را از میدان به در کنند و به هدف خویش برسند. مخالفانشان بخش بزرگی از رهبران مذهبی سنّتی بودند که از تعلیمات و تفاسیر اکثریت فقهای شیعی پیشین در زمینهٔ جدایی مذهب از حکومت تبعیت می‌کردند. وسوسهٔ قدرت سیاسی، امّا، به تدریج تردید بسیاری از فقها را به دنباله روی از حکومت اسلامی کشاند. نیروهای لیبرال غیرمذهبی، همانند همطرازان خویش در دیگر انقلاب‌ها، نقش ابلهان به درد بخور را ایفا کردند: خدمت به انقلابیون به بهای آرمان‌های دموکراتیک خویش که برای تحققش از توسل به خشونت ابا داشتند. در این میان، بختیار راه اختفا برگزید و خمینی نیز دولت موقت خویش را، به ریاست مهندس بازرگان ۷۵ ساله که از بازماندگان پیروان مصدق بود، بر جای دولت او نشاند. بازرگان کوشید تا تندروی‌های انقلابی و اعدام‌های انتقامجویانه و خودسرانه -در واقع قتل- مقامات منفور امنیتی، رؤسای پلیس و ژنرال‌هایی را که نماد سیاست سرکوب پادشاه بودند، مهار کند. امّا خمینی پیشنهادهای او را برای محاکمه‌های علنی و حق متهم به برخورداری از خدمات وکیل بازتابی از مرض «غرب‌زدگی در ماها» خواند.[۴۰] در این هنگام مسلم شده بود که شخص خمینی در حکومت انقلابی داور نهایی و صاحب اقتدار منحصر به فرد است و شورای انقلاب و کمیته‌های انقلاب نیز بر چنین اقتداری مهر تصویب زده اند. در این میان، خمینی پیش‌نویس قانون اساسی را که به دست شماری از سیاستمداران لیبرال تهیه شده بود در اختیار مجلس خبرگان قرار داد. این مجلس نیز با دگرگون کردن این پیش‌نویس، قانون اساسی جمهوری اسلامی را چنان تدوین کرد که در آن خمینی به عنوان رهبر بلامنازع رژیم، اقتداری بسیار فراتر از رئیس جمهور منتخب مردم و نخست وزیر برگزیدهٔ مجلس اسلامی داشته باشد. مخالفان لیبرال و مارکسیست خمینی به ویژه هنگامی غافلگیر شدند که دانشجویان خط امام به سفارت ایالات متحد آمریکا در تهران حمله بردند و اعضایش را به گروگان گرفتند به این بهانه که کارتر با سفر شاه به آمریکا برای مداوای بیماری سرطان موافقت کرده بود. اشغالگران سفارت در «لانهٔ جاسوسی» ظاهراً به اسنادی دست یافتند که دال بر روابط غیرمستقیم مهندس بازرگان با دولت آمریکا بود؛ اتهامی که به سرعت سبب سقوط دولت موقت وی شد. اشغال سفارت در عین حال افکار عمومی را از بحرانی که بر سر تدوین قانون اساسی پدیدار شده بود منحرف کرد.

محسن خواجه‌نوری، در سال ۱۳۵۸اعدام شد-

آقای خواجه نوری سناتور شاه بود که در اسفند ۱۳۵۷ دستگیر شد و به همراه دو سناتور دیگر در شهریور سال ۱۳۵۸ محاکمه شد. در دادگاه حاکم شرع اجازه دفاع و یا احضار شهود به وی نداد. او روز ۲ مهر ۱۳۵۸ در زندان اوین تهران تیرباران شد. محسن خواجه نوری ۶۳ سال داشت.

در دی ماه ۱۳۵۸، خمینی در انتخابات ریاست جمهوری نامزدی مسعود رجوی رهبر سازمان مجاهدین خلق را تصویب نکرد. رجوی در پیروزی انقلاب سهمی به سزا داشت امّا با قانون اساسی تازه که اختیارات وسیع ولایت فقیه را تصریح می‌کرد نظر موافقی نداشت. خمینی، امّا، به اکراه انتخاب ابوالحسن بنی صدر، از هواداران سابق محمد مصدق، به ریاست جمهوری را پذیرفت امّا درعین حال به او چنین هشدار داد: «تنفیذ و نصب اینجانب و رای ملت مسلمان ایران محدود است به عدم تخلف ایشان از احکام مقدسه اسلام و تبعیت از قانون اساسی اسلامی ایران.»[۴۱] نخستین خطای بنی صدر این بود که با «انقلاب فرهنگی» مورد نظر ملایان موافقت کرد. با

آغاز این «انقلاب» در بهار سال ۱۳۵۹ مقدمات پایان دوران کثرت گرایی سیاسی نیز فراهم آمد: دانشگاه‌ها تعطیل شدند؛ استادان «غیراسلامی» آماج تصفیه قرار گرفتند و مزدوران شبه دولتی با عنوان حزب الله به سرکوب کردن مجاهدین خلق و سازمان‌های چپگرا پرداختند.[۴۲]

در پی این مقدمات بود که چیرگی جمهوری اسلامی بر مخالفان و معاندانش گام به گام تثبیت شد. بنی‌صدر در آغاز کار موفق به نظر می‌رسید، به ویژه در مقام فرماندهی

فرخ‌رو پارسا، پزشک، در سال ۱۳۵۹ اعدام شد

شش روز پس از سقوط رژیم پادشاهی در ۲۲ بهمن ۱۳۵۷، دکتر پارسا، وزیر آموزش و پرورش در زمان شاه، دستگیر شد. اگرچه در بخشی از کیفرخواست علیه او ذکر شده است که " نظر به سایر دلایل موجود در پرونده محرز است متهمه مرتکب گناهانی شده است" اما دادگاه انقلاب درخواست او برای دیدن این مدارک را رد کرد. او را مفسد فی‌الارض شناختند و در روز ۱۸ اردیبهشت ۱۳۵۹ در زندان اوین تهران تیرباران کردند. فرخ‌رو پارسا ۵۷ ساله بود.

نیروهای نظامی در مقابله با تجاوز صدام حسین رهبر سنّی عراق به ایران. امّا روحانیان تندروی رژیم با تقویت سپاه پاسداران به عنوان اهرم قدرت خویش مانع از این شدند که وی به ایجاد پایگاه مورد نظر خود در میان ارتشیان موفق شود. در همین دوران بود که قاضیان شرع به رهبری آیت‌الله موسوی اردبیلی، از روحانیان قشری، بر جای قضات حقوقدان و سکولار دادگستری نشستند. زنان بی‌حجاب یا بدحجاب مورد تعدی و آزار قرار گرفتند، فرماندهان ارتش و شخصیت‌های غیرنظامی دوران پهلوی اعدام و قاچاقچیان مواد مخدّر به چوبه‌های دار آویخته شدند. سنگسار زنان متهم به زنا نیز در همین اوان به عنوان کیفری قانونی رسمیت یافت.[۴۳] با اتکا به قدرت سپاه پاسداران و تبلیغات مستمر رسانه‌های دولتی، خمینی با سخنانی صریح و کینه توزانه مجاهدین را (به اتهام "ایدئولوژی التقاطی مارکسیستی-اسلامی") به باد انتقادهای تند گرفت و به تهدید روشنفکرانی پرداخت که در مخالفت با غرب و دشمنی با ارزش‌های غربی به حد کافی مصمّم به نظر نمی‌رسیدند. بنی صدر به انزوا کشیده شد و سرانجام پشتیبان قدرتمندی برایش نماند مگر سازمان مسلح مجاهدین خلق که اعضا و هوادارانش در دو سال پس از انقلاب بیشتر از میان دانشجویان و دانش آموزان بسیج می‌شدند. مجاهدین پیوسته با سپاه پاسداران در جنگ و گریز بودند و در تظاهرات بزرگی نیز که در ۳۰ خرداد ۱۳۶۰ برای حمایت از بنی صدر تشکیل شده بود یکپارچه شرکت کردند و نزدیک به صد تن از آنان در هجوم سپاهیان انقلاب کشته شدند. پس از این تظاهرات بود که خمینی با تصویب مجلس حکم عزل بنی صدر از مقام ریاست جمهوری را صادر کرد. رئیس جمهور معزول نیز از مخفیگاهی که مجاهدین در اختیارش قرار داده بودند، به تشویق و ترغیب مردم به شورش پرداخت. امّا، شورشی پای نگرفت و در نتیجه بنی صدر و رجوی، مخفیانه در یک هواپیمای مسافری به پاریس برده شدند. در هفتم تیرماه ۱۳۶۰، در انفجار بمبی در محل حزب جمهوری اسلامی در تهران بیش از هفتاد و سه تن از سران و رهبران رژیم به قتل رسیدند. از این پس بود که «جنگ» رژیم با «ترور» و به ویژه با مجاهدین و چپگراها مصممانه آغاز شد.

۳. عدالت انقلابی

تظاهرات عظیم مجاهدین در ۳۰ خرداد ۱۳۶۰ و بمبی که یک هفته بعد مقر حزب جمهوری اسلامی را ویران کرد، سرآغاز تسلط «حکومت وحشت» در ایران شد. در ظرف چندسال بعد از این تاریخ، که آکنده از ستیز و خونریزی در شهرهای ایران بود، چند هزار تن از جوانان مخالف رژیم - بسیاری از میان دانش آموزان دبیرستانی- یا در خیابان‌ها به ضرب گلوله به قتل رسیدند یا در زندان‌ها، در پی محاکمات اختصاری، اعدام شدند. در مقابل تروریست‌های مجاهد نیز از میان قضات، کارگزاران رژیم و سپاه پاسداران بسیاری را به خاک و خون کشیدند. مسئولیت بمبگذاری هفتم تیر ماه هنوز دانسته نیست. خمینی مجاهدین را مسئول دانست و آن‌ها نیز تلاشی برای رد این اتهام نکردند و انفجار را واکنش طبیعی و ضروری به فجایعی که رژیم مرتکب می‌شد شمردند. ایادی وفادار ساواک و چند سالی بعد دولت عراق نیز مظنون به انجام بمبگذاری شدند.[۴۴] در این دوران جنگ با عراق ادامه یافت و به ایجاد فضایی کمک کرد که در آن اندک بودند کسانی که نسبت به ایادی ستون پنجم رقیب ترحّمی داشته باشند. از این تاریخ، تیر ۱۳۶۰، به بعد، ستیزهای خونین میان نیروهایی که در تلاش برای سرنگون کردن رژیم پادشاهی متحد شده بودند بالا گرفت. خمینی خود را سرزنش می‌کرد که دو سال و نیم مجاهدین را برتابید و به آنان مجال داد که تبلیغات خود را علیه رژیم در میان دانش آموزان و دانشجویان بپراکنند. وی به یاران میانه روی خویش اندرز داد که از مجاهدین «منافق» (منافق برای مجاهدین برچسبی ماندگار شد) دوری گزینند، زیرا آنان در واقع نه به خدا اعتقاد دارند و نه به مکافات پس از مرگ و «آن‌ها معاد را همین جا میدانند، یعنی دنیا...»[۴۵] (صفت منافق را تنها صفتی موهن نباید پنداشت زیرا منافق در قرآن مفهومی است که می‌تواند عواقبی هولناک داشته باشد. در واقع، سورهٔ شصت و سوّم قرآن به شرح گناهان و ریاکاری‌های منافقان اختصاص یافته است. اصل پذیرفته شده در سنّت چند صد سالهٔ فقه شیعه نیز این است که منافق هم در دنیا می‌تواند کیفر بیند و هم در آخرت). به این ترتیب، خمینی از مردم خواست که از فرمان او به دستگیری‌ها و اعدام‌های دستجمعی و محاکمات اختصاری و پنهانی و حتّی کشتن مجرمان در محل ارتکاب «جرم» حمایت کنند: «کسی که مسلحانه در خیابان بریزد و مردم را ارعاب کند، لازم نیست

امام:منافقین از کفار بدترند

اطلاعات، پنجم تیرماه ۱۳۵۹

بکشد مردم را، ارعاب کند اسلام تکلیفش را معین کرده است و شما هم مسئله‌اش را می‌دانید...»[۴۶]

رهبر جمهوری اسلامی در مجلس یادبود محمد بهشتی، یکی از نزدیک ترین یارانش که در بمبگذاری هفتم تیر کشته شده بود، اشک ریزان نظر وی را تأیید کرد که با «محاربان با خدا» هرگز نمی‌توان کنار آمد. صفت «محارب با خدا» شامل همه گروه‌های مارکسیستی، کردها و «منافقان» که به گفتهٔ رفسنجانی «یک جریان نفاق، جریان به اصطلاح چپگرای مسلمان نما و متظاهر به اسلام به نام مجاهد خلق و یا فرقان و یا گروه‌هایی از این قبیل با این ماهیت، آن‌ها مدعی اسلامند، مدعی مبارزه برای اسلامند و شاید خیلی‌هایشان هم نماز هم بخوانند، روزه هم بگیرند و در خانواده‌هایشان هم به عنوان

مسلمان شناخته می‌شوند. ولی با خط ایمان موافق نیستند. و یک جریانی هستند که ایمانشان و اسلامشان لفظی است. محتویاتشان محتوای کفر است. یعنی محتوای مجاهدین خلق از نظر ما با کمی فاصله البته اغراق نگوییم با کمی فاصله با پیکار و اقلیت فدایی و مارکسیسم به طور کلی یکی است.»[47] در این زمان، رژیم هنوز رسماً به جنگ علیه

حجت الاسلام علی اکبر هاشمی رفسنجانی در بارهٔ سازمان مجاهدین خلق ایران

ج - من رهبران این سازمان را که چهارم خرداد سالگرد شهادتشان است، از نزدیک ندیدم و هیچ وقت هم مستقیماً با آنها صحبت نکردم؛ اما از همان روزهای اول، به قسمتی از نتیجه کارشان که همان ایدئولوژی باشد - و هنوز هم از آن دست برنداشته‌اند - اعتراض داشتم. پایه اصلی این انحراف را سازمان، از همان ابتدا گذاشت و کتابهای اصلی آنها - که حتی جوری است که اخیراً هم اینها ترویج شان نمی‌کنند - کاملاً براساس التقاط بین مارکسیسم و اسلام نوشته شد.

هاشمی رفسنجانی، مصاحبه‌های سال ۱۳۶۰

زیر نظر: مهندس محسن هاشمی

تهران-تابستان ۱۳۷۸، صفحهٔ ٥٤

گروه‌های مارکسیستی -حزب توده و فدائیان خلق (اکثریت)- که همچنان از نظام نوین دفاع می‌کردند، نپرداخته بود امّا این هشداری بود که به آن‌ها می‌داد. ملیون لیبرالی نیز که روزگاری از پشتیبانان مصدق به شمار می‌رفتند، به دلیل دور بودن از اخلاقیات اسلامی و ارتباط با غرب، و مهم‌تر از همه مخالفت با اسلامی کردن قوانین جزائی و مدنی، در شمار کافران بودند.

در این دوره، نمازهای جمعه زمینهٔ ایدئولوژیک و مذهبی را برای سیاست‌های کیفری رژیم نسبت به منحرفان سیاسی و مذهبی هموار می‌کردند. رفسنجانی، که در آن زمان ریاست مجلس شورای اسلامی را برعهده داشت، در نخستین خطبه‌اش در مهرماه ۱۳۶۰ بی رحمانه توصیه کرد که همهٔ منافقان محارب با خدا از میان برداشته شوند: «کشته شوند، به دار کشیده شوند، دست و پایشان قطع شود، این‌ها از جامعه جدا بشوند.» تکلیف حاکم شرع بود که مجازات‌های تعیین شده در آیه ۳٤ سورهٔ پنجم قرآن، مائده، را در مورد مجرمان اجرا کند. گرچه آیهٔ ۳٤ همین سوره تصریح می‌کند که مجازات در مورد توبه کنندگان جاری نخواهد شد، مجاهدین ثابت کردند که حتی پس از دو سال و نیم تلاش دولت اصلاح پذیر نیستند. روزنامه‌های مجاهدین نیز، به ویژه در میان نوجوانان، تیراژهای قابل ملاحظه یافته بودند. رفسنجانی در همین سخنرانی به تمسخر گفت: «حالا این نامردها شده‌اند حامی حقوق بشر. این‌ها در مقابل این اعدام‌های به حق، ما را به خشونت متهم می‌کنند... ما به حکم قرآن راه قاطع قلع و قمع منافقین مسلحی را که در برابر اسلام و مسلمین ایستاده‌اند در پیش گرفته‌ایم.»[48] در این مرحله بسیاری از زندانیان به اتهام فعالیت‌های تروریستی اعدام شدند.

چند هفته بعد، آیت‌الله محمدی گیلانی که به عنوان قاضی ریاست دادگاه‌های انقلاب را برعهده داشت هشدار داد که مرتدّان محکوم به سخت‌ترین مجازات‌های شرعی خواهند شد. مجازات ارتداد برای مرد مجرم مرگ است (یعنی مردانی که در خانواده‌های مسلمان به دنیا آمده‌اند امّا از اسلام بریده‌اند) و توبه نیز آن‌ها را از مجازات معاف نمی‌کند. «ولی مرتد ملی و زن مرتده، چه فطری و چه ملی باشد به صرف ارتداد، کیفر مرگ برای آنان نیست و توبه‌شان پذیرفته میشود.»[49] چنین حکم‌ها و مجازات‌هایی را نیز نه در قرآن، که به تصریح مجازات مرتد را در این دنیا نمی‌داند، بلکه در فقه و اجتهاد قشری می‌توان یافت که از قرن‌های دهم و یازدهم به بعد رواج یافته است.[50]

در مورد شکنجه نیز آیت‌الله محمدی گیلانی اطمینان داد که مجازات‌های اسلامی، که در واقع همان شکنجه است، چون اسلامی است شکنجه نیست. افزون بر این به ادعای وی در زندان اوین هیچ یک از احکام اسلام نقض نمی‌شود. با شلاق سیمی به کف پای زندانی زدن تعزیری بیش نیست (مجازاتی که به اختیار قاضی تعیین می‌شود).[51] این شکنجهٔ بی‌رحمانه در مورد بسیاری از جوانانی که پس از سال ۱۳۶۰ به زندان افتادند به کار رفت. همان‌گونه که خواهیم دید، شکنجه‌هایی

از این بی رحمانه‌تر در موج دوم کشتار ۱۳۶۷ در زندان‌ها بر چپگراهای مرتد رفت تا آن‌ها را وادار به نماز خواندن کنند.

مأموران و کارگزاران رژیم از جمله مأموران وزارت اطلاعات و دادستان‌های انقلاب بارها تأکید می‌کردند که «ما مجرمین سیاسی نداریم این‌ها تروریستند و توطئه‌گرند و خیانتکار و وحشی‌اند. این افراد محاکمه می‌شوند در دادگاه اسلامی و محاکمه‌شان هم با مجرمین دیگر فرق ندارند و طبق احکام اسلام با آن‌ها رفتار می‌شود و مجازات می‌شوند.»[۵۲] این مجازات‌ها در دادگاه‌های انقلاب به سرپرستی یک قاضی شرع که خمینی شخصاً انتخاب می‌کرد تعیین می‌شد. در تهران، این سمت از آن حسینعلی نیّری بود. پس از انقلاب بیشتر قضات دادگاه‌های دوران شاه یا اخراج و یا به ارادهٔ خویش بازنشسته شده بودند. کانون وکلا نیز که در دوران شاه نهادی مستقل بود، با تأسیس دادگستری اسلامی از کار باز ایستاد زیرا رهبر جمهوری اسلامی آن را یک مفهوم «پوچ غربی» می‌شمرد.[۵۳] در اسلام پدیده‌ای به عنوان وکیل مدافع شناخته نمی‌شد. افزون بر این، وزارت دادگستری جمهوری اسلامی بر تربیت اسلامی قضات دادگستری در حوزهٔ علمیه قم اصرار داشت.

در مرحلهٔ نخستین پاکسازی‌های نهادهای دولتی، از بهمن ۱۳۵۷ تا شهریور ۱۳۵۸، احکام اعدام پیوسته برای توزیع کنندگان مواد مخدر، همجنس‌گرایان، روسپیان، اعضای ساواک و دیگر شاغلان دوران شاه که مفسد فی الارض لقب گرفته بودند صادر می‌شد. دیری نپایید که کردها، ترکمن‌ها، ایرانیان عرب تبار و اعضای گروه‌های سیاسی گوناگون که به مخالفت با قانون اساسی جمهوری اسلامی یا انقلاب فرهنگی برخاسته بودند نیز در فهرست اعدام شدگان جای گرفتند. پس از رویدادهای تیرماه ۱۳۶۰-تظاهرات مجاهدان خلق و بمبگذاری در مقر حزب جمهوری اسلامی- هزاران تن از «منافقان»، که بیشترشان دانش آموزان و دانشجویان بودند، دستگیر و زندانی شدند. دستگیرشدگانی که متهم به فعالیت‌های مسلحانهٔ تروریستی بودند پس از محاکمه‌های اختصاری به قتل محکوم شدند. آن گروه از زندانیان که اتهامشان اغلب تنها هواداری از سازمان مجاهدین خلق و پخش بیانیه‌های آن بود تنها به

مجازات حبس، گاه تا ده سال، رسیدند. شلاق زدن زندانیان پیش از آغاز بازپرسی رسم معمول بود. محاکمه‌ها کوتاه و در اوین به سرپرستی نیّری انجام می‌شد؛ کسی که در بازجوئی‌های ۱۳۶۷ سرپرستی کمیتهٔ مرگ را بر عهده داشت.[۵۴]

تیر ماه ۱۳۶۰ سرآغاز دوران وحشت (ترور) انقلابی بود. دو روز پس از تظاهرات مجاهدین، اسدالله لاجوردی، دادستان تهران و مبتکر اصلی سرکوب در این دوران، اعلام کرد

لادن بیانی، در سال ۱۳۶۰ اعدام شد

خانم بیانی دانشجوی رشته پزشکی دانشگاه تبریز بود که برای آخرین بار روز ۷ تیرماه ۱۳۶۰ در خانه تیمی گروه "ستاره سرخ" دیده شد. گروه چپی کوچکی مخالف با روحانیت که در سال ۱۳۵۹ اعضایش از سازمان پیکار در راه آزادی طبقه کارگر انشعاب کرده بودند. به مدت دو ماه مادر خانم بیانی در جستجوی وی، به زندان‌های تهران سر زد بدون اینکه نتیجه‌ای بگیرد. سرانجام روز ۹ شهریور ۱۳۶۰ خبر اعدام دخترش را در روزنامه دید. لادن بیانی ۲۳ ساله بود.

که چهار صد تن از تظاهر کنندگان دستگیر و ۲۵ تن از آن‌ها اعدام شده‌اند. دو روز بعد، علی خامنه‌ای -عضو شورای عالی دفاع - از آن‌هایی که دشمنانشان را «به این سرعت اعدام» کرده‌اند تمجید کرد. در طول ۹ ماه پس از بمبگذاری هفتم تیر، بسیاری از «ضدانقلابیان» اعدام شدند -از جمله از نیمهٔ دوّم تیرماه تا پایان نیمهٔ اوّل مرداد ماه ۱۳۶۰، تنها در طول یک ماه ۲۵۰ تن از اعضای سازمان مجاهدین خلق اعدام شدند.[۵۵] اعدام‌ها چون دور باطل به کشتار دیگری منجر می‌شدند: حملات تروریستی مجاهدین خلق نیز به کشتن صدها تن از کارگزاران و رهبران رژیم منجر شد. در پایان این سال، علی خامنه‌ای به ریاست جمهوری رسید و عضو هیئت دبیران یک

نشریهٔ هوادار رژیم، میر حسین موسوی، نیز به مقام نخست وزیری منصوب شد.

در همین زمان، در پاریس رجوی و بنی صدر به تشکیل شورای ملی مقاومت دست زدند، رژیم «قرون وسطائی» ایران را به باد انتقاد گرفتند و دربارهٔ آزادی و دموکراسی سخنانی گفتند که در هیچ جنبش شبه مارکسیستی سابقه نداشت.[۵۶] این شعارها حمایت بسیاری از گروه‌های سوسیالیست در اروپا، و خطرناک‌تر از آن، حمایت عراق، را جلب کرد. دولت عراق حاضر شد امکانات لازم برای فعالیت‌های نظامی و تبلیغاتی شورا را در نزدیکی جبهه‌های جنگ با ایران فراهم کند. این همکاری و نزدیکی به سان معامله با شیطان بود و گرچه برای مجاهدین موفقیتی گذرا بود امّا آخرین بخت آنان را در جلب حمایت مردم ایران از میان برد، به این دلیل ساده که نوجوانان یا جوانان بسیاری از خانواده‌های ایرانی در جبهه‌های نبرد میهنی علیه صدّام حسین می‌جنگیدند. محل واحدهای چریکی مجاهدین در تهران و دیگر شهرهای ایران اغلب فاش می‌شد. ضربهٔ بزرگ هنگامی زده شد که همسر و معاون رجوی در زد و خورد غافلگیرانه‌ای با نیروهای مسلح جمهوری اسلامی کشته شدند. جسدهای این دو به زندان اوین برده شد تا تصاویرشان، همراه با تصویر طفل خردسالشان در بغل جلاد اوین، اسدالله لاجوردی، در تلویزیون به نمایش در آید.[۵۷]

رژیم در وادار کردن برخی از مجاهدین زندانی به توبه کردن موفق شد؛ به ویژه در مورد مجاهدینی که جوان‌تر بودند و اگر توبه نمی‌کردند یا اعدام در انتظارشان بود و یا ضربه‌های بی‌رحمانهٔ شلاّق. هنگامی که اوج اعدام‌ها پس از بمبگذاری ۱۳۶۰ فروکش کرد، دادستان انقلاب برنامه تازه‌ای را ارائه داد. وی اعلام کرد که بازجویی از زندانیان مجاهد در آنان «معجزه‌ای انقلابی» پدیدار ساخته و آن اشتیاقی عمیق به غلبه بر تبلیغات و مغزشوئی‌های رجوی و استقبال از توبه کردن است. به سخن دیگر، از این پس هر قاضی که توبهٔ مجاهدی را صادقانه بداند او را از مجازات معاف خواهد کرد. بنابراین، مجاهدینی که می‌توانند باید با استفاده از فرصت پس از معرفی کردن خود به مقامات انتظامی توبه کنند، زیرا حتّی آن‌هایی که در عملیات نظامی شرکت داشته‌اند می‌توانند به تخفیف در مجازاتشان امیدوار باشند.[۵۸] این سیاست کیفری تازه، امّا، بدل نه چندان مطلوبی نیز همراه داشت. مخالفت با خمینی که یک جرم مذهبی سیاسی شمرده می‌شد کیفر خاص خود را داشت. با این همه، محکومی که مجازات را تحمل می‌کرد آزاد نمی‌شد مگر اینکه به صراحت از جرم خویش توبه می‌کرد. تا سال ۱۳۶۷ بسیاری از زندان‌ها پر از زندانیان ملّی کش بود که دورهٔ حبسشان پایان یافته بود اما همچنان از توبه کردن امتناع می‌کردند.

رهبران رژیم در این دوران شیفتهٔ اعتراف‌های نمایشی در تلویزیون شده بودند؛ نمایشی که می‌توانست مخالفانشان را دلسرد و هوادارانشان را جلب کند. (این شگرد همچنان کارآست؛ برخی از کسانی را که پس از تظاهرات بزرگ خیابانی در خرداد سال ۱۳۸۸ به اتهام توطئه علیه نظام دستگیر شدند در «دادگاه‌های علنی» و در برابر دوربین‌های تلویزیون دولتی محاکمه کردند.) این نمایش‌ها به ویژه در سال ۱۳۶۲ شهرت یافتند، هنگامی که دو عضو مشهور حزب توده در آن برنامه‌ها به «جنایات هولناک» خویش اعتراف کردند. در پی این اعتراف‌ها بود که خمینی زمان را برای حمله به حزب توده و برخی از گروه‌های مارکسیست لنینیست نزدیک به آن مانند سازمان فدائیان خلق (اکثریت) مناسب دانست که ترک مخاصمه با عراق را تبلیغ می‌کردند. سازمان مجاهدین کمونیست‌ها را سزاوار حملهٔ رژیم شمرد زیرا «فرصت طلبانه از یک حکومت استبدادی خون ریز قرون وسطایی دفاع می‌کردند و حتّی برایش به جاسوسی دست می‌زدند.»[۵۹] این کشمکش ایدئولوژیک کمکی به روابط میان گروهی زندانیان نکرد و در نهایت سبب شد که مجاهدین و مارکسیست‌ها را در بندهای جداگانه جای دهند. در مجموع مقاومت زندانیان مارکسیست زودتر از مقاومت مجاهدین درهم شکست و در نتیجه در سال‌های ۱۳۶۳-۱۳۶۲، بیشترین نمایش‌های سیاسی تلویزیونی مربوط به اعتراف‌های توبه کنندگان ایدئولوژیک در داخل زندان بود. این اعتراف‌ها و اظهار ندامت‌ها، امّا، الزاماً به آزادی معترفان نمی‌انجامید. از ۱۷ تن رهبران حزب

نخستین قربانیان:

وحید همت بلند، در سال ۱۳۶۰اعدام شد

آقای همت بلند دانشجو، به ریاضیات علاقمند و هوادار سازمان فدائیان اکثریت بود. سازمانی مارکسیست- لنینیست که چند سالی مخالفتی با جمهوری اسلامی نداشت. او را هنگام توزیع اعلامیه در روز دوم تیر ۱۳۶۰ دستگیر کردند. تلاش‌های مادرش برای ملاقات وی در طول بیست روزی که در اوین زندانی بود، به جایی نرسید. بنابر گفته خواهرش، ماموران حضور او را در اوین انکار می‌کردند و هنگامی که مادرش به امید ملاقات با او به اوین می‌رفت، به او ناسزا می‌گفتند و او را تهدید می‌کردند که او را هم بازداشت می‌کنند. وحید را در روز ۲۱ تیرماه ۱۳۶۰، زمانی که ۲۰ سال بیشتر نداشت اعدام کردند. خانواده‌اش خبر اعدام او را از رادیو شنیدند.

شهین دالوند در سال ۱۳۶۲اعدام شد

خانم شهین دالوند عضو محفل روحانی و محلی بهائیان در ۸ آذر ۱۳۶۱ دستگیر و در مرکز سپاه پاسداران زندانی شد. در روز ۱۱ آذر او را پس از یک بازجویی اولیه در برابر جوخه اعدام دروغین قرار دادند. مقامات به وی گفته بودند که چهار "جلسه" مهلت دارد تا مذهبش را نفی کند و اسلام را پذیرا شود. به او گفتند که اگر بیانیه از پیش نوشته شده در نفی بهائیت را امضا نکند، کشته خواهد شد. شهین دالوند را در روز ۲۸ خرداد ۱۳۶۲ در سن ۲۷ سالگی در زندان عادل‌آباد شیراز حلق آویز کردند.

شهلا حریری مطلق، در سال ۱۳۶۱اعدام شد

خانم حریری مطلق، هوادار مجاهدین خلق، دبیر دوره راهنمایی و مادر دو فرزند بود. وی در سال ۱۳۵۷از روح الله خمینی و انقلاب حمایت کرد و پس از انقلاب به سازمان مجاهدین خلق ایران پیوست. در انتخابات مجلس ۱۳۵۹ به عنوان ناظر در حوزه رأی‌گیری حضور داشت. هنگام اعتراض به آنچه تقلب در انتخابات می‌دانست، مورد حمله افراد حزب اللهی قرار گرفت. او با بدن کبود و دماغ شکسته در بیمارستان بستری شد. خانم حریری در مرداد ۱۳۶۰ دستگیر و برای مدت کوتاهی زندانی شد. ولی با فعالیت شوهرش که فرد با نفوذی در جمهوری اسلامی بود آزاد شد. این دستگیری عزم او را برای مبارزه تقویت کرد. خانم شهلا حریری در اوایل خرداد ۱۳۶۱ برای بار دوم دستگیر شد. تا زمان اعدامش در ۸ مهر ۱۳۶۱، هیچ خبری از او در دست نبود. شهلا حریری ۳۵ ساله بود.

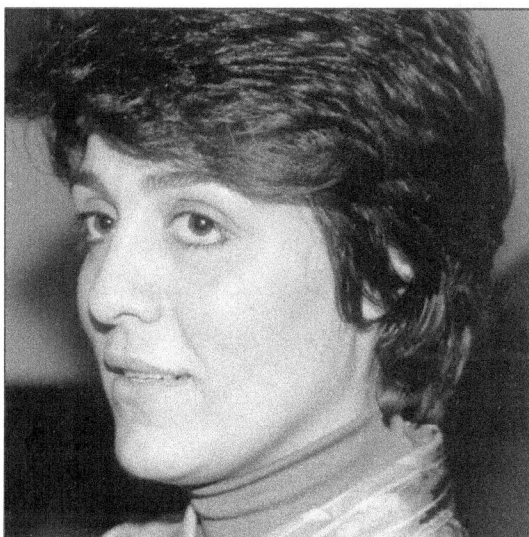

لطیفه نعیمی در مهر ۱۳۶۲اعدام شد

خانم لطیفه نعیمی وابسته به سازمان کارگران انقلابی ایران (راه کارگر) و یک پرستار بود. وی در فروردین ۱۳٦۲ در شیراز دستگیر شد و سپس، به زندان اوین در تهران منتقل گردید.

روز ۹ مهر همان سال در اوین تیرباران شد. وی در وصیت‌نامه خود خطاب به پدر و مادرش گفته است: "... از این که باعث ناراحتیتان شدم متأسفم و امیدوارم که مرا ببخشید. از این که نتوانستم بهتر از این باشم متأسفم از قول من به خواهر و برادرانم سلام برسانید....». لطیفه نعیمی ۲۵ ساله بود.

سعید سلطانپور در سال ۱۳۶۰اعدام شد

آقای سلطانپور از هواداران سازمان چریک‌های فدایی خلق- اقلیت، شاعر، نویسنده و کارگردان تئاتر بود. وی در شب ازدواجش در فروردین ۱۳۶۰ توسط پاسداران بازداشت شد.

در طول بازجویی از او می‌خواهند تا با نوشتن توبه‌نامه و شرکت در یک مصاحبه تلویزیونی، فعالیت‌های خود و سازمان سیاسیش را رد کند که نمی پذیرد. وی روز ۳۱ خرداد ۱۳۶۰ در زندان اوین اعدام شد. آقای سلطانپور ۴۰ ساله بود. دادگاه انقلاب اسلامی، در اطلاعیه‌ای که پس از اعدام او صادر کرد، اتهام او را "محاربه با خدا و رسول خدا" اعلام کرد.

توده که دستگیر شده بودند و در برابر دوربین‌های تلویزیون دستجمعی پوزش طلبیدند، ۹ نفرشان زنده ماندند تا در حمام خون ۱۳٦٧ کشته شوند.

انگیزه واقعی رژیم برای جنگی که علیه دشمنان ایدئولوژیک خود آغاز کرده بود در خطبه‌های نماز جمعهٔ رفسنجانی به تدریج آشکار شد. در نظر او: «متخلف از امر دولت امروز مثل متخلف از امر خدا و رسول است.»[۶۰] این گفته سخن رهبر رژیم را برجسته‌تر می‌کرد که «همیشه بین اسلام و غیراسلام جنگ است.»[۶۱] در دید دین سالاران ایران این جنگ تنها علیه غرب و روس‌های خدانشناس جریان نداشت، علیه هر ایده و نظری در دنیا بود که با دیدگاه مذهبی آنان ناسازگار می‌نمود. بنابراین، انگیزه جنگ رژیم علیه مجاهدین خلق در اصل دارای ماهیتی مذهبی بود و در هدف سیاسی. مجاهدین در دید رهبران رژیم قبل از هر چیز به افکار کفرآمیز آلوده بودند و پس از آن به فتنه گری. جنایت اصلی اعضای سازمان محاربه با خدا بود. وزیر اطلاعات، این نکته را در بیانیهٔ مهمی خلاصه کرد که در آن توضیح داده شده بود که چرا گروه‌های کمونیستی را (که در ابتدا به حمایت از رژیم و مخالفت با مجاهدین برخاسته بودند) همان‌قدر باید خطرناک و شیطانی شمرد که مجاهدین را. به اعتقاد او هم مارکسیست-لنینیست‌ها و هم اسلام بی طبقه رجوی اهداف مشترکی را از جمله: «برخورد عقیدتی سیاسی با حاکمیت، نفی اسلام اصیل و تایید اسلام التقاطی... تبلیغ و رشد رفاه طلبی در جامعه»[۶۲] دنبال می‌کنند.

دستگیری کمونیست‌ها سرانجام رژیم را به تدوین دستور العملی برای تعیین کیفر محکومان وادار ساخت. در بهمن ماه ۱۳٦۳ دولت اعلام کرد که مجازات اعدام شامل حال متهمانی خواهد شد که وظیفهٔ آموزش دادن به چریک‌ها را برعهده داشته‌اند و یا اسلحه، پول و اطلاعات حساس در اختیار شبکه‌های نظامی زیرزمینی قرار می‌داده‌اند. کسانی که حق عضویت خود [در سازمان‌های محارب با خدا] را پرداخته بودند یا کار بسیج و سازمان دادن افراد را بر عهده داشته اند به ده تا پانزده سال حبس محکوم خواهند شد. مشارکت در تبلیغات و فعالیت‌های فرهنگی کمونیستی مستوجب مجازات دو تا ده سال زندان خواهد بود.[۶۳] این مجازات‌ها مشابه مجازات‌هایی بود که نسبت به مجاهدین خلق جاری می‌شد، دست کم پس از اوج اعدام‌ها در اواخر سال ۱۳٦۰. در سال‌های بعد، اختلاف بر سر چگونگی مجازات‌ها بین دو جناح متنفّذ رژیم بالا گرفت. از یک سو، بین منتظری و یاران او که خواهان آزادی هرچه زودتر توّابین بودند و، از سوی دیگر، تندروهایی نظیر لاجوردی که تردید داشتند توبهٔ مجاهدین یا مارکسیست‌ها هرگز واقعی بوده باشد. در اوایل سال ۱۳٦۱، لاجوردی به انتقاد از عفو محکوم شدگان و هواداری از اعدام آن‌ها پرداخت. «ما اعدام و تعزیر می‌کنیم، چرا که بشر دوست هستیم، جنایتکار را از بین می‌بریم تا صدها تن جانشان سالم بماند.»[۶۴]

مجازات جاسوسی، که همچنان در اختیار قاضی پرونده باقی ماند، معمولاً اعدام، آن هم پس از شکنجه‌های شدید بود. گرچه سندی در دست نیست که حاکی از توجه جمهوری اسلامی به این واقعیت باشد که ایران میثاق حقوق مدنی و سیاسی را تصویب کرده است، با این حال، هیچ یک از محاکمه‌ها و تعیین و اجرای احکام اعدام بر اساس تشریفات و آیین‌های دادرسی مقرر در حقوق بین‌الملل انجام نمی‌شد. قابل یادآوری است که جمهوری اسلامی در واکنش به اعتراض نهادهای بین‌المللی در این دوران، اعدام کسانی را که نمی‌توانست به ارتکاب اعمال «تروریستی» متهم کند به اتهام «جاسوسی» توجیه می‌کرد. چنین توجیهی در دوران جنگ تا حدی قابل قبول به نظر می‌رسید زیرا بیشتر احزاب مخالف بی ارتباط با عراق یا پشتیبانان روسی‌اش نبودند. واقعیت این است که حقوق بین‌الملل به پاسداری از حقوق «جاسوسان» عنایتی ندارد، که خود بازتابی از دوران جنگ سرد است. با این همه، اتهام جاسوسی را به شرکت کنندگان در تظاهرات خیابانی یا به هواداران برج عاج نشین ایدئولوژی‌های چپگرا نمی‌توان وارد کرد. عامل دیگری که علت رفتار پر نوسان رژیم با زندانیان را روشن می‌کند کمبود شدید قضات و کارمندان دادسراهای دادگستری است. قاضیان شرع که به ویژه در

محاکمه‌های سیاسی نقش اساسی را ایفا می‌کنند نه به مبانی و اصول حقوقی آشنایی چندانی دارند و نه به آیین‌های پیچیدهٔ دادرسی.

اوضاع زندان‌ها در دههٔ ۱۳۶۰ رقّت بار بود و سختگیری و شدت عمل با زندانیان به مراتب از دوران ساواک بی رحمانه تر. پس از آغاز موج دستگیری‌ها در سال‌های ۶۰ و ۶۲، و پس از زندانی شدن اعضای گروه‌های کمونیستی همچون حزب توده و فداییان خلق (اکثریت) که تا آن زمان از جمهوری اسلامی دفاع می‌کردند، ازدحام زندانیان در بندها و سلول‌ها از حد غیرقابل تحمل نیز فراتر رفت. زندانبانان نیز از نمونه‌های بارز رفتار انسانی با زندانیان نبودند (بهترین‌ها در جبهه‌ها می‌جنگیدند) و در شلاق زدن به قربانی رحم نمی‌کردند و آن را به مثابه شکنجه نیز برای گرفتن اعتراف از متهم پیش از آغاز دادرسی به کار می‌بردند. دادرسی‌ها نیز به عقب می‌افتاد تا بازجویان بتوانند آخرین ذرّه‌های اطلاعات را نیز به زور از زبان متهم بیرون کشند یا او را وادار به اعتراف به اعتقادات مذهبی «التقاطی» کنند (جرمی که خمینی سازمان مجاهدین خلق را به آن متهم می‌کرد). لاجوردی، دادستان بدنام اوین، نظامی را بر قرار کرد که درطول دههٔ ۱۳۶۰ در زندان اوین رعایت می‌شد و در بسیاری از زندان های دیگر هم معمول شده بود. در چارچوب این نظام، برای خروج از سلول هایشان زندانیان مجبور بودند با چشم های بسته و زنجیره وار، هر یک دست بر شانهٔ نفر جلوئی، از سلول های خود خارج شوند. در همهٔ بندها، بلندگوها اعلامیه‌ها و تبلیغات دولتی را پخش می‌کردند و زندانیان به رادیو و تلویزیون و نشریه‌های دولتی، به ویژه برنامهٔ اعتراف‌های نمایشی، دسترسی داشتند تا شاید از گمراهی نجات یابند. در هر زندان تعدادی قابل توجه از «توّابین» نیز جای داشتند بیشتر برای خبرچینی دربارهٔ هم بندان سابق خویش. امّا برخی از این نادمان از بیماری‌های روانی رنج می‌بردند و میل به خودکشی در آنان پیدا شده بود، به ویژه پس از آنکه اعتراف‌های اجباری آنان از تلویزیون دولتی هم پخش می‌شد.

شرایط سخت زندان‌ها، پس از آنکه آیت‌الله منتظری در سال ۱۳۶٤ مسئول سیاست‌های کیفری جمهوری اسلامی شد، تا حد قابل ملاحظه‌ای تعدیل یافت. نمایندگان وی اجازه دادند که بر تعداد ملاقات زندانیان با خویشانشان افزوده شود و سخت گیری‌ها کاهش یابد. در این دوره، «گروهک»ها (اصطلاح تحقیر آمیز رژیم برای سازمان‌های چپگرا) اجازه یافتند تا در بندهای مجزا به سر برند و از میان خود نمایندگانی برای گفت و گو با مأموران زندان انتخاب کنند. اجرای کامل مقررات شدید امنیتی مانع ادامهٔ همبستگی این گروه‌ها و یا ارتباطشان با بندهای دیگر از راه فرستادن پیام‌های رمزی نشد. در واقع، تنش بین زندانیان و زندانبانان نمونهٔ کوچکی از تنش و تلاطم حاکم بر شهرهای ایران و جبهه‌های جنگ بود.

٤. در آستانهٔ کشتار

دست کم در ظاهر، سال ۱۳۶۷ برای زندانیان سیاسی مبشر تحولاتی امیدوار کننده بود. یک سری بیانیه‌های دولتی حکایت از این می‌کرد که به زودی هیئت‌های بخشودگی عازم زندان‌ها خواهند شد تا مشخص کنند کدام یک از زندانیان سزاوار آزاد شدن‌اند. طبق گفتهٔ سخنگوی شورای عالی قضایی، قرار بر این شده بود که یک قاضی شرع سرپرستی هر یک از این هیئت‌ها را برعهده گیرد و هر هیئتی شامل یک دادستان ارشد و یک رئیس زندان باشد. این هیئت‌ها قرار بود پس از بررسی پروندهٔ هر زندانی و گفت و گو با او «اطلاع و اطمینان حاصل کند که فرد مجرم تائب است و اظهار ندامت می‌کند و در حقیقت نسبت به اسلام و موضع جمهوری اسلامی شناخت کافی پیدا کرده است.»[۶۵] نیز قرار شده بود که این هیئت‌ها فهرستی از نام زندانیان شایستهٔ بخشودگی را برای اتخاذ تصمیم نهایی به آیت‌الله منتظری تسلیم کنند. زندانیانی که قبلاً «گرایشهای الحادی» می‌داشتند تنها در صورتی مشمول بخشودگی می‌شدند و یا از دوران حبسشان کاسته می‌شد که خطری متوجه جامعه نمی‌کردند. در پاسخ به پرسشی دربارهٔ زندانیان سیاسی که دوران زندانشان به سر رسیده بود امّا همچنان در زندان نگه داشته شده بودند زیرا توبه نمی‌کردند، سخنگوی شورای عالی قضایی تصدیق کرد که قضیهٔ این گونه زندانیان با قضیهٔ مجرمان عادی، که با پایان دوران حبسشان آزاد می‌شدند، تفاوت دارد. وی از خویشان زندانیان توبه نکرده دعوت کرد که، با استفاده از فرصت‌های ملاقاتی، فرزندانشان را از خطا بودن راهی که این گروه از زندانیان رفته بودند آگاه کنند. در اوایل بهمن ماه، طبق یک گزارش منتشر شده، منتظری در دیدار با «هیئت عفو» قم دستور داده بود که توصیهٔ خود برای بخشودگی زندانی را بر اساس صداقتش در ندامت قرار دهند و نه بر پایهٔ طول دوران زندان‌اش.[۶۶]

طراحی یک زندانی از سلول هواخوری بند ۲۰۹ زندان اوین

از کتاب خاطرات زندان، نوشته سودابه اردوان، منتشر شده در سال ۱۳۸۲ توسط «ترایدلز ترایکری ای بی» در لاهولم سوئد.

در واقع، رژیم زندانیان سیاسی را محکوم به حبس بازدارنده کرده بود و در نتیجه طول دوران حبس نقشی در آزادی آن‌ها ایفا نمی‌کرد. بر اساس این ملاحظه، آزاد شدن این گروه از زندانیان بیشتر از آنکه ارتباطی با تاریخ پایان دوران محکومیتشان داشته باشد تابعی از اثبات اعتقادشان به اسلام و به جمهوری اسلامی بود. در بیشتر زندان‌های بزرگ، زندانیان سر موضع در بندی جدا از بندهای زندانیان توبه کرده (توّابان) که اغلب مجبور به خبر چینی بودند، جای داشتند. بندهایی (به ویژه بندهای زنان) نیز مختلط بودند. این نوع طبقه بندی‌ها و جداسازی‌ها در اواخر سال ۱۳٦٦، هنگامی که استفاده از

مصاحبه و پرسشنامه برای احراز عقاید و وابستگی‌های سیاسی زندانیان سیاسی رواج یافت، تأیید شد.

برخی از جان به دربردگان، با تکیه بر آنچه در سال‌های بعد روی داد به این نتیجه رسیده‌اند که این جداسازی‌ها مقدمه‌ای برای آغاز کشتار در تابستان ۱۳۶۷ بوده است. تشکیل «هیئت‌های عفو» که خود مُنادی «کمیته‌های مرگ» بودند، و نیز اصرار مأموران زندان بر طبقه‌بندی زندانیان سیاسی، بدون تردید شناسایی سر موضعی‌ها و منافقین را آسان‌تر می‌کرد. شورای ملّی مقاومت ادعا می‌کند که «قرائن بسیار دال بر آن است که سیاست کشتار زندانیان سیاسی مدت‌ها در معرض بررسی و تصمیم گیری بوده.» امّا، تنها دلیلی که شورا در اثبات این ادعا ارائه داده یکی برنامهٔ طبقه بندی زندانیان در اواخر سال ۱۳٦٦ است و دیگری تهدید زندانبانان در اوایل سال ۱۳٦٧ به یک «تصفیه حساب خونین.»[۶۷] ظاهراً اسدالله لاجوردی نیز تهدید کرده بود که اگر «دشمن» به زندان‌ها حمله کند وی نارنجک به میان زندانیان پرتاب خواهد کرد. من به درستی این گونه قرائن و شواهد اعتقاد چندانی ندارم. تهدیدهایی از قبیل «بالاخره به حسابتان خواهیم رسید» معمولا بخشی از شاخ و شانه کشیدن‌های زندانبانان است و بنابر این نمی‌توان همیشه آن را جدی شمرد. با این همه، به نظر می‌رسد که در آستانهٔ کشتار، مأموران زندان و کارمندان وزارت اطلاعات برای طبقه بندی زندانیان به منظور احراز میزان وفاداری آنان به سازمان‌ها و گروه‌های مخالف رژیم، بیش از پیش جدیّت به خرج می‌دادند. به عنوان نمونه، یکی از زندانیان سابق اوین به خاطر می‌آورد که در پاییز سال ۱۳٦٦ «آقای زمانی» معروف به وی گفته بود: «[آزادانه] بگین. [اینجا] دموکراسیه. جمهوری اسلامیه.» و می‌پرسیدند: «نظرت در مورد جمهوری اسلامی چیه؟ سازمانی که باهاش کار می‌کردی، هنوز قبول داری یا نه؟»[۶۸] رضا شمیرانی نیز به یاد می‌آورد که یک سال بعد، زمانی در کمیتهٔ مرگ حضور داشت. مدتی پس از کشتار، در ملاقاتی که با رضا شمیرانی داشته، زمانی به وی گفته بود که البته اشتباه‌هایی هم صورت گرفت ولی «ما دستور امام را اجرا کردیم.»[۶۹]

بخشی از گزارش سال ۱۳۸۸ مرکز اسناد حقوق بشر ایران به «طراحی قتل عام» اختصاص یافته است. امّا، این گزارش هم بیشتر بر بازجوئی‌های مرتبط با طبقه بندی‌های اواخر سال ۱۳٦٦، نقل و انتقال زندانیان بین اوین و دیگر زندان‌ها در این دوران و بر خاطرات جان به دربردگان از افزایش تنش بین زندانبانان و مجاهدین در نیمهٔ اوّل سال ۱۳٦٧، اتکا دارد. طبق این گزارش نفوذ منتظری هم در سال ۱۳٦٦ همراه با افزایش کنترل تندروها بر زندان‌ها کاهش یافت.[۷۰] پس از گذشت بیست سال از انجام کشتار مدرک معتبری از مأموران زندان یا جناح‌های رقیب درون رژیم (از جمله خود منتظری) به دست نیامده که ثابت کند این روندها و رویدادها، اجزایی از یک توطئه گسترده برای کشتار زندانیان سیاسی بوده‌اند. با این همه برخی قرائن و شواهد دال بر آن است که دست کم از سال ۱۳٦۲رهبران رژیم به این نتیجه رسیده بودند که سازمان مجاهدین خلق و گروه‌های مارکسیست همگی تهدیدی برای بقای نظام جمهوری اسلامی‌اند. تلاش وزارت اطلاعات نیز، برای زیرنظر گرفتن و طبقه بندی زندانیان سیاسی، بی ارتباط با تصمیمی که باید سرانجام سرنوشت آنان را رقم زند نبوده است، چه آزادی، ادامهٔ حبس و یا «راه حل نهائی.»

فراموش نباید کرد که دلمشغولی اصلی رژیم، جنگ با عراق بود که در این زمان مرحلهٔ ناخوشایندی را طی می‌کرد. عراق پس از اشغال دوبارهٔ شبه جزیرهٔ فاو دو شهر قم و تهران را به تنهایی آماج بیشتر از ۲۵۰ موشک اسکاد کرده بود. پشتیبانی عمومی از ادامهٔ جنگ عمق چندانی نداشت و حتّی تظاهراتی نیز در خیابان‌ها در تأیید «بخشیدن صدّام حسین» برپا می‌شد. شمار داوطلبان شرکت در جبهه‌های جنگ کاهشی نگران کننده یافته بود.[۷۱] برای نخستین بار، برخی شخصیت‌های سیاسی مجاز شده بودند که در برنامه‌های تلویزیونی از لزوم پذیرفتن ترک مخاصمه با عراق، بر پایهٔ قطعنامه شمارهٔ ۵۹۸ شهریور ۱۳٦٦ شورای امنیت سازمان ملل متحد، سخن گویند. در فروردین ۱۳٦٧، سازمان برنامه و بودجه اعلام کرد که در صورت ادامهٔ جنگ دولت با کسر بودجهٔ شدیدی روبرو خواهد شد.[۷۲] کسانی که به دیدار خویشانشان در زندان می‌رفتند

طرحی از یک سلول در زندان اوین:

از کتاب خاطرات زندان، نوشته سودابه اردوان، منتشر شده در سال ۱۳۸۲ توسط «ترایدلز ترایکری ای بی» در لاهولم سوئد.

آن‌ها را از وخامت اوضاع دولت با خبر می‌کردند؛ خبری که در تلویزیون و نشریات سانسور شدهٔ دولتی هم بازتابی آشکار یافته بود. زندانیان از شنیدن چنین اخباری طبیعتاً به وجد می‌آمدند، غافل از آنکه اگر جنگ به زیان ایران پایان می‌یافت رژیم زندانیانی را که متهم به خیانت کرده بود سپر بلای خود می‌کرد. تضعیف موقعیت منتظری که به نوعی حامی زندانیان سیاسی به شمار می‌رفت زنگ خطر دیگری برای این گروه از زندانیان بود. به هر تقدیر، در رقابت و کشمکشی که بین جناح‌های گوناگون رژیم برای تعیین جانشین خمینی که در آستانهٔ مرگ قرار داشت درگرفته بود زندانیان سیاسی در صف نخست قربانیان احتمالی قرار داشتند. نزدیکان خمینی مایل نبودند که منتظری وارث قدرت مطلقهٔ رهبر شود.

در همین حال، رژیم موفق شده بود دولت فرانسه را قانع به اخراج رجوی و و مجاهدین خلق از پاریس کند. در عراق بود که اخراج شدگان از پاریس با ایجاد پایگاهی سیاسی و ایجاد نیرویی مسلح دامنهٔ تبلیغات رادیویی خود علیه جمهوری اسلامی را گسترده‌تر کردند. این رویدادها به مجاهدان زندانی در ایران قوت قلب تازه‌ای بخشید تا آن حد که دست به اعتصاب غذا و دیگر انواع سرکشی از مقررات زدند. بسیاری از دیگر زندانیان سیاسی نیز در این مقاومت به مجاهدین خلق پیوستند و خواستار برخورداری از حداقلی از حقوق انسانی در زندان شدند. این مقاومت‌ها و سرکشی‌ها احتمالاً، در اواخر سال ۱۳۶۶ و اوایل ۱۳۶۷، انگیزهٔ انتقال

بسیاری از زندانیان سیاسی به گوهردشت و یا زندان‌های دیگر بوده است. اعلام تشکیل کمیته بخشودگی در بهمن ماه، به نظر نمی‌رسد از سر خدعه بوده باشد. در واقع، چندتن از زندانیان چند ماه بعد بخشوده و آزاد شدند. با این همه، فعّالیت‌های این کمیته طبیعتاً کار طبقه بندی زندانیان سیاسی را آسان‌تر می‌کرد. در این مرحله منتظری همچنان مدافع سرسخت رژیم بود و به عنوان جانشین خمینی شناخته می‌شد. هنگامی که علی اکبر رفسنجانی به فرماندهی نیروهای مسلح منصوب شد، منتظری رهنمودهایی به او داد که در رسانه‌های دولتی بارها انتشار یافت. وی به خمینی نیز به مناسبت سقوط هواپیمای مسافربری ایران در ۱۲ تیر ۱۳۶۷، که به خطا هدف موشک یک هواپیمای آمریکایی قرار گفته بود، تسلیت گفت.[۷۳]

در این زمان، امّا، نقش منتظری، به عنوان وجدان هشیار انقلاب، با حملات منتقدانش کاهشی قابل ملاحظه یافته بود و در نتیجه برای متوقف ساختن کشتارها کاری از وی بر نمی‌آمد. لاجوردی تأکید منتظری بر اهمیت توبه را بر نمی‌تابید زیرا به اعتقاد او اظهار ندامت یک منافق به پشیزی نیز نمی ارزید. دیگر تندروان رژیم نیز هشدار می‌دادند که زندانیان آزاد شده ممکن است باز به صفوف دشمن بپیوندند و از همین رو سپاه پاسداران باید مسئولیت مراقبت از آنان را برعهده گیرد؛ به ویژه هنگامی که همهٔ مردان وفادار به رژیم عازم جبهه‌های جنگ شده‌اند. ظاهراً این گروه از منتقدان منتظری، خمینی را تشویق می‌کردند به منتظری هشدار دهد که «آزادی بی رویهٔ چند صد منافق به دستور هیئتی که رقت قلب و حسن ظن شان روشن است؛ آمار انفجارها، ترورها، و دزدی‌ها را بالا برده است.»[۷۴] علی خامنه‌ای نیز که تازه قد علم کرده بود به انتقاد از منتظری، که شهرت و اعتباری بسیار بیشتر از او داشت، برخاست و او را «برای شناختن طینت مردمان داوری ناتوان» شمرد. منتظری گرچه ارادتی به مجاهدین نمی‌ورزید (پسرش در انفجار ۷ تیر کشته شده بود) پس از دستگیری برادر دامادش، مهدی هاشمی، در سال ۱۳۶۵، به اتهام افشا کردن قضیهٔ ایران کُنترا و نقش رفسنجانی در آن— از نفوذ سیاسی چندانی برخوردار نبود. در این قضیه دولت ریگان، با نقض قطعنامهٔ شورای امنیت، مخفیانه به فروش اسلحه به ایران دست زده بود تا بتواند از جمهوری اسلامی برای آزاد شدن گروگان‌های آمریکایی در لبنان کمک گیرد. منتظری ظاهراً از شکنجه، محاکمهٔ مخفیانه و اعدام مهدی هاشمی همان قدر بی خبرمانده بود که از تبادل نظرهایی که به صدور فتوای کشتار منجر شد. چنین به نظر می‌آید که گروه منتظری رفسنجانی را به دشمن خطرناک خود تبدیل کرده بود. حلقهٔ نزدیکان خمینی نمی‌خواستند منتظری، که حتی توان نجات برادر دامادش را هم نداشته است، اجازهٔ حمایت از زندانیانی را بیابد که طاقت ملت را به سر آورده بودند. به این نیز پی برده بودند که اگر منتظری به چنین حمایتی برمی‌خاست، رهبر او را شایستهٔ مقام جانشینی خود نمی‌شمرد.

در این زمان، دولت مدام بر ارتداد به عنوان جنایتی علیه رژیم تأکید می‌کرد. از سال ۱۳۶۰ به بعد بسیاری از ایرانیان به جرم عضویت در «گروهک‌هائی» دستگیر و زندانی می‌شدند که به خاطر داشتن ایدئولوژی خاصی غیرقانونی شناخته شده بودند. از سوی دیگر، واعظان و ملایان در سراسر ایران دولت را ترغیب می‌کردند که به دستگیری محاربان با خدا دست زند، و حتی کسانی را نیز که بی‌اعتقادی شان به مذهب، نشان بارز فتنه‌جویی علیه نظام اسلامی است، دستگیر کند. همان گونه که دادستان انقلاب شیراز ادعا کرد: «...دختری که اینگونه در جامعه ظاهر می‌شود، اگر به عواقب وخیم این عمل خود آگاه شود یقیناً این دشمن خطرناک (بد حجابی و...) را با خود همراه نخواهد کرد. اگر به او گوشزد کنند که شما ناخودآگاه در کانال ضدانقلاب، گروهک‌ها و سلطنت‌طلب‌ها قرار گرفته و خواسته‌های امریکا و دشمنان اسلام را انجام می‌دهید و خون شهدا را پایمال می‌کنید یقیناً حاضر به این عمل نشده و به ارزش‌های اسلامی و مقدسات جامعه اسلامی پشت پا نخواهد زد... من به پسران و دختران اخطار می‌کنم که ارزش خویش را یافته و در مسیر باندهای فساد قرار نگیرند که به عنوان مفسد فی الارض از سوی دادگاه انقلاب اسلامی تحت تعقیب قرار دارند، زیرا در این صورت پس از دستگیری حکم خداوند به عنوان یک مفسد و محارب درباره آن‌ها اجرا خواهد شد.»[۷۵]

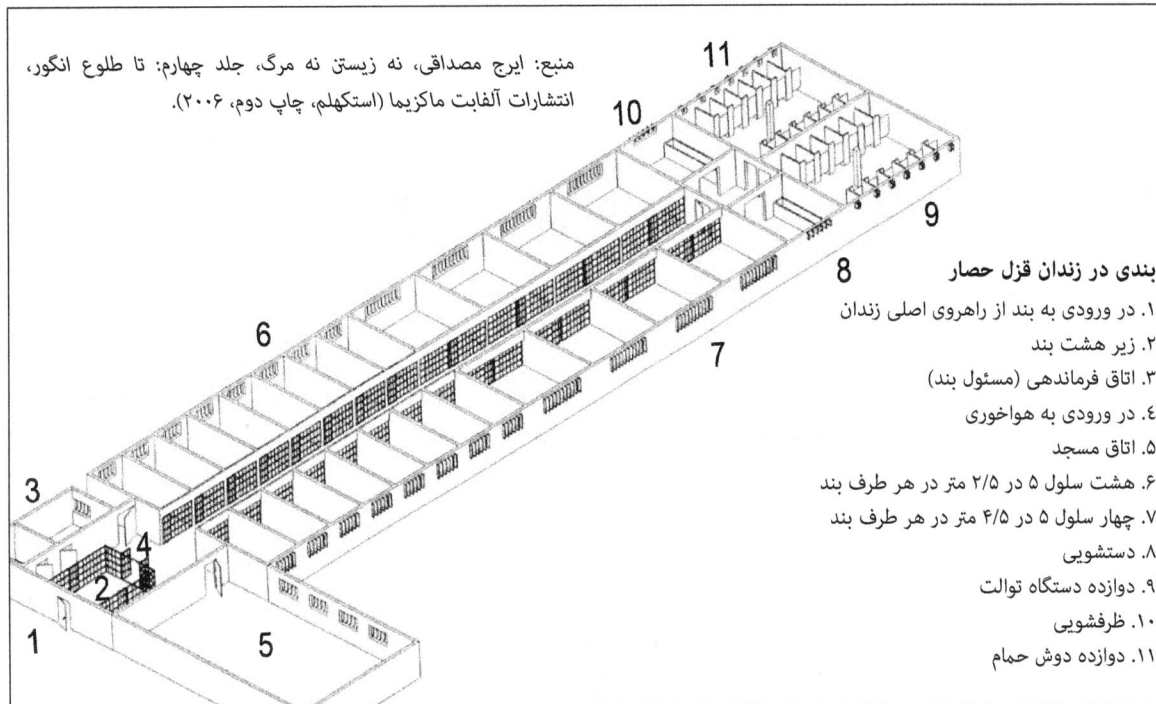

منبع: ایرج مصداقی، نه زیستن نه مرگ، جلد چهارم: تا طلوع انگور، انتشارات آلفابت ماکزیما (استکهلم، چاپ دوم، ۲۰۰۶).

بندی در زندان قزل حصار

۱. در ورودی به بند از راهروی اصلی زندان
۲. زیر هشت بند
۳. اتاق فرماندهی (مسئول بند)
٤. در ورودی به هواخوری
۵. اتاق مسجد
۶. هشت سلول ۵ در ۲/۵ متر در هر طرف بند
۷. چهار سلول ۵ در ۴/۵ متر در هر طرف بند
۸. دستشویی
۹. دوازده دستگاه توالت
۱۰. ظرفشویی
۱۱. دوازده دوش حمام

آخرین موج دستگیری‌ها، گروهی از متهمان سیاسی را روانهٔ زندان‌ها ساخت که مقامات آن‌ها را با زندانیان قدیمی‌تر هم بند نمی‌کردند.[۷۶]

بازجویی از «توّابین» دوباره از سر گرفته شد تا ثابت شود که نه تنها از اعتقادات سیاسی پیشین خود دست کشیده‌اند بلکه به خواندن نماز هم رضایت داده‌اند. به این ترتیب، روشن است که چرا در بازجوئی‌ها و پرسشنامه‌های سال‌های ۱۳۶۷-۱۳٦٦ هدف پی بردن به باورهای مذهبی زندانیان چپگرا و نظرشان نسبت به ولایت فقیه بود.[۷۷] امّا، در مورد زندانیان مجاهدی که همرزمانشان در اردوگاه‌های نظامی در آن سوی مرزهای عراق قرار داشتند، پرسش‌ها دربارهٔ آمادگی آنان برای محکوم کردن رجوی و جنگیدن در دفاع از جمهوری اسلامی بود.

نقل و انتقال زندانیان و طبقه بندی آنان در اواخر سال ۱۳٦٦ و اوایل ۱۳٦۷ راه را برای عملی کردن «راه حل نهائی» هموار می‌کرد. گرچه دلیل و مدرک قانع کننده‌ای وجود ندارد که ثابت کند این مقدمات برای اجرای چنین راه حل هولناکی بوده است، اما جان به در بردگان صمیمانه به وجود چنین برنامه‌ای اعتقاد دارند. به عنوان نمونه، یک زن زندانی توده‌ای که همسرش ملّی کش و در شمار قربانیان کشتار بوده، به یاد می‌آورد که وی و دوستانش را در زندان گوهردشت بی‌رحمانه مضروب کردند؛ «از همان موقع معلوم بود این‌ها برنامه‌هایی برای زندانیان سرموضع دارند.»[۷۸] منوچهر اسحاقی، از هواداران سابق سازمان مجاهدین خلق، نیز می‌گوید که، با توجه به خارج کردن زندانیان از اوین، کشتارها با نقشهٔ قبلی طرّاحی شده بود: «اصلاً در زندان سابقه نداشت که چنین تعداد زیاد را از دیگران جدا کنند و به جای دیگری ببرند.»[۷۹] در عین حال وی می‌پذیرد که انتقال زندانیان می‌تواند واکنشی به اعتصاب زندانیان در اوین بوده باشد. شهاب شکوهی، از اعضای سابق گروه مارکسیست-لنینیستی راه کارگر اطمینان دارد که دلیل انتقال شماری بزرگ از زندانیان از اوین به گوهردشت این بود که «پاسداران نگران این بودند که منظماً در اعتراض به شرایط

زندان اعتصاب می‌کردیم. تصمیم گرفتند تا زندانیان را از هم جدا کنند تا مانع از سازماندهی ما شوند.»[۸۰] چنین دلیلی برای انتقال زندانیان محتمل‌تر به نظر می‌رسد تا تهیهٔ مقدمات برای کشتاری در آینده‌ای نامعلوم.

اعتقاد عمیقِ جان به در بردگان دیگر، امّا، این است که بازجوئی‌ها و پرسشنامه‌ها بخشی از نقشهٔ اجرای کشتارها بوده‌اند. نیما پرورش در کتاب‌اش[۸۱] می‌نویسد که «در بهمن ماه ۱۳۶۶، در تمامی بندهای گوهردشت، دست به یک سؤال و جواب بسیار مهم زدند که البته ما بعدها به اهمیت آن پی بردیم و متوجه شدیم که سلسله وقایعی که بعدها اتفاق افتاد بر طبق یک برنامه از پیش تعیین شده بوده است که شروع آن از همین سؤال و جواب‌ها فهمیده می‌شد.» وی در عین حال این نکته را تأیید می‌کند که «این سؤال و جواب‌ها چیز تازه‌ای نبود و از سال ٦٤ به این طرف هر چند وقت یکبار برای ارزیابی وضعیت زندانیان از آن‌ها چنین سؤال و جواب‌هایی صورت می‌گرفت.» به نظر او تازگی بازجوئی‌های اخیر در این بود که «این بار نحوه سؤال و جواب تازگی داشت که آن را از سؤال و جواب‌های قبلی متمایز می‌کرد و از اهمیت آن‌ها برای پرسش کننده حکایت داشت.» به هر حال، این بازجوئی‌ها، آن هم تنها یک ماه پس از اعلام تصمیم به بخشودگی برخی از زندانیان سیاسی، نمی‌توانست بی اهمیت باشد. این پرسش‌ها با پرسش‌هایی که چندی بعد کمیته‌های مرگ مطرح کردند تا حدی تفاوت داشتند؛ در پایان این پرسش‌ها از زندانیان کمونیست، همچون زندانیان مجاهد، دعوت می‌شد که به مصاحبهٔ تلویزیونی تن دهند؛ امّا کمیته‌های مرگ بعداً چنین دعوتی به مصاحبه نمی‌کردند.

منبع اصلی مرکز اسناد حقوق بشر ایران، در مورد این ادعا که کشتارها بر اساس نقشه قبلی بوده‌اند، مصاحبه‌ای است که در تیر ماه ۱۳۸۸ با مهدی اصلانی انجام گرفته است. چند هفته بعد در مصاحبه‌ای که او با یکی از همکاران من داشت، اظهار کرده بود که دلیلش برای در میان گذاشتن چنین داوری با مرکز اسناد حقوق بشر ایران این بود که در مرحلهٔ طبقه بندی زندانیان پرسش‌ها «بیشتر در اطراف آراء زندانیان دور می‌زد و نه اعمالشان»، آن هم به قصد پی بردن به اعتقادات مذهبی آنان و نه چگونگی حمایتشان از گروه یا سازمان خاص. امّا، اصلانی قبول کرد که در این زمان او نگرانی از آینده نداشت زیرا «اساساً از سال ٦٦، زندان در موقعیت خیلی خوبی بود؛ برای اینکه حکومت ضعیف می‌شد در تمام عرصه‌ها: در عرصه جنگ، در عرصه سیاست. بالا رفتن تعداد ملی کش‌ها، کسانی که مصاحبه را نمی‌پذیرفتند، تعداد کسانی که روز به روز به این جمع اضافه می‌شد. در یک کلام خواسته‌های زندان قد کشیده بود.»[۸۲] ایرج مصداقی در خاطراتش[۸۳] می‌نویسد که داوود لشکری هر گروهی را با رنگ خاصی مشخص کرده بود، زندانیان نادم و روحیه باخته را با رنگ سفید، دست کشیدگان از فعالیت‌های سیاسی را با رنگ زرد، و دشمنان رژیم را با رنگ سرخ. افزون براین، مصداقی ادعا می‌کند که در چند مورد مأموران زندان به او اخطار کرده بودند که: «وای به روزی که امام فتوا دهد، آن وقت به حساب‌تان خواهیم رسید و خودتان از کرده‌تان پشیمان خواهید شد!» معهذا تردیدهایی وجود دارد که در بخش «پرسش‌های بی‌پاسخ»، در فصل نهم، به آن‌ها خواهم پرداخت. این تردیدها دربارهٔ این است که آیا، قبل از تیر ۱۳۶۷، مقامات جمهوری اسلامی تصمیم به کشتن زنان و مردانی را داشتند که در یک دورهٔ هفت ساله، از سال ۱۳۶۰، به بعد به دام زندان گرفتار کرده بودند، مسلما به منظور شکنجه کردنشان برای گرفتن اطلاعات و وادار کردنشان به توبه، امّا نه شکنجه به قصد مرگ یا آماده شدن برای کشتار.

باید در اینجا به داستانی عجیب اشاره کنم به روایت از یک مهندس که به صداقت‌اش اطمینان کامل دارم. وی، یکی از اعضای سابق فدائیان خلق (اکثریت) بود که در بند ۱۳ زندان گوهردشت به سر می‌برد. وی در تیر ۱۳۶۷ متوجه ورود نگهبانان غیرعادی و تازه‌ای به زندان شد. نگهبانان تازه وارد درها را بستند، پنکه‌های سقفی را روشن کردند و گازی را در فضای زندان پخش کردند که زندانیان را به حالت تهوع و نفس گرفتگی انداخت. این گاز از گاز اشک آور بسیار بدتر بود و هنگامی هم که از درز درها بیرون رفت نگهبانان را هم به حال تهوع دچار کرد. در این رویداد کسی نمرد و عوارض

گاز سمی نیز به زودی از بین رفت امّا گمان می‌رفت که این برنامه تنها تمرینی برای کشتن زندانیان با گاز سمی بوده است. در همین زمان، صدّام به بهره گرفتن از سلاح‌های شیمیایی در میدانهای جنگ پرداخته بود. ایران هم مسلماً می‌توانست این گونه سلاح‌ها را تولید کند. امّا، هنگامی که زمان کشتار فرا رسید مدرکی وجود ندارد که سلاح دیگری غیر از چوبهٔ دار و جوخهٔ آتش در اجرای مقصود به کار برده شده باشد.

جان به در بردگان، شرایط و فضای حاکم بر زندان‌ها را در آستانهٔ کشتار برایم روایت کرده‌اند. نقل قول‌های زیر شمّه‌ای از این روایت‌هاست:

در سال ۱۳۶۶ در اعتراض به شرایط زندان به یک اعتصاب غذا دست زدیم. در آن زمان من در اوین بودم. این اعتصاب به خصوص به خاطر کمبود غذا در زندان بود. دو نماینده از طرف منتظری به دیدن ما آمدند و درباره نگرانی‌هایمان با ما مصاحبه کردند. برای مثال در آن زمان ما را در بند بسته با ۳۸ تا ۵۰ نفر برای هر اتاق نگه می‌داشتند. ما مشکلات خود را برای نمایندگان منتظری توضیح دادیم. بعدا بندها را باز کردند به طوریکه می‌توانستیم در اطراف بند حرکت کنیم. این دلیل خوبی برای جشن گرفتن زندانیان بود. اما بعد از چند ماه شروع به جدا کردن ما کردند. مرا جدا کردند چون از توبه کردن خودداری کردم. در فروردین ۱۳۶۷ مرا به گوهردشت منتقل کردند.

مهندس، از سازمان فدائیان خلق (اکثریت)[۸۴]

سال ۱۳۶۵ بهترین سالی بود که در زندان گذراندم. یک سال بعد نمایندگان منتظری از اداره زندان برکنار شدند و شرایط به مراتب بدتر شد. در سال ۱۳۶۶ شرایط به قدری بد شد که زندانیان تمام مدت مشغول به اعتصاب شده و با نگهبانان درگیر می‌شدند. در این زمان من در زندان اوین بودم. اما در پاییز ۱۳۶۶ به زندان گوهردشت منتقل شدم. من به همراه گروه بزرگی از زندانیان از اوین منتقل شدیم چرا که پاسداران نگران این بودند که منظماً در اعتراض به شرایط زندان اعتصاب می‌کردیم.

شهاب شکوهی، از راه کارگر، محکوم به پانزده سال زندان[۸۵]

مدت کوتاهی پیش از شروع کشتار، حدود ۱۵۰ (تعداد دقیق را نمی‌دانم) زندانی با تمایلات سیاسی متفاوت را به بند جهاد (که مخصوص نادمین بود و چندین کارگاه داشت) آوردند. به نظرم آمد که داوود لشکری، معاون زندان، عمداً این زندانیان را انتقال داده بود تا از اعدامشان جلوگیری کند. اما در همان ایام شرایط زندان تغییر کرده بود. زندانیان شروع به اعتصاب کرده بودند و در ابراز خواست‌های‌شان جسورتر شده بودند. برای مثال، زندانیانی که به بند جهاد آمده بودند بعد از رسیدن از خوردن امتناع کردند. آن‌ها درباره علت انتقالشان به بند جهاد سؤال می کردند. چون بند جهاد به بند توابین معروف بود، آن‌ها نمی‌خواستند تواب محسوب شوند.

حمید اشتری، از سازمان مجاهدین خلق، محکوم به ده سال زندان[۸۶]

در سال ۱۳۶۷ فضای جامعه در حال تغییر بود. این روی روحیه حاکم بر زندان اثر گذاشت. خانواده‌ها در ملاقات‌ها به زندانیان می‌گفتند که جامعه علیه رژیم است و مردم به این فکر روی آورده‌اند که رژیم رفتنی است. به خاطر این زندانیان پررو شدند. بعضی وقت‌ها حتی به نگهبانان حمله می‌کردند.

شهاب شکوهی، از راه کارگر[۸۷]

اواخر سال ٦٤ هیئتی از طرف منتظری به داخل زندان آمد که سخت‌گیری‌ها و توهین‌ها را کم کرد، در واقع پس از آن زندانبان‌ها کم‌تر با زندانیان درگیر می‌شدند. امکان داشتن کتاب‌های درسی و کمی زمان را برایمان به وجود آوردند. ... از اواخر سال ٦٦ حرکت‌هایی در بند ۷ گوهر دشت شروع شد، همه به خصوص مجاهدین فعال‌تر شده بودند و اعتراض‌ها به زندانبان بیشتر شد. ... مجاهدین به صورت جمعی اعتراض می‌کردند که «ما حق ورزش جمعی داریم» و با هم ورزش می‌کردند. هنوز پاسدارها زندانی‌ها را کتک می‌زدند که حق ورزش جمعی ندارید، ولی این کتک‌ها نسبت به قبل شدت کمتری داشت. یا مثلاً هر وقت غذا کم بود یا در غذا کرم پیدا می‌شد اعتراض می‌کردیم و می‌رفتیم با رئیس زندان حرف می‌زدیم که «اگر باز هم غذا اینجوری باشد ما نمی‌خوریم.» در آن زمان روحیهٔ ما بالا رفته بود، کم‌تر از آن‌ها می‌ترسیدیم. فشار کم شده بود. روحیه مجاهدین در اثر اوضاع بیرون از زندان،

تقویت شده بود و از سازمان مجاهدین پیام‌هایی داشتند که «وضع ما خوب است، وضع شما هم خوب است، پیروز می‌شویم.» در مورد چپ‌ها هم کم و بیش، به خاطر مسایلی مثل جنگ، افزایش نارضایتی از خمینی در جامعه، با روحیه‌تر شده بودیم. ... از سال ۶۰ که لاجوردی صنعت توّاب‌سازی را در زندان‌ها به راه انداخت، کار را به جایی رسانده بود که هر مجاهدی، حتی آن‌هایی که به سختی بر سر موضع خود بودند، جرأت نمی‌کردند بگویند مجاهد هستند. اگر پاسدارها اتهامشان را می‌پرسیدند می‌گفتند «منافق» هستند. اگر کسی می‌گفت «مجاهد» آنقدر کتکش می‌زدند تا بگوید «منافق» است. اما در سال ٦٦ وقتی زندانبانان اتهام مجاهدین را می‌پرسیدند آن‌ها در جواب می‌گفتند «سازمان» و دیگر خود را منافق نمی‌خواندند، مجاهد هم نمی‌گفتند. همین یک کلمه نشان‌دهنده روحیه آن‌ها بود. پاسدارها مجاهدین را کتک می‌زدند ولی نه به شدت قبل. مجاهدین هم سر همان موضع می‌ماندند. کم پیدا می‌شد کسی که بگوید «من منافق هستم.» مشکل چپ‌ها بر سر اسم نبود. مشکل بر سر اعتراض‌های مختلفی بود که زندانیان داشتند.

اکبر صادقی (نام مستعار)، از سازمان فداییان خلق (اکثریت)، محکوم به شش سال زندان[88]

در بهار ۱۳٦۷، قبل از شروع اعدام‌ها، یک دوره‌ای بود که مجاهدها خیلی فعال شده بودند. حتی خبر می‌دادند که مثلاً مجاهدها وارد کشور می‌شوند و به زودی رژیم سرنگون می‌شود. گرچه کلمه سرنگون را به کار نمی‌بردند، ولی چنین مطالبی را از مجاهدین می‌شنیدیم. بین مجاهدین پچ‌پچ‌های زیادی بود. روزی افرادی از پاسدارها یا یک درجه بالاتر (شاید رئیس زندان یا چنین چیزی، دقیقاً به خاطر ندارم) به بند ۳ آمدند. از مجاهدین می‌پرسیدند «مال کدام جریان هستی؟» می‌خواستند ببینید که زندانیان می‌گویند «منافق» یا «مجاهد». از مجاهدها فقط این سؤال را می‌کردند. ولی از چپ‌ها سؤال می‌کردند که «خدا را قبول داری یا نه؟» سؤال می‌کردند و یادداشت می‌کردند... عده‌ای از زندانیانی که قبل از سال ٦٤ دستگیر شده بودند، نماز می‌خواندند. ولی کسانی که در سال ٦٤ دستگیر شدند، پر انرژی بودند و تجربهٔ سال‌های ٦٠ را نداشتند و در نتیجه روحیه تهاجمی داشتند. ... خود من از اینکه بعضی از آن‌ها نماز می‌خواندند تعجب می‌کردم. اولین کاری که در زندان می‌کردند این بود که زندانی را مجبور کنند نماز بخواند. ... حتی ماموران برای من سجاده آوردند. من سجاده را گرفتم و وضو گرفتم ولی وقتی که باید دو لا می‌شدم، دیدم اصلاً نمی‌توانم. احساس کردم که تمام وجود من در حال خرد شدن است. سجاده را پرت کردم و گفتم «نمی‌خوانم.» این در اواخر ٦٤ بود... در همین ایام [بهار ٦٧]، روزی پاسداری به بند ما آمد و گفت کاری می‌کنیم که خنده‌هایتان قطع شود. خیلی اتفاق‌ها در بند ما، بند سرموضعی‌ها می‌افتاد. ... دایم درگیری داشتیم.

مریم نوری، هوادار سازمان فدائیان خلق (اقلیت)، محکوم به چهار سال و نیم زندان[89]

اواخر سال ۱۳٦۵ یک تفتیش عقاید کامل داشتیم. از وزارت اطلاعات آمدند. ... یک فرم دادند، سوال‌ها خیلی زیاد بود. ... نماز می‌خوانی، در خانواده‌ات چه کسی نماز می‌خواند، چه کسی نمی‌خواند... سوال‌ها خیلی وسیع و عمیق بود... فرم‌ها خیلی طولانی بود و پر کردنش ۳، ٤ ساعت وقت می‌گرفت. پس از این، در بهمن ۱۳٦٦ طبقه بندی جدیدی بر اساس محکومیت درست کردند... در اردیبهشت ۱۳٦۷ سالن ٤ را نصف کردند. نصف آن تواب‌ها و نصف دیگر ما بودیم.

هوادار سازمان مجاهدین خلق، محکوم به دوازده سال زندان[90]

اتفاقاتی در سال ٦۷ افتاد که باعث شد عموم زندانیان به ویژه مجاهدین مقاوم‌تر و با شهامت‌تر شوند،. ... ارتش مقاومت منتسب به سازمان مجاهدین دو عملیاتِ مهم نظامی در غرب کشور داشتند: عملیات آفتاب و عملیات چلچراغ. در عملیات آفتاب، شهر مهران چند روزی در اشغال مجاهدین بود. ... در همین دوران بمباران شیمیایی حلبچه، یکی از مناطق کردنشین عراق که در اشغال نیروهای ایرانی بود اتفاق افتاد ... پس از آن نیروی دریایی آمریکا... به هواپیمای مسافربری ایرباس ایران... شلیک کرد. ... اخبار تمام این حوادث موقعیت بحرانی و ضعیف حکومت ایران در جبهه‌ها را شهادت می‌داد و در مقابل مقاومت بیشتر از جانب زندانیان. ... در ماه رمضان سال ۱۳٦۷ بر خلاف سال‌های پیش که همواره درگیری زندانبان و زندانی بر سر غذا موضوعیت پیدا می‌کرد، این

زندان گوهردشت

محل اعدام در گوهردشت در روزهای ۸ و ۹ مرداد ۱۳۶۷

۱. سوله‌ای که در آن زندانیان را به دار می‌آویختند
۲. موتورخانه زندان (موتور برق زندان در این قسمت قرار داشت)
۳. حسینیه سالن شماره ۲ گوهردشت که از طریق آن جنب و جوش پاسداران دیده می‌شد. از همین جا بود که لشکری همراه با طناب دیده شد. (حسینیه سالنی بود که سابقا محل ورزش زندان بود. مراسم عزاداری، سخنرانی‌ها و مصاحبه‌های زندانیان در این محل برگزار می‌شد. در زمان شاه به عنوان ناهارخوری مورد استفاده قرار می‌گرفت.)
۴. آشپزخانه زندان
۵.سالن شماره یک. در دوران قتل عام خالی از زندانی بود. زندانیان آن به بند یک کنار بخش "جهاد" منتقل کرده بودند. (جاییکه زندانیان، غالبا تواب‌ها، در پروژه‌های باغبانی و ساختمانی بیگاری می‌کردند.)

منبع: ایرج مصداقی، نه زیستن نه مرگ، جلد چهارم: تا طلوع انگور، انتشارات آلفابت ماکزیما (استکهلم، چاپ دوم، ۲۰۰۶).

بار خود زندانبان به زندانی مارکسیست سه وعده غذای گرم داد. ... در سال ۶۷، ... زندانیان مجاهد در مورد اتهام جواب می‌دادند «سازمان». باز هم زندانبان کاری نداشت. بعد زندانیان مجاهد یک گام جلو آمده و بدون ترس گفتند که مجاهد هستند. حتی می‌گفتند: «سازمان پرافتخار مجاهدین خلق ایران.» ولی زندانبانان دستور داشتند که کاری با آن‌ها نداشته باشند. ... مجاهدین به بهانه اعیاد مذهبی مراسم برگزار می‌کردند. ... در آن ایام نه تنها جلوگیری نمی‌کردند که خود [زندانبانان] بدان دامن هم می‌زدند. ... خلیل الوزیر در فلسطین اشغالی کشته شد، مجاهدین سکوت اعلام کردند و بعد به سرودخوانی در بند اقدام کردند.

مهدی اصلانی، سازمان فدائیان خلق، محکوم به پنج سال زندان[۹۱]

من در زمان اعدام‌ها در زندان گوهردشت بودم. من در بهار سال ۱۳۶۷ متوجه تغییرات شدم. برخی شروع کرده بودند در مورد جنگ در تلویزیون صحبت می‌کردند... تنش‌ها و درگیری‌هایی بین نگهبانان و زندانیان بر سر ملاقات وجود داشت. ... تا جایی که به خاطر دارم به این دلیل این کار انجام شد که آن‌ها تقاضا کرده بودند تا به جای ملاقات کابینی از پشت شیشه دیدار حضوری داشته باشند. ما در زمینه ملاقات‌ها و همچنین ورزش دسته جمعی با نگهبان‌ها مشکل داشتیم... اما در گوهردشت برای اولین بار این اجازه را به ما دادند که مسئول بند را خودمان انتخاب کنیم. مهمترین مسئله برای ما ورزش دسته جمعی بود. من برای دو ماه مسئول بند بودم. یادم نمی‌آید در کل این دوران مورد سؤال قرار گرفته باشم یا احساس کنم که نگاه بدی نسبت به من وجود دارد. معمولاً کسانی مورد سؤال قرار می‌گرفتند که تصمیم گرفته شده بود آزاد شوند... من گفته بودم: مصاحبه نمی‌کنم... در زندان گوهردشت روحانیون زیادی می‌آمدند که وظیفه‌شان جلب نظر و رضایت زندانیان سیاسی برای تقاضای عفو بود. اما من هرگز دیدار با آن‌ها را تجربه نکردم.

مهرداد نشاطی ملکیانس، از سازمان فدائیان خلق (اقلیت)، محکوم به پنج سال زندان[۹۲]

نقل قول‌های بالا، و بسیاری از روایت‌های مشابه دیگر، دال بر آن است که زندانیان در این دوران احساس خطر، آن هم خطر کشتاری قریب الوقوع، نمی‌کردند. گرچه کتک زدن‌ها ادامه داشت، اوضاع زندان‌ها بهتر شده بود و مجاهدین و چپ‌ها هردو، هر کدام در بندهای خود، از روحیه‌ای نسبتاً قوی برخوردار بودند، به ویژه مجاهدین که ارتش نه چندان نیرومند رجوی همراه با برنامه‌های رادیوئی‌اش روحیهٔ آن‌ها را از آنچه می‌توانست باشد قوی‌تر کرده بود.[۹۳] مجاهدین طبیعتاً به گیرنده‌های قاچاق دسترسی داشتند و نظم سازمانی را در زندان هم رعایت می‌کردند. با این همه، تنها اسیرانی محبوس بیش نبودند و به هیچ وجه نمی‌توانستند به عملیات جاسوسی و خرابکاری دست یازند. امکان یاغیگری در زندان را نداشتند و برای ترغیب زندانیان به شورش هم نقشه نمی‌کشیدند. گاه به اعتصاب دست می‌زدند و اعتماد به نفس خویش را تا آن حد

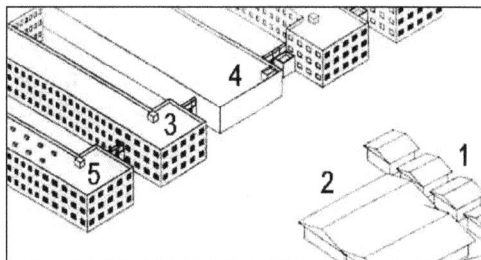

بازیافته بودند که بتوانند خود را به صراحت مجاهد بشناسند و معرفی کنند و نه منافق. خلاصه آنکه زندانیان بویی از سرنوشت مرگبار که در انتظارشان بود نبرده بودند و زندانبانان نیز، اگر خبری هم از این سرنوشت داشتند، دم نمی‌زدند.

۵. تیر ۱۳٦۷: آتش بس و فتوا

برای جمهوری اسلامی، نقطهٔ عطف در جنگ با عراق در تیر ماه ۱۳٦۷ پدیدار شد. جنگ را صدّام در سال ۱۳۵۹ فرصت طلبانه آغاز کرده بود امّا، پس از پیشروی اولیهٔ نیروهایش، ایران در جبهه‌های جنگ، با برتری نیروی پیاده‌اش و یاری موشک‌هایی که از چین و، مخفیانه، از ایالات متحد آمریکا گرفته بود، مهاجمان عراقی را به عقب راند. با فاش شدن قضیهٔ داد و ستد مخفیانهٔ ریگان با جمهوری اسلامی واشنگتن ناچار به تغییر جهت و هواداری از عراق شد و از دیگر صادرکنندگان اسلحه به ایران، از جمله چین، خواست که کمک نظامی به ایران را ادامه ندهند. هنگامی که صدام در سال ۱۳٦۷ از سلاح‌های شیمیایی استفاده کرد، دنیا به آن بی اعتنا ماند و دست وی را بازگذاشت تا به پیروزی‌های گوناگون دست یابد و تهران را آماج حملهٔ موشک‌های اسکادش کند.

نگرانی و اضطراب جمهوری اسلامی از اوضاع هنگامی بالا گرفت که در ۱۲ تیر ۱۳٦۷، حملهٔ موشکی ناو هواپیمابر ایالات متحده آمریکا هواپیمای مسافربری ایرانی را به آب‌های خلیج فارس سرنگون کرد. مقامات ایران در این حمله نشانی دیدند از آغاز سیاست متجاوزانهٔ آمریکا. قطعنامهٔ شماره ۵۹۸ شورای امنیت سازمان ملل متحد که خواستار ترک مخاصمه بود، و حدود یک سال از تاریخ طرحش می‌گذشت، این بار برای جمهوری اسلامی قابل قبول به نظر رسید زیرا شکست احتمالی در جنگ بقایش را سخت به خطر می‌انداخت.

در ۲۳ همین ماه، رفسنجانی به تشکیل یک جلسهٔ مخفی از فرماندهان نظامی و رهبران سیاسی و مذهبی جمهوری اسلامی اقدام کرد. در این جلسه شرکت کنندگان توصیه کردند که قطعنامهٔ شورای امنیت پذیرفته شود. هیئت دولت، و مجلس خبرگان رهبری نیز این توصیه را پذیرفتند. رفسنجانی نظر تأیید شده را به آگاهی رهبر رژیم رساند و وی نیز این تصمیم تلخ و نفرت انگیز را تأیید کرد. شش روز بعد، در یک سخنرانی آشفته و یک ساعت و نیمه گفت: «قبول این

«جنگ ما جنگ عقیده است. جغرافیا و مرز نمی‌شناسد.»

سخنرانی خمینی در روزنامه کیهان ویژه صفحه اول ۳۰ تیر ۱۳٦۷

مسئله برای من از زهر کشنده‌تر است ولی راضی به رضای خدایم و برای رضایت او این جرعه را سر کشیدم.»[۹۴] سه روز پیش از این سخنرانی، وی از خامنه‌ای، رئیس جمهور وقت،

خواسته بود که دبیر کل سازمان ملل متحد، پرز دوکوئیار، را از تصمیم جمهوری اسلامی ایران به پذیرفتن ترک مخاصمه آگاه کند. خامنه‌ای در نامهٔ خود نوشت «شعله‌های جنگ... در ابعاد بی‌سابقه‌ای گسترش یافته، کشورهای دیگر را به میدان جنگ کشیده و حتّی مردمان بی‌گناه را قربانی خود کرده است. مرگ ۲۹۰ تن مسافران و سرنشینان هواپیمای ایرانی گواه روشنی بر درستی ادعای من است.»[۹۵] این نامهٔ رئیس جمهور اقراری صریح به این واقعیت بود که ایران وارد یک درگیری مسلحانهٔ بین‌المللی شده و در نتیجه ملزم به رعایت مقررات میثاق‌های ژنو دربارهٔ زندانیان است. آشکارا، در فضای حاکم آخرین نگرانی رهبران جمهوری اسلامی دربارهٔ این الزام بود. آنچه برای آنان حیاتی می‌نمود توجیه کردن آتش بس در نظر مردمی بود که سال‌ها تحت تأثیر تبلیغات دولتی به ادامه جنگ تا پیروزی تهییج و تشویق شده بودند، جنگی که بهایش تا آن زمان به نیم میلیون تن قربانی می‌رسید.

«من می‌دانم که به شما سخت می‌گذرد ولی مگر به پدر پیر شما سخت نمی‌گذرد؟»[۹۶] این پرسش خود خواهانه را رهبر عالیقدر هنگامی با مردمش مطرح کرد که زهر هنوز در رگ‌هایش جریان داشت. در همان حال، وی به آنان هشدار داد که از خرده گرفتن بر مقاماتی که پذیرفتن آتش بس را به ضرورت تجویز کرده بودند بپرهیزند، زیرا ترک مخاصمه به معنای پایان کار نیست: «نیروهای نظامی ما باید خطر تهاجم جهانخواران در شیوه‌ها و شکل‌های مختلف را جدی‌تر بدانند، و فعلاً چون گذشته تمامی نظامیان اعم از ارتش و سپاه و بسیج در جبهه‌ها برای دفاع در برابر شیطنت استکبار و عراق به مأموریت‌های خود ادامه دهند.»[۹۷] این هشداری واقع بینانه بود.

قطعنامهٔ ۵۹۸ شورای امنیت ایران را موظف به پذیرفتن و تأیید اصل ترک مخاصمه می‌کرد و نه زمین گذاشتن اسلحه قبل از آنکه شرایط لازم ایجاد شود. از همین رو بود که صدام حسین با فرصت طلبی همیشگی‌اش موقع را برای وارد آوردن ضربهٔ نهایی دیگر به قصد سرنگون ساختن رژیم منفور ایران مناسب دانست. تکیه گاه اصلی صدّام در این نقشهٔ ابلهانه گروه هفت هزار نفری مجاهد مسلح رجوی بود که با عنوان مطنطن «ارتش آزادی بخش ایران» در آن سوی مرز غرب ایران پایگاه داشت. صدّام حسین ساده لوحانه سخنان فریبندهٔ ایرانیان رؤیا پرور و کوچیده از وطن را پذیرفت و پنداشت که مردم ایران با آغوش باز و دسته‌های گل به استقبال مجاهدین خواهند رفت، ملایان شکنجه گر را عقب خواهند نشاند، و «جمهوری دموکراتیک ایران» را به رهبری مسعود رجوی به عنوان نخست وزیر مستقر خواهند کرد. به این ترتیب بود که در سوم مرداد عملیات «فروغ جاویدان»، با ورود ارتش آزادی بخش مجاهدین -با هماهنگی نیروی هوایی عراق- به ایران، آغاز شد.

سربازان آزادی بخش -که تنها از آموزش نظامی اندکی برخوردار شده بودند- به پیشروی در جاده‌ای پرداختند که قرار بود آن‌ها را پیروزمندانه به تهران برد. در طی این راه و در دو روز اوّل حمله مهاجمان چند شهر و شهرک مرزی را تسخیر کردند. خبر این پیروزی‌های نه چندان مهم، که حتّی رسانه‌های دولتی ایران را غافلگیر کرده بود، به سرعت به گوش زندانیان سیاسی به هیجان آمده‌ای رسید که گمان می‌بردند با آزادی فاصله چندان نیست. امّا هنگامی که مجاهدین به شهر باختران رسیدند با نیروهای نظامی جمهوری اسلامی روبرو شدند، آن هم هنگامی که از حمایت نیروی هوایی عراق نیز محروم بودند. در این رویارویی آتشبار سربازان و هلیکوپترهای مسلح ایران مجاهدین را -که بسیاری از آن‌ها زن بودند- تار و مار کرد. در هفتم مرداد ارتش آزادی بخش، به سرعت و با برجا گذاشتن هزاران کشته و اسیر، عقب نشینی کرد.[۹۸] احساسات میهن پرستانهٔ بسیاری از مردم ایران همراه با احساس نفرت نسبت به عراق، دشمن ریاکار به جوش آمده بود. از این پس، در نظر آنان مجاهدین نیز در صف دشمنان جای داشتند. فرصت طلبی صدام در مرحله نهایی جنگ با ایران تنها توانست رژیم در آستانهٔ احتضار خمینی را جانی تازه بخشد و برایش بهانهٔ اجرای فرمان کشتار همهٔ مجاهدین زندانی را فراهم آورد.

برای پی بردن به میزان خشم رهبران رژیم در هفته‌های

آخر مرداد به قوّه تخیل چندانی نیاز نیست. سرچشمه این خشم بیشتر از آنکه خدعهٔ قابل پیش بینی صدام باشد، «خیانت» ایرانیانی بود که حاضر به بهره جویی از تجاوز دشمن شده بودند. اینکه چه کسانی خمینی را به صدور فرمان مرگبار رایزنی کرده بودند روشن نیست. امّا، در اینکه جانشین فرمانده کل قوا، علی اکبر رفسنجانی، و رئیس جمهور، علی خامنه‌ای -که هر دو در تصمیم به پذیرفت آتش بس سهم داشتند- در رأس این رایزنان قرار داشتند جای تردید نیست. احمد، پسر خمینی هم، که فتوا خطاب به او بود، احتمالاً در ششم مرداد [۹۹] در کنار پدر بوده است. در این روز، خبر پیروزی‌های اولیهٔ مجاهدین در گوش خمینی زنگ می‌زد و سرنوشت باختران هنوز روشن نبود، اضطراب رهبر نظام دربارهٔ اخبار زهرآگین در سراسر پیکر بیمارش موج می‌زد؛ در پیکری که بنابر هشدار پزشکان معالج به زودی با سرطان از پای خواهد افتاد. او و مشاورانش همگی فقیه بودند و حافظ مذهبی که پیام آورانش در جنگ با منکران، اکراهی از کشتن دشمن نداشتند. اینان به مقررات کنوانسیون‌های ژنو و قوانین جنگ نیز آگاهی داشتند زیرا مدام صدام حسین را به ارتکاب جنایات جنگی متهم می‌کردند. آنان همچنین آگاه بودند که از قرن شانزدهم میلادی به بعد اعدام اسرا و زندانیان جنگ را حقوق بین‌الملل جنایت جنگی دانسته است. مصادیق این جنایت را در دوران تازه هم می‌توان یافت: فرماندهان و افسران ارتش ژاپن در جنگ دوّم جهانی به خاطر کشتن اسرای نیروهای متفقین، در دادگاه‌های توکیو محکوم به اعدام شدند. در دادگاه‌های جنایات جنگی نورمبرگ نیز شماری از سربازان آلمانی که به دستور هیتلر زندانیانی را اعدام کردند که از اردوگاه زندانیان جنگی در «فرار بزرگ» گریخته بودند، محاکمه و محکوم شدند. امّا رهبر جمهوری اسلامی و مباشرانش دانسته و به عمد از رعایت قوانین بین‌المللی جنگ سر باز زدند. فتوای خمینی که با جملهٔ «بسم الله الرحمان الرحیم» هم آغاز می‌شد فرمان می‌داد که:

> از آنجا که منافقین خائن بهیچوجه به اسلام معتقد نبوده و هر چه میگویند از روی حیله و نفاق آن‌ها است و به اقرار سران آن‌ها از اسلام ارتداد پیدا کرده‌اند و با توجه به محارب بودن آن‌ها و جنگهای کلاسیک آن‌ها در شمال و غرب و جنوب کشور با همکاریهای حزب بعث عراق و نیز جاسوسی آنان برای صدام علیه ملت مسلمان ما و با توجه به ارتباط آنان با استکبار جهانی و ضربات ناجوانمردانهٔ آنان از ابتدای تشکیل نظام جمهوری اسلامی تاکنون، کسانی که در زندان‌های سراسر کشور بر سرموضع نفاق خود پافشاری کرده و میکنند محارب و محکوم به اعدام میباشند...

با این فرمان، «خیانت» ارتش رجوی، به همهٔ زندانیان مجاهد تسرّی می‌یافت - حتّی به برخی از آن‌ها هم که از سال ۱۳۶۰ در زندان به سر برده بودند. «منافق» لقب رسمی‌ای بود که به نظر رهبران رژیم شامل همهٔ اعضای سازمان می‌شد. مجاهدین آشکارا به اسلام اعتقاد داشتند، امّا اسلامشان، تا آنجا که به رژیم مربوط می‌شد، بر اساس روایت نادرستی از اسلام بود زیرا جهان بینی‌اش از یک سو با دموکراسی و حقوق بشر سازگاری داشت و، از سوی دیگر، مؤمنان را به تبعیت بی چون و چرا از ولی مقیّد نمی‌کرد. به این ترتیب همهٔ زندانیان مجاهد طبق این فتوا مرتد شناخته شدند و در نتیجه الزامی برای تحقیق دربارهٔ اینکه آیا همچنان به اسلام اعتقاد دارند یانه وجود نداشت زیرا اگر هم پاسخی مثبت به این پرسش می‌دادند ناشی از ریای یک انسان دو رو می‌بود. اینان سر جنگ با رژیم داشتند و بنابراین با خدا هم می‌جنگیدند. تنها پرسش این بود که آیا پیش از آنکه حکم فتوای اعدام همهٔ آن‌ها اجرا شود همچنان در تعلقات سیاسی خود «سر موضع» بودند یا نه. فتوا سپس به نحوهٔ تعیین مرگ یا زندگی مجاهدین می‌پرداخت:

> تشخیص موضوع نیز در تهران با رأی اکثریت آقایان حجة الاسلام نیری دامت افاضاته و جناب آقای اشراقی و نماینده‌ای از وزارت اطلاعات میباشد اگر چه احتیاط در اجماع است. و همین طور در زندان‌های مراکز استان کشور رأی اکثریت آقایان قاضی شرع، دادستان انقلاب و یا دادیار و نمایندهٔ وزارت اطلاعات لازم الاتباع میباشد.

«کمیتهٔ مرگ» تهران مرکب از نیّری، اشراقی (که گاه معاونش، ابراهیم رئیسی، جای او را می‌گرفت) و یک مأمور اطلاعاتی (معمولاً پورمحمدی) به سرعت، در اوین و در گوهردشت، مشغول انجام وظیفه شدند. طبق اسناد و قرائن موجود، تصمیمات کمیته گاه با اکثریت آراء گرفته می‌شد و نمایندهٔ وزارت اطلاعات نیز در همه موارد بدون استثناء رأی به مرگ زندانی می‌داد. گفته می‌شود که اشراقی تنها عضو کمیته بود که رأی به آزادی چند تن از زندانیانی داد که از خانواده‌های سادات بودند. به نظر می‌رسد که انجام

متن فتوای آیت الله خمینی در مورد اعدام زندانیان سیاسی وابسته به سازمان مجاهدین خلق ایران

ششم مردادماه ۱۳۶۷

بسم الله الرحمن الرحیم

این وظیفه برای دادستان انقلاب تهران نیز در مجموع کار آسانی نبوده است آن هم تنها دو هفته پس از آنکه وی، در یک مصاحبه مطبوعاتی دربارهٔ ضرورت تعقیب قاچاقچیان مواد مخدّر، اعلام کره بود که دفتر دادستان تهران همچنان به «اقدامات تعقیبی و تحقیقی» دربارهٔ فعالیت گروهک‌ها ادامه خواهد داد.[۱۰۰] برخی از قاضیان شرع نیز که در استان‌ها به عضویت در کمیته‌های مرگ منصوب شده بودند تردیدهایی داشتند و در تماس با منتظری خواستار راهنمایی او شدند. این نخستین باری بود که او از فتوای کشتار با خبر می‌شد؛ فتوایی که قاضیان شرع را با سخنانی چنین دهشتناک امر به بی رحمی و خونریزی می‌کرد:

> رحم بر محاربین ساده اندیشی است، قاطعیت اسلام در برابر دشمنان خدا از اصول تردید ناپذیر نظام اسلامی است. امیدوارم با خشم و کینهٔ انقلابی خود نسبت بدشمنان اسلام رضایت خداوند متعال را جلب نمایید. آقایانی که تشخیص موضوع به عهدهٔ آنانست وسوسه و شک و تردید نکنند و سعی کنند «اشداء علی الکفار» باشند. تردید در مسائل قضایی اسلام انقلابی نادیده گرفتن خون پاک و مطهر شهدا میباشد. والسلام

صدور چنین فرمانی از سوی بالاترین مقام نظام انکار نشده است گرچه رهبران رژیم سخنی روشن دربارهٔ موضوع نگفته‌اند. در مبارزهٔ انتخاباتی ریاست جمهوری ۱۳۸۸، میر حسین موسوی در پاسخ به پرسش‌هایی که دربارهٔ نقش او در کشتارها می‌شد به طور معمول می‌گفت که به عنوان مسئول امور اداری کشور نمی‌توانست در این موارد نقشی داشته باشد.[۱۰۱] شخصیت منتقد دیگری، رئیس جمهور سابق نظام، محمد خاتمی نیز تنها اعتراف می‌کرد که وی و دیگر اصلاح طلبان نمی‌بایست دربارهٔ این فاجعه سکوت می‌کردند. با این همه در سال ۱۳۸۳، دبیر حزب مؤتلفهٔ اسلامی، در مصاحبه با خبرنگار یک روزنامهٔ دانشجویی دربارهٔ کشته شدن اسدالله لاجوردی در دهمین سالگرد کشتارها، بر حسب تصادف به این فاجعه اشاره کرد. به اعتراف وی، منتظری با شیوه‌های تند و خشونت بار لاجوردی در زندان‌ها مخالف بود امّا رهبر نظام اشکالی در شیوهٔ لاجوردی نمی‌دید. «حضرت امام (ره) در قضیهٔ عملیات مرصاد و آن حکمی که در ارتباط با جریان نفاق درون زندان دادند، نشان دادند که از عملکرد قوهٔ قضاییه

و آزادسازی منافقین راضی نیستند. البته آن حکم از لحاظ امنیتی سری است و نمی‌توان مفاد آن را بیان کرد.»[۱۰۲]

در همان روز صدور فتوا، مقامات ارشد نظام که قرار بود در اجرایش مشارکت داشته باشند، از محتوایش آگاه شدند به ویژه آیت‌الله موسوی اردبیلی، رئیس شورای عالی قضایی. وی چنان نگران شد که بی درنگ در گفت و گوی تلفنی با احمد خمینی خواستار توضیح بیشتری دربارهٔ فتوا شد و همان گونه که از پرسش‌هایش بر می‌آید مایل به محدود کردن حوزهٔ شمول حکم و ابعاد فراقانونی آن بود:

۱- آیا این حکم مربوط است به آن‌هایی که در زندان‌ها بوده‌اند و محاکمه شده‌اند و محکوم به اعدام گشته‌اند ولی تغییر موضع نداده‌اند و هنوز هم حکم در مورد آن‌ها اجرا نشده است یا آن‌هایی که حتی محاکمه هم نشده‌اند محکوم به اعدامند

۲- آیا منافقین که قبلاً محکوم به زمان محدود شده‌اند و مقداری از زندانشان را هم کشیده‌اند ولی بر سرموضع نفاق می‌باشند محکوم به اعدام می‌باشند

۳- در مورد رسیدگی به وضع منافقین آیا پرونده‌های منافقینی که در شهرستانهایی که خود استقلال قضایی دارند و تابع مرکز استان نیستند باید به مرکز استان ارسال گردد یا خود میتوانند مستقلاً عمل کنند

این پرسش‌ها به صورت کتبی برای خمینی نیز فرستاده شده بود. پاسخ تکان دهندهٔ وی چنین بود:

در تمام موارد فوق هر کس در هر مرحله اگر بر سر نفاق باشد حکمش اعدام است. سریعاً دشمنان اسلام را نابود کنید در مورد رسیدگی به وضع پرونده‌ها در هر صورت که حکم سریعتر انجام گردد همان مورد نظر است.

به این ترتیب راه برگشتی نمانده بود و در نتیجه روز بعد -در هفتم مرداد- دورهٔ اجرای حکم آغاز شد. زندانیان در بندها کاملاً منزوی شدند؛ قرار ملاقات‌ها لغو شد، تلویزیون‌ها را از بندها بیرون بردند. کمیته‌های اعدام به تشکیل جلسات بازجویی پرداختند. در همین حال، در قم، آیت‌الله منتظری دربارهٔ فتوا از روحانیانی شنید که قرار بود مقدمات اجرای آن را فراهم کنند. در نامه‌ای به خمینی، برای منصرف کردنش از اجرای احکام اعدام، منتظری یادآور شد که فتوا «با همهٔ قواعد و آیین‌های قضایی یکسره در تضاد است.» وی نخست تأیید کرد که اعدام سربازان مجاهدی که در گرماگرم جنگ دستگیر شده‌اند احتراز ناپذیر است. امّا، منتظری با استناد به ۹ دلیل ادعا کرد که کشتن بی رحمانهٔ زندانیانی که دوران حبس خود را می‌گذراندند برای قضات شرع کاری شاق است و اساساً کاری خلاف وجدان، غیرقانونی و بی ثمر به نظر می‌رسد:

اولاً در شرایط فعلی حمل بر کینه توزی و انتقامجویی میشود.

و ثانیا خانواده‌های بسیاری را که نوعاً متدین و انقلابی می‌باشند ناراحت و داغدار میکند و آنان جدّاً زده می‌شوند.

و ثالثا بسیاری از آنان سرموضع نیستند ولی بعضی از مسئولین تند با آنان معامله سرموضع میکنند.

و رابعاً در شرایط فعلی که با فشارها و حملات اخیر صدام و منافقین، ما در دنیا چهره مظلوم بخود گرفته‌ایم و بسیاری از رسانه‌ها و شخصیتها از ما دفاع میکنند، صلاح نظام و حضرتعالی نیست که یکدفعه تبلیغات علیه ما شروع شود.

و خامساً افرادی که به وسیله دادگاه‌ها با موازینی در سابق محکوم به کمتر از اعدام شده‌اند اعدام کردن آنان بدون مقدمه و بدون فعّالیت تازه‌ای بی‌اعتنایی به همه موازین قضایی و احکام قضاة است و عکس العمل خوب ندارد.

و سادساً مسئولین قضایی و دادستانی و اطلاعات ما در سطح مقدس اردبیلی نیستند و اشتباهات و تأثر از جوّ بسیار و فراوان است و با حکم اخیر حضرتعالی بسا بی‌گناهانی یا کم‌گناهانی هم اعدام می‌شوند و در امور مهمه احتمال هم منجز است.

و سابعاً ما تا حال از کشتن‌ها و خشونت‌ها نتیجه‌ای نگرفته‌ایم جز اینکه تبلیغات را علیه خود زیاد کرده‌ایم و جاذبه منافقین و ضد انقلاب را بیشتر نموده‌ایم بجاست مدّتی با رحمت و عطوفت برخورد شود که قطعاً برای بسیاری جاذبه خواهد داشت.

و ثامناً اگر فرضاً بر دستور خودتان اصرار دارید اقلاً دستور دهید ملاک اتفاق نظر قاضی و دادستان و مسئول اطلاعات باشد نه اکثریت، و زنان هم استثناء شوند مخصوصاً زنان بچه‌دار؛

و بالاخره اعدام چند هزار نفر در ظرف چند روز هم عکس العمل خوب ندارد و هم خالی از خطا نخواهد بود.

منتظری آخرین پیامش را با این حدیث به پایان برد: برای امام «بهتر آن است که در عفو خطا شود تا در عقوبت.» خمینی، امّا، گوشش یکسره بر هر درخواست ترحمی بسته بود و در نتیجه فتوا هم لغو نشد. تنها نتیجهٔ دخالت منتظری قطعی شدن عزلش از مقام جانشینی خمینی بود. در واقع، خمینی چند ماه بعد او را از مقام جانشینی خود عزل کرد و در نامه‌اش به او نوشت: «مسئولیت این مقام نیازمند داشتن تحمل و مقاومت بیشتری است از آنچه شما تا کنون نشان داده اید.»[۱۰۳] در عین حال به نظر می‌رسد که دخالت منتظری رژیم را بر آن داشت تا متن فتوا را، به عنوان یک سند محرمانهٔ دولتی، علنی نکند. به قصد پرده کشیدن بر آنچه قرار بود اتفاق افتد، موسوی اردبیلی دادگاه‌های عادی دادگستری را، به عنوان مرخصی استحقاقی، معلق کرد و در نماز جمعهٔ بعدی خویش، ١٤ مرداد، گفت: «اکنون قوه قضاییه تحت فشار افکار عمومی است و مردم از قوه قضاییه می‌پرسند چرا منافقین را محاکمه می‌کنند و چرا آن‌ها اعدام نمی‌شوند.»[۱۰۴]

درواقع، اعدام‌ها در این تاریخ، بی آنکه از محاکمه خبری باشد، شروع شده بود. با افزایش نگرانی و اضطراب خویشان زندانیان، سه هفته بعد عفو بین‌الملل نخستین فراخوان اضطراری خود را منتشر کرد.[۱۰۵] به زندانیان چپی اجازه داده شده بود که خطبهٔ نماز جمعهٔ موسوی اردبیلی را از بلندگوهای بندهایی که مخصوص آن‌ها بود بشنوند. در این هنگام بود که سر و صداها و رفت و آمدهای غیرعادی، که در هفتهٔ قبل از این خطبه در درون برخی از بندهای زندان شنیده می‌شد، معنایی هولناک یافت.

۶. موج نخست

نخست، به سراغ بندهایی آمدند که مجاهدین سر موضع را در آن‌ها منزوی کرده بودند.[۱۰۶] زندانیان هنوز در شور و شوق بودند زیرا با توقیف شدن تلویزیون‌ها خبر شکست ارتش رجوی به آن‌ها نرسیده بود و در نتیجه هنوز گمان می‌بردند آتش بس در جنگ و عملیات «فروغ جاویدان»، مبشّر سقوط رژیم است. با چنین شور و شوقی در حالت روانی‌ای نبودند که از اعتقادات سیاسی خود دست بکشند. تب پیروزی بر جانشان حاکم بود. هنگامی که آن‌ها را چشم بسته از بندها بیرون می‌بردند تا به پرسش‌های «کمیتهٔ مرگ» پاسخ گویند، برخی از آنان حتّی گمان می‌بردند که به دیدار هیئت بخشودگی برده می‌شوند. کمیته را مسلماً با هیچ تعبیری دادگاه نمی‌توان شناخت. در بیشتر موارد، نیّری تنها به پاسخ یک پرسش بیشتر نیاز نداشت: «به چه گروهی وابسته‌ای؟» «مجاهدین!» پاسخ زندانیان مغرور به این پرسش بود. آن‌ها نه تنها لقب مورد علاقهٔ رژیم، یعنی «منافقین» را به کار نمی‌بردند حتّی واژهٔ «سازمان» را نیز، که در هفته‌های پیش از این روز با جسارتی تازه یافته بر زبانشان می‌آوردند، طرد کرده بودند. آن‌هایی را که به راستی پاسخ می‌دادند بی درنگ به سوی صفی می‌بردند که مقصدش جز چوبهٔ دار با شتاب نصب شده‌ای نبود.[۱۰۷] در زندان گوهردشت، شش حلقه طناب اعدام کنار سکوی سالن حسینیه و در زندان اوین، در سالن سخنرانی یا از بازوهای بالا و پایین روندهٔ جرّثقیل آویزان بودند. اعدام از راه بالا کشیدن بدن با طناب، طولانی‌تر و دردناک‌تر از مرگ ناشی از فرو افتادن ناگهانی بدن از حلقهٔ دار است.

زندانیانی که پاسخ مصلحت آمیز به پرسش می‌دادند و خود را وابسته به «منافقین» معرفی می‌کردند از مرحلهٔ نخست جان به در می‌بردند تا باز به پروندهٔ آنان رسیدگی شود و به پرسش‌های بیشتری پاسخ گویند از آن جمله آیا: «حاضرند هم بندان سابقشان را لو دهند؟» «هویت کسانی را که به دروغ توبه کرده‌اند فاش کنند؟» «در برنامهٔ تلویزیونی از رجوی بدگویی کنند؟» «علیه ارتش آزادی بخش او بجنگند؟» «به گروه پاسدارانی بپیوندند که برای بازکردن راهی در میان زمین‌های آکنده از مین‌های عراقی تشکیل شده است؟» «هم سنگر سابقی را به دار کشند که همچنان به سازمان وفادار مانده است؟» آن‌هایی که توانستند به این گونه پرسش‌ها پاسخی دهند که بی‌گناهی‌شان را ثابت کند به بندهایشان

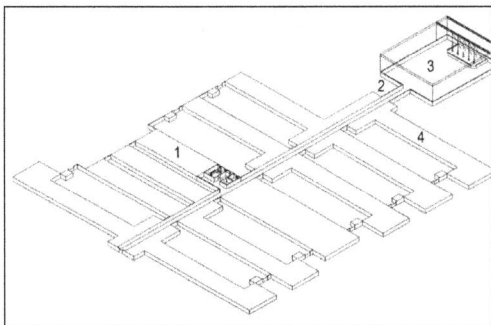

طبقه هم‌کف زندان گوهردشت

۱. سالن اداری و محل برپایی دادگاه
۲. راهروی مرگ
۳. حسینیه محل اعدام
۴. سلول‌هایی که در آن حکم اعدام را به زندانی ابلاغ می‌کردند و از او می‌خواستند که وصیت‌خود را بنویسد.

منبع: ایرج مصداقی، نه زیستن نه مرگ، جلد چهارم: تا طلوع انگور، انتشارات آلفابت ماکزیما (استکهلم، چاپ دوم، ۲۰۰۶).

بازگشتند. در بند ۲ زندان گوهردشت، تنها ۷۰ تن از ۱۸۵ زندانی برگشتند. در بند زنان اوین هیچ‌یک از ۵۰ زندانی مجاهدی که برای بازجویی برده شده بودند به بند خود باز نگشتند. آن‌هایی که پاسخ‌هایشان پرسش کنندگان را قانع نمی‌کرد که از وفاداری خود به سازمان کاملاً دست برداشته‌اند، به سوی صف اعدامیان هدایت می‌شدند که از در سمت چپ راهرو بیرون می‌رفت. («به چپ ببریدش!» جمله رمز نیّری

مهرداد اشتری در سال ۱۳۶۷ اعدام شد

آقای اشتری روز ۱۳ مهر ۱۳۶۰ در نارمک (تهران) توسط پاسداران و بدون حکم جلب دستگیر شد. وی در سال ۱۳۶۱ به ۱۰ سال زندان محکوم شد ولی پس از ۸ سال در روز ۱۵ مرداد ۱۳۶۷ در زندان گوهردشت زمانی که ۲۸ ساله بود، اعدام شد. مقامات زندان محل دفن وی را آشکار نکردند. خانواده او بعدها دریافتند که جسد وی را در گورستان خاوران در یک قبر گروهی دفن کرده‌اند.

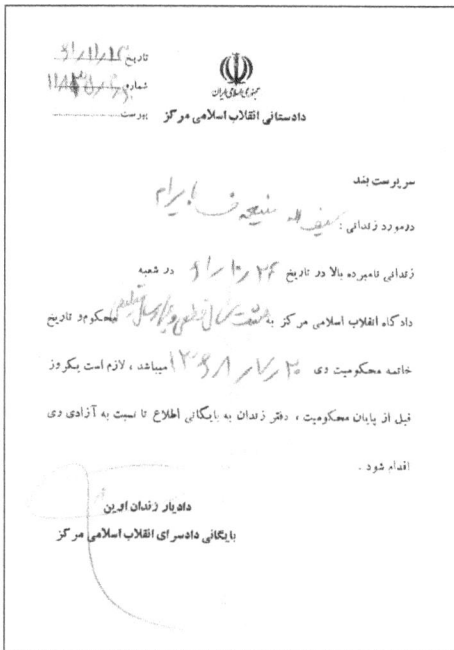

جمهوری اسلامی ایران
دادستانی انقلاب اسلامی مرکز
تاریخ ۱۳۶۱/۱/۲۴
شماره [illegible]
پیوست
سرپرست بند
در مورد زندانی: مهرداد اشتری فرزند غلامعلی
زندانی نامبرده بالا در تاریخ ۱۳۶۱/۱/۲۲ در شعبه اول
دادگاه انقلاب اسلامی مرکز به (۱۰-۵) سال حبس محکوم و تاریخ
خاتمه محکومیت وی ۱۳۷۰/۷/۳ میباشد، لازم است یکروز
قبل از پایان محکومیت، دفتر زندان به بایگانی اطلاع تا نسبت به آزادی وی
اقدام شود.
دادیار زندان اوین
بایگانی دادسرای انقلاب اسلامی مرکز

این دو فعال سیاسی جوان، تقریباً هم سن بودند و تقریباً همزمان دستگیر شدند و مجازات زندانشان نیز مشابه بود؛ یکی از این دو جوان دوباره محاکمه و سپس اعدام شد (ستون راست)؛ آن دیگری برای دادرسی دوباره به دادگاه خوانده نشد و زنده ماند (ستون زیر)

سیف‌الله منیعه

آقای سیف‌الله منیعه هوادار سازمان مجاهدین خلق بود که سال ۱۳۶۰ در سن ۱۷ سالگی در تهران دستگیر شد. وی به ۱۲ سال حبس، ۸ سال قطعی و ۴ سال تعلیقی محکوم شد. معنای این تعلیق این بود که اگر بار دیگر در فعالیت سیاسی شرکت کند، مجددا دستگیر خواهد شد. او در سال ۱۳۶۸ از زندان آزاد شد و در سال ۱۳۷۷ از کشور خارج شد.

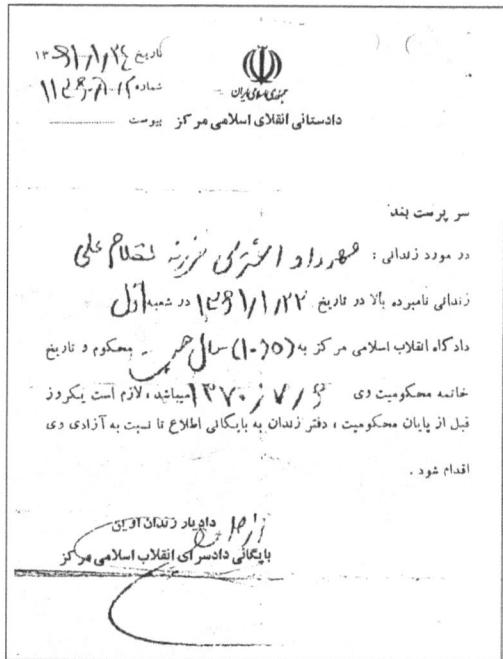

جمهوری اسلامی ایران
دادستانی انقلاب اسلامی مرکز
تاریخ [illegible]
شماره [illegible]
پیوست
سرپرست بند
درمورد زندانی: سیف‌الله منیعه ف ابراهیم
زندانی نامبرده بالا در تاریخ ۶۱/۱۰/۲۴ در شعبه
دادگاه انقلاب اسلامی مرکز به [illegible] محکوم و تاریخ
خاتمه محکومیت وی ۱۳۶۸/۷/۲۰ میباشد، لازم است یکروز
قبل از پایان محکومیت، دفتر زندان به بایگانی اطلاع تا نسبت به آزادی وی
اقدام شود.
دادیار زندان اوین
بایگانی دادسرای انقلاب اسلامی مرکز

برای اعدام بود) در برخی از زندان‌ها محکومان به اعدام را وادار به نوشتن وصیت‌نامه و پوشیدن کفن سفید می‌کردند.

شمار اندکی از مجاهدین از موج نخست جان به در برند تا بتوانند ماجرای دهشتناک قربانیان موج نخست را بازگویند. برخی توانستند با الفبای مورس ماجرا را برای زندانیان بندهای مجاور بر دیوار فاصل بکوبند یا با نشانه‌های رمزی روی دیوارهای سلول‌شان بنویسند. بر اساس برآورد منتظری، تا ۲۳ مرداد ماه، در موج نخست اعدام ها، بین ۲۸۰۰ تا ۳۸۰۰ زندانی اعدام شده‌اند.[۱۰۸] این تخمین با فهرستی که از سوی مجاهدین منتشر شد، و نام ۳۲۰۸ تن از اعضایی را که اعدام شده بودند در بر داشت، تأیید می‌شد.[۱۰۹] تخمین بازماندگان قربانیان در مورد شمار معدومین بسیار بالاتر بود، زیرا شامل

معدومان موج دوّم نیز می‌شد. زندانیان چپی -که با خطبهٔ نماز جمعهٔ موسوی اردبیلی تا حدی متوجه ماجرا شده بودند- به سرعت توانستند به آنچه در بندهای مجاهدین روی می‌داد پی برند. برخی از زندانیان چنین به خاطر می‌آورند:

در اوایل مرداد ۱۳۶۷ شنیدیم که خمینی قطعنامه سازمان ملل و آتش‌بس را پذیرفته است. بعد درباره حمله مجاهدین شنیدیم. ناگهان نگهبانان از آوردن روزنامه جلوگیری کردند و پخش اخبار رادیو در زندان را متوقف کردند. آن‌ها تمامی ارتباط میان زندانیان و دنیای بیرون را قطع کردند. به هیچ خبری دسترسی نداشتیم. سعی کردیم با استفاده از مورس با سایر زندانیان ارتباط بگیریم. اما هیچکس خبری از بیرون نداشت.

اما از طریق این ارتباطات از سایر زندانیان بندهای دیگر فهمیدیم که مشکلی درون زندان وجود دارد. به ما گفتند که نگهبانان داخل بندها آمده و از روی یک لیست اسامی ... عده‌ای را انتخاب کرده و به دادگاه می‌بردند. زندانیان بندهای دیگر از طریق مورس به ما می‌گفتند که کسانی پس از دادگاهشان اعدام شده‌اند. شنیدیم که کسانی را به طور دستجمعی در حسینیه حلق‌آویز کرده‌اند. حسینیه مکان بزرگی بود که معمولاً برای نمازخواندن از آن استفاده می‌شد.

مهندس، وابسته به فدائیان خلق (اکثریت)[۱۱۰]

سال ۱۳۶۷ من در زندان گوهردشت و در بند جهاد زندانی بودم... حدود زمانی بود که شنیدیم مجاهدین حمله کرده بودند. برخی از زندانیان بند من به عنوان مکانیک یا کارگر مشغول کار در بخش‌های دیگر زندان بودند. من به عنوان نجار در بند خودمان کار می‌کردم. زمانی فهمیدیم چیزی تغییر کرده که آن‌ها را برای کار از سلول‌هایشان بیرون نبردند. ناگهان تمامی نگهبانان و روال‌های امنیتی را تغییر دادند. تمامی نگهبانان قدیمی که می‌شناختیم را به جای دیگری منتقل کرده و نگهبانان جدیدی آوردند. همچنین یک مورد قابل ذکر وجود داشت: یکی از افسران مسئول بند ما به برخی از زندانیان گفته بود که شرایط خیلی بد شده و اعدام‌ها در ابعاد وسیعی انجام می‌شوند و اینکه بهتر است مسئولان را تحریک نکنیم. وی همچنین به زندانیان توصیه کرده بود که به تمامی پرسش‌ها جوری پاسخ دهند که مطابق میل مسئولان باشد.

یک روز در دوره کشتار، ما را چشم بند زده و یکی یکی به دفتر بخش بردند. از من سه سؤال پرسیدند:

آیا هنوز با منافقین *[مجاهدین خلق]* موافقی؟

آیا حاضری در تلویزیون اعتراف کنی؟

آیا دستورات و فرامین امام را قبول داری؟

من به پرسش‌اوّل پاسخ منفی دادم و به دو پرسش بعدی پاسخ مثبت. تمام مدت چشم‌بند داشتم و نمی‌توانستم قضات را ببینم. صدای لشکری را موقع سؤال پرسیدن تشخیص دادم.

حمید اشتری[۱۱۱]

من در بخش ۳ بند طبقه بالای زندان گوهردشت محبوس بودم... در بند ما... بعضی‌ها چپی بودند و بعضی‌ها از مجاهدین. حدوداً ۱۲۰ نفر مجاهد و ۸۰ نفر چپی... خبر حمله مجاهدین به ایران را در رادیو شنیدیم. اما بعد آن‌ها مانع گوش کردن به رادیو شدند. وقتی که حمله مجاهدین سرکوب شد، اعدام‌ها شروع شدند. هر بار ۲۰ نفر از ما را بیرون می‌بردند. نگهبانان ما را به راهروی بزرگی می‌بردند. همگی چشم‌بند داشتیم. ... لشکری... مرا گرفت و به من حمله‌ور شد. بعد تمامی نگهبانان شروع به زدن من کردند. چشم‌بند من موقع کتک خوردن افتاد و من توانستم نگاهی به اطراف راهرو بیندازم... نیری، اشراقی و ناصریان در آن بودند... آن‌ها را شخصاً نمی‌شناختم اما عکس‌هایشان را در روزنامه‌ها دیده بودم. نیری را تشخیص دادم چرا که موقع بازجویی‌هایم در سال ۱۳۶۰ دیده بودمش و سایر زندانیان گفته بودند که اسمش چه بود. آن‌ها سایر ۱۹ زندانی را در راهرو نگه داشتند اما به خاطر برخوردی که با لشکری داشتم، گفتند که «او را به سلولش ببرید.» اما مرا دیگر هرگز به دادگاه نبردند... بعدها کشف کردم که به این خاطر نجات پیدا کرده بودم که یکی از افسران زندان به نام عزت شاهی مرا شناخته بود. ما با هم در دوران شاه زندانی بودیم و من در آن زمان با رساندن اطلاعات او به دوستانش در خارج از زندان به او کمک کرده بودم. وقتی که من با لشکری در راهرو درگیر شدم و چشم‌بندم افتاد، این مرد، عزت شاهی، مرا شناخته بود. گمان می‌کنم شاهی در جمع کسانی بود که درباره رفتار و طبیعت زندانیان در زندان به قضات توصیه می‌کرد. شاهی مقام بالای امنیتی داشت. وی همچنین به عنوان مسئول کمیته مرکزی انقلاب خدمت کرده بود... او با خارج کردن نام من از فهرست، نجاتم داده بود.

اما سایرین چنین خوش شانس نبودند. بر این باورم که سایر

۱۹ نفری که در بند من بودند کشته شدند. بعدها شنیدم که خواهرهایم را دو روز پیش از آنکه ما را نزد هیئت ببرند، در روز ۱٤ مرداد ۱۳٦۷ در اوین اعدام کرده اند... بعدها فهمیدیم که چون نیری خواهرهایمان را دو روز پیشتر کشته بود، برادرم را زنده نگه داشت... دویست نفر در بند ما بودند... بر این باورم که ۱۹۰ نفر آن‌ها در جریان کشتار عمومی اعدام شدند... در بندی که مرا به آن بازگرداندند پنجره‌ای بود که از آن می‌توانستیم حیاط کنار حسینیه را ببینیم. پنجره‌ها میله داشتند اما ما یکی از میله‌ها را چنان خم کرده بودیم که روزنه کوچکی برای دیدن آنچه بیرون رخ می‌داد، بوجود آمده بود. می‌توانستیم ببینیم که نگهبانان جسدها را کشیده و داخل کیسه‌های بزرگ و سیاه زباله یا کیسه‌های مخصوص جسد می‌گذاشتند. کیسه‌های سیاه پلاستیکی به نظر بسیار محکم‌تر از کیسه‌های زباله می‌آمدند. یک کامیون بزرگ نزدیک آنجا توقف کرده بود. نگهبانان اجساد را داخل این کیسه‌ها و سپس پشت کامیون می‌انداختند. نمی‌توانستم حدس بزنم چند جسد آنجا بود. نمی‌دانم اجساد را کجا می‌بردند. نگهبانان خیلی زود فهمیدند که ما می‌بینیم چه اتفاقی رخ می‌دهد. بنابراین داخل بند آمده، ما را زدند و به بند دیگری بردند. جایی که دیگر نتوانستیم اطراف را ببینیم.

ابراهیم محمدرحیمی، از سازمان مجاهدین خلق[112]

جلادان با سرعت هر چه تمام‌تر به اعدام بچه‌ها مشغول بودند و برای اینکه کسی از دست آن‌ها در نرفته باشد هر شب به بند ما سر می‌زدند و کنترل می‌کردند مسئولیت این کار هم با مجتبی حلوایی و نوچهٔ او محمد الهی بود. مجتبی حلوایی شب‌ها به همراه سایر پاسداران به بند آمده و داخل اتاق‌ها می‌شد و به ما می‌گفت همه دور اتاق بشینیم سپس صورت تک تک افراد را نگاه می‌کرد و از هر کس که خوشش نمی‌آمد می‌گفت پاشو وسایلت را جمع کن. در آن لحظات آدم به یاد بازار برده فروش‌ها می‌افتد که چه جوری برده‌ها را دست چین می‌کردند و می‌بردند. شرایط سختی بود...

چندین بار برخی از ما را که برای رفتن به بهداری زندان اسم نویسی کرده بودیم، به بهانه بهداری به ۲۰۹ که در کنار بهداری زندان بنا شده است می‌بردند تا باز هم دادگاهی کنند... معمولا نیری تا موقع ظهر اوین بود و احتمالاً بعد به زندان گوهر دشت می‌رفت... چند روز اول دادگاه را در یکی از ساختمان‌های قدیمی اوین معروف به دادسرا برگزار می‌کردند اما بعدا به ساختمان‌های ۲۰۹ منتقل شد و تا آخر هم آنجا بود. در زیر ساختمان ۲۰۹ زیر زمین آن قرار دارد که در زمان اعدام‌ها، شعبه اجرایی احکام را به آنجا منتقل کرده بودند و در همان‌جا بچه‌ها را دار می‌زدند. هفته اول شهریور ماه بود که یکی از هواداران مجاهدین به نام فتح‌الله را مجدداً به دادگاه برده و از وی خواسته بودند که مصاحبه کند. اما او قبول نکرده بود. فتح‌الله سه دختر بزرگ داشت. آخوند نیری به پاسدارها گفته بود ببرید نشانش دهید. فتح‌الله را به قسمتی که بچه‌ها را دار می‌زدند برده بودند و نقل می‌کرد که در آنجا ٥ نفر،۲ خواهر با چادر و ۳ برادر را به دار آویزان کرده بودند. بعد وقتی او را مجدداً نزد نیری به دادگاه بردند افرادی که در دادگاه بودند با خنده می‌گفتند خوب حالا نظرت چیه همکاری می‌کنی یا می‌خواهی بری بالای دار. این دوستمان نقل می‌کرد که دیده بود در آنجا به بچه‌ها قبل از این که به اتاق اعدام برده شوند یک ماژیک می‌دادند و می‌گفتند که اسم و فامیل خود را با حروف درشت روی دستشان بنویسند... افغانی‌هایی که در زندان اوین بودند یکی از کانال‌های خبری ما بودند و همان آن‌ها می‌گفتند که ما هر شب چند تا گونی دمپایی از زیرزمین ۲۰۹ به محوطه می‌بریم... شنیده بودیم به بچه‌هایی که اعدام می‌شوند دو پلاستیک می‌دهند یکی برای وسایل و یکی هم برای قرار دادن وصیتنامه، روی همین حساب وقتی نفر اول را بردند ما گوش می‌کردیم ببینیم صدای پلاستیک میاد یا نه که از قضا می‌آمد...

زمانی... به عنوان *[نماینده]* وزارت اطلاعات نقش کلیدی در اجرای دستور کشتار زندانیان سیاسی سال ۱۳٦۷ بازی می‌کرد... پرسید نظرت راجع به اعدام دوستانت چیه؟ پرسیدم امنیت دارم حرف بزنم؟ او در جواب گفت آره بزن. پرسیدم برای چی بچه‌ها را اعدام کردید مگر گناه آن‌ها چی بود؛ طبق قوانین قضایی خود شما همه آن‌ها حکم داشتند و برخی مثل حسین محبوب در آستانه آزادی بودند. او گفت آن‌ها نظم زندان را به هم زده بودند، اعتصاب غذا می‌کردند، شورش راه انداخته بودند، شما در زندان و خانواده‌هاتون در بیرون از زندان امنیت نظام را به خطر انداخته بودید. هر روز یک بلوایی بر پا می‌کردید و اگر ما جلوش را نمی‌گرفتیم شماها مسلح هم می‌شدید. گفتم بر فرض که شما راست می‌گویید اما در بین زندانیان، شما افرادی را اعدام کردید که سال‌های سال از بیماری روحی رنج می‌بردند. آیا آن‌ها هم شورش بپا کرده بودند؟ او گفت آره قبول دارم ما در این قضیه یک سری اشتباهات هم کردیم و

جاهایی کنترل کار از دستمان در رفت. اما خوب طبیعی است در هر حرکت بزرگی این احتمال وجود دارد که آدم اشتباهاتی هم بکند ولی ما آن را به حداقل رساندیم. در ادامه گفتم چیزی که از آن به عنوان شورش نام می‌برید، چیزی نبود جز اعتراض به وضع موجود و یک واکنش کاملاً طبیعی نسبت به آنچه که در زندان بر سر ما آورده بودند... چطور انتظار دارید که ما نسبت به آنچه که امثال لاجوردی و داوود رحمانی بر سر ما آوردند واکنش نشان ندهیم. در جواب گفت آره شنیدم که آن‌ها چه کارها کرده‌اند اما آن‌ها از ما نبودند. متاسفانه گاوهایی امثال حاج داوود رحمانی با آن اعمال احمقانه‌ای که انجام دادند در شما انگیزه ایجاد کردند و وضع شما را به اینجا کشاندند. آن‌ها ضد انقلاب بودند و با این کارها به نظام ضربه زدند. اما الان دیگر نیستند و هیچ نقشی ندارند. گفتم پس برای چی کسانی که در مقابل این رفتارها اعتراض می‌کردند. متهم به شورش می‌کنید و مستحق اعدام. اینجا بود که کم آورد و گفت این دیگه ربطی به تو ندارد و ما دستور امام را اجرا کردیم. الان هم برو تو بند و به دوستانت بگو از این به بعد ما حوصله زندان و زندانی را نداریم، نمی‌خواهیم تبلیغات ضد حقوق بشری علیه خودمان داشته باشیم. تا حالاش هم کلی برای نظام گران تمام شده است. ما قصد داریم همه شما را آزاد کنیم. اما بیرون از زندان مثل سایه دنبالتان هستیم. اگر دست از پا خطا کنید و کوچکترین اقدامی برای وصل شدن به سازمان انجام بدهید در جا اعدام می‌کنیم و از سر خودمان هم باز می‌کنیم.

رضا شمیرانی[۱۱۳]

حدود ۲۴ مرداد ۱۳۶۷ بود که در اخبار دیدیم که مجاهدین به کشور حمله کرده بودند. در این مقطع... نگهبانان داخل زندان آمده و تلویزیون‌ها را بردند. گفتند که نه ملاقات، نه تلویزیون، نه روزنامه و نه خریدی در کار نخواهد بود. تمامی امتیازات زندانیان گرفته شد... از طریق ارتباط با مورس از سایر زندانیان شنیدیم که دادگاهی برای تعیین سرنوشت زندانیان تشکیل شده است. بعضی وقت‌ها که نگهبانان با یکدیگر در این مورد صحبت می‌کردند نیز می‌شنیدیم. ... [نگهبانان] به سلول‌های بخش ما آمدند و گفتند که چشم‌بندها را ببندیم. در بخش ما هم مجاهد بود و هم چپی. وقتی بیرون رفتیم پاسداران، مجاهدین را سوا کردند. ... پاسداران گفتند که از ما چند سؤال خواهد شد... آن‌ها نگفتند که ما را به دادگاه می‌برند. به ما گفتند که با هیئت عفو دیدار خواهیم کرد. در آن زمان به اهمیت حرفی که به ما زدند واقف نبودیم... برای آن دسته از ما که چپی بودیم، اساساً دو پرسش مطرح می‌شد: آیا مسلمان هستی؟ آیا نماز می‌خوانی؟ از مجاهدین پرسش‌های دیگری می‌کردند. از آن‌ها می‌پرسیدند: «به کدام گروه تعلق داری؟» اگر پاسخ‌شان منافق بود، آن‌ها را فعلاً در سلول‌شان نگه می‌داشتند. آن‌هایی را که پاسخ «مجاهد» داده بودند، به دادگاه می‌بردند تا بعد اعدام شوند. ما تنها بعدها توانستیم این ماجراها را به هم پیوند زنیم. در آن زمان هیچ ایده‌ای نداشتیم که از سایر زندانیان چه می‌پرسیدند و یا چه پاسخی آن‌ها داده بودند. ... ۷۲ زندانی را از بخش ما بیرون بردند. از این عده تنها ۹ نفر بعد از اتمام کشتار بازگشتند. چنانکه بعد دانستیم، بقیه را به راهرو اصلی برده بودند تا اعدام شوند.

شهاب شکوهی[۱۱۴]

شهادت زیر از یک زندانی سیاسی مارکسیست است؛ سؤال‌هایی که از او شده بود با سؤال‌هایی که از هواداران مجاهدین می‌شد تفاوت داشت. او تصادفاً دیده بود که مجاهدین چگونه اعدام می‌شوند:

پاسداران مرا برای شلاق خوردن بیرون بردند... نمی‌دانستند که با من چه باید بکنند. پاسدار رفت تا بپرسد. بازگشت و مرا به آمفی تئاتر برد. وقتی در باز شد متعجب شد و با خود گفت: «چرا این قدر تاریک و ساکته؟» سر من داد زد که «همینجا بمان. دست به چشم بندت نزن تا من برگردم.» البته به محض آنکه فهمیدم رفته است، چشم‌بندم را بالا بردم. واقعا تاریک بود. کمی نور در حوالی سن بود. می‌توانستم توده عظیم کفش‌های زندانیان که روی کف سن قرار داشت، همچون کپه‌های لباس ببینم. بدون فکر به بالا نگاه کردم. آنگاه بود که شش طناب آویزان در طول سن را دیدم. سرانجام دریافتم که تا چه حد قضیه جدی بود. آن‌ها همه را اعدام کرده بودند. در این زمان پاسدار بازگشت و سرم داد زد که «به چی نگاه می‌کنی؟» گفتم: «هیچی. اینجا خیلی تاریکه. هیچی نمی‌توانم

ببینم.» از خوش شانسی من دیر شده بود و اعدام‌ها متوقف شده بود.

شهاب شکوهی[115]

روایت هولناک و باور نکردنی زیر از زبان یکی از فراریان است. داستان آقای آشوغ به ویژه از آن رو معتبر است که نامش در یکی از نامه‌های منتظری به عنوان کسی که در راه رفتن به سوی جوخهٔ آتش فرار کرده بود، آمده است. وی در زندان دزفول، که قبلا محل کار یونسکو بود و از همین رو به زندان یونسکو معروف شده بود، به سر می‌برد. او زنده ماند تا بتواند داستان رنج و مرگ زندانیان مجاهد یکی از زندان‌های نزدیک جبهه جنگ را روایت کند:

زمانی که دانشجوی سال سوم پیراپزشکی بودم... چند روز بعد از تظاهرات ۳۰ خرداد ۱۳۶۰ مجاهدین، برای بار اول دستگیر شدم... پس از گذشت دو سال در زندان... مرا آزاد کردند. ... در خرداد ۱۳۶۵... مجدداً دستگیر شدم. زندان یونسکو، زندان عمومی بود... در زمان شاه، سازمان یونسکو... در شهر دزفول بنا شد. پس از انقلاب اسلامی، از این ساختمان به عنوان زندان استفاده می‌شد. ولی نام یونسکو همچنان باقی ماند. من ۱۰ بار در اندیمشک و ۱۰ بار در دزفول بازجویی شدم... بازجویی‌ها از ساعت ۲ یا ۳ بامداد شروع می‌شد. بازجوها زندانی را با لگد می‌زدند. پس از مدتی شلاق زدن‌ها شروع شد. مرا شش بار نزد حاکم شرع بردند... چون چیزی درباره فعالیتم نمی‌گفتم، ماموران از او حکم «شلاق اعترافی» می‌گرفتند، هر بار [حاکم] حکم می‌داد: «بزنید تا حرف بزند...». ... وقتی پاها متورم و زخمی می‌شد باید محل ضربات را عوض می‌کردند... پاها و بدنم خیلی داغان و زخمی‌شده بود... سه چهار ضربه می‌زدند، بعد بازجو سؤالاتش را شروع می‌کرد. اگر جواب مطابق میلش را نمی‌شنید، دوباره شلاق‌ها شروع می‌شد... من در آنجا به ده سال حبس محکوم شدم.

در اواخر جنگ ایران و عراق در سال ۱۳۶۷... شنیدیم که هیئت عفو به زندان ما خواهد آمد. پس از مدتی شایعه عفو خمینی بیشتر شد و جنگ هم در حال اتمام بود. تقریباً روزهای آخر جنگ بود که ماموران یک تلویزیون به بند ما آوردند و فیلم حملهٔ مجاهدین به ایران را نشان دادند. ۵ روز بعد... ماموران اعلام کردند که هیئت عفو به زندان ما آمده است... از آن روز ملاقات‌ها را هم تعطیل کردند. ماموران به بند ما آمدند و از ما خواستند که به وسایلمان دست نزنیم و به صف بشویم. به ما چشم بند زدند. تقریبا ۶۰ یا ۷۰ نفربودیم... ما هواداران مجاهدین... را ۸ نفر به ۸ نفر به در دفتر زندان به دادگاه می‌بردند... در آنجا، آخوندی به نام حجة‌الاسلام احمدی نشسته بود. بازپرس کاظمی، فردی به نام آوایی (که اکنون دادستان دادگاه عمومی تهران است)، هردوانه (رئیس زندان یونسکو) و کفشیری رئیس سپاه پاسداران هم حضور داشتند... قاضی از من سوال کرد: «می‌روی با مجاهدین بجنگی یا نه؟» من گفتم: «من کارمند بهداشتم. کار من جنگیدن نیست...» گفتند: «نه، ما فقط از تو یک جواب می‌خواهیم. تو با مجاهدین می‌جنگی یا نه؟» ... بعد بین آن‌ها در مورد من بحث شد... از من پرسیدند: «تو حاضری برای ایران و اسلام کشته بشوی؟» گفتم: «اگر لازم باشد من حاضرم کشته شوم.» از من پرسیدند: «تو روی مین می‌روی؟» جواب دادم: «دلیلی ندارد من روی مین بروم...» مامور اطلاعات گفت: «این را بگذار در لیست اعدام.» در نامهٔ منتظری[116] به نقل از همین حاکم شرع نوشته است که وی به بازجو و مامور اطلاعات گفت که من نباید اعدام شوم ولی چون رأی با اکثریت بود حاکم شرع نتوانسته بود آن‌ها را قانع کند. همین طور که نفر به نفر ما را محاکمه می‌کردند، به همه ما می‌گفتند: «این هم جزء اعدامی‌هاست.» ... از گروه هشت نفری ما فقط دو نفر جواب دادند که علیه مجاهدین خواهند جنگید. اسم آن‌ها در لیست اعدامیان نبود. آن‌ها را از ما جدا کردند و بعدها شنیدم که آن‌ها اعدام نشدند...

ما ۸ تا ۸ تا به صف ایستادیم. صف خیلی بلند بود. محاکمه همه شصت نفر کمتر از یک ساعت طول کشید. بعد ما را به بند برگرداندند. غروب همان روز ماموران به ما گفتند که وسایلمان را جمع کنیم که ما را به اهواز ببرند. ما وسایلمان را جمع کردیم. ... ما را به دادستانی نزدیک بردند... ما را نفربه نفر به اتاقی بردند و پشت میزی رو به دیوار نشاندند و گفتند: «بنشین وصیت‌نامه‌ات را بنویس.» من گفتم: «نمی‌نویسم. من باید با فامیلم دیدار کنم.» بازپرس کاظمی گفت: «۱۰ دقیقه به تو وقت می‌دهم...» مرا بلند کردند. دست‌ها و چشمانم را بستند و سه نفری مرا زدند. سپس مرا به یک محوطه باز در همان زندان بردند.

تقریبا ساعت ۱ نیمه شب ما را سوار مینی‌بوس‌ها کردند و گفتند

که ما را به اهواز می‌برند. ولی ما دیدیم که مینی بوس‌ها به طرف اهواز نمی‌روند... حدود ساعت ۲ صبح به آنجا /پادگان ولی عصر سپاه پاسداران/ رسیدیم. در آنجا یک حمام بود. ماموران به ما گفتند که به حمام برویم و غسل کنیم. پیرمردی که در زندان مسئول دادن غذا به زندانیان بود، در پادگان حضور داشت و به ما پارچه‌های سفید کفن می‌داد...

من گفتم که من کفن نمی‌پوشم. کاظمی و دو پاسدار آمدند و به من گفتند که باید تا ده دقیقه دیگر کفن را پوشیده باشم. من با سرعت دوش گرفتم ولی کفن نپوشیدم و لباس‌های خودم را دوباره به تن کردم. وقتی ماموران برگشتند، دیدند که من کفن نپوشیده‌ام. دست‌ها و چشم‌هایم را بستند و شش مامور شروع به کتک زدن من کردند. به طوری من را زدند که من داد می‌زدم و به زمین افتادم. بقیه زندانیان هم شروع به فریاد زدن کردند. من صدای دخترانی را که در انتظار اعدام داشتند دوش می‌گرفتند می‌شنیدم...

من روی زمین افتاده بودم؛ دیگران همه کفن پوشیده بودند. کاظمی گفت: «این را همانجور که هست اعدامش کنید.» بعد اضافه کرد: «ببرش تو مینی بوس بگذارش همینطور.» همان طور مرا درون مینی بوس پرت کردند. کاظمی گفت که روی آخرین صندلی بنشینم. من روی در صندلی آخر سمت راست نشستم. بعد زندانیان دیگر که کفن به تن داشتند آمدند و نشستند. همه چشم‌بند داشتند و دست‌هایمان را هم با طناب پلاستیکی بسته بودند. ولی وقتی من را می‌زدند، طناب دستانم شل شده بود. تاریک بود. زندانیان خسته بودند. حتی پاسداران خودشان هم وحشت کرده بودند. ما داد و فریاد می‌کردیم و بیشتر به خمینی فحش می‌دادیم... هنگامی که حمام می‌کردم تصمیم گرفتم فرار کنم... مینی بوس خیلی آهسته حرکت کرد چون منطقهٔ جنگی بود... خاک بلند شده بود. من شیشه را باز کردم و کفش‌هایم را در آوردم... پنجره باز شد... خودم را به بیرون پرت کردم...

مسافتی... را دویدم. ناگهان خود را در درون پادگان یافتم. دور تا دور من سیم خاردار بود. من از سیم‌های خاردار بالا رفتم و خودم را به آن طرف پرت کردم... من هنوز یک کیلومتر دور نشده بودم، تیراندازی‌ها شروع شد. اول صدای رگبار و بعد صدای تک تیر شنیدم. شب بود و در سکوت شب صدای تیر را می‌شنیدم. زندانیان را اعدام کردند. و با چراغ به اطراف نگاه می‌کردند. من نور چراغ‌ها را می‌دیدم. من رفتم تا اینکه متوجه شدم به رودخانه کرخه رسیدم... من قبلاً برای شکار به آنجا رفته بودم و منطقه را می‌شناختم... فرار کردم.

محمد رضا آشوغ، از سازمان مجاهدین خلق، محکوم به ده سال زندان [۱۱۷]

فروزان عبدی پیربازاری، در سال ۱۳۶۷اعدام شد

خانم عبدی پیربازاری کاپیتان تیم ملی والیبال ایران و از هواداران سازمان مجاهدین خلق بود. وی در سال ۱۳۶۰ دستگیر شد، به پنج سال حبس محکوم گردید. او را بیش از یک سال (از پاییز سال ۱۳۶۲ تا زمستان ۱۳۶۳) برای تنبیه در سلول‌های انفرادی گوهردشت نگه داشتند. با اینکه دوره محکومیتش به پایان رسیده بود، او را آزاد نکردند، چرا که اعتقادات پیشین خود را نفی نکرده بود. فروزان عبدی در مرداد ۱۳۶۷ در ۳۱ سالگی به دار آویخته شد.

روایت آقای آشوغ دربارهٔ تیرباران کردن زندانیان دزفول پس از آنکه وادار به پوشیدن کفن و نوشتن وصیت‌نامه می‌شدند، دال بر این است که مأموران زندان‌های استان‌های گوناگون دربارهٔ نحوهٔ اجرای کشتار دارای اختیاراتی بودند، و اینکه بین اعضای کمیته‌های مرگ گاه در مورد اینکه کدام یک از توّابین مستحق اعدام است اختلاف نظر پیدا می‌شد. شکایت منتظری این بود که حکم اعدام، همان گونه که در مورد آقای آشوغ مصداق داشت، اغلب نتیجهٔ توافق بین دادستان انقلاب و نمایندهٔ وزارت اطلاعات، و در بی‌اعتنایی به مخالفت قاضی شرع بود. به نظر می‌رسد که در زندان شیراز کسانی که از مجاهدین تبرّی می‌جستند گاه باید یک آزمون مرگبار را از سر می‌گذراندند:

در سال ۱۳۶۱... در شیراز... دستگیر شدم. حکم ۱۰ سال زندان داشتم و تقریباً ۷ سال... در زندان بودم. اتهام من روی کاغذ «فعالیت برای سازمان ضد انقلابی چریک‌های فدایی خلق

اقلیت» بود... من یک دادگاه ۵ دقیقه‌ای داشتم... در بازجویی‌ها شکنجه شدم. با کابل به کفِ پا و به کمرم زدند... از من اطلاعات می‌خواستند... در آن سال‌ها ۷۰۰ تا ۷۵۰ نفر زندانی مرد در بند سیاسی بودند که اکثر قریب به اتفاق آن‌ها اعلام می‌کردند که نادم شده‌اند...

از سال ۱۳۶۶ نمایندهٔ منتظری... وارد زندان شیراز شد. با آمدن او، زندان خیلی تغییر کرد. نماز خواندن بصورت دسته جمعی دیگر اجباری نبود... این موضوع باعث تشنج در زندان شد به شکلی که پاسدارها از انتظامات قهر کردند و زندان را ترک کردند... به نظر من، کشتار ٦٧ تصمیمی عجولانه و ناگهانی بود و بیشتر به تحولات بعد از پایان جنگ مربوط می‌شد... در تیر ماه ۱۳٦٧، نخستین گروه زندانیان از بند برده شدند؛ آن‌ها حدود ۴۰ تا ۴۵ نفر از اعضای سازمان مجاهدین بودند...

دفتر زندان نزدیک هشتی بود *(یعنی ابتدای راهرو اصلی زندان)*. در هشتی، فرمی به آن‌ها می‌دادند که شامل سوأل‌هایی بود به این مضمون: «اگر آزاد بشوید چکار می‌کنید؟ ... آیا جمهوری اسلامی را قبول دارید؟...» این گروه از زندانیان به بند بازگشتند... تقریباً همهٔ آن‌ها از مضمون سوأل‌ها بر این باور بودند که احتمالاً ما را آزاد خواهند کرد. تحلیلشان این بود که چون جنگ تمام شده است، می‌خواهند ما را آزاد کنند. بعد از چند هفته، همین گروه که فرم پر کرده بودند، همه به بازداشتگاه سپاه منتقل شدند...

از این ۴۵ نفر، تنها یک نفر به نام عباس میرابیان پس از ۲۲ تا ۲۵ روز، تقریباً در اواخر مرداد یا آغاز شهریور ماه، به زندان عادل آباد بازگشت. در آن سال عباس هم سلول من بود. در ۵ روز اول با هیچکس صحبت نمی‌کرد با اصرار بسیار زیادِ من و یکی از دوستان دیگر مجبور شد اعتراف کند که چه اتفاقی افتاده و فقط گفت: «همهٔ بچه‌ها را دار زدند.» تهدیدش کرده بودند که راجع به موضوعاتی که دیده یا شنیده است، سخنی نگوید. ولی آشکار بود که به عمد یک نفر را به عادل آباد برگردانده بودند که ببینند عکس العمل سایرین در قبال شنیدن این خبر چیست...

از او پرسیدند: «جمهوری اسلامی را قبول داری؟» عباس پاسخ مثبت داد. بعد از او سوال کردند: «مجاهدین را قبول داری؟» او جواب منفی داد. سپس از عباس پرسیدند: «اگر ما به تو بگوییم که الان یک نفر از مجاهدین از داخل خاک عراق به ایران آمده و ما می‌خواهیم اعدامش کنیم، آیا تو حاضری طناب دار را بکشی؟» وی قبول کرد. ماموران طناب را به عباس دادند. عباس چشم بند داشت و شروع به گریه کرد و گفت: «من نمی‌توانم کسی را بکشم.» سپس او را به عادل آباد باز گرداندند. دو هفته پس از این ماجرا، عباس را با یک گروه دیگر بردند و اعدام کردند... تقریباً، دو سوم زندانیان هوادار سازمان مجاهدین را بردند. بین ۲۰۰ تا ۲۵۰ نفر اعدام شدند.

جهانگیر اسماعیل پور (نام مستعار)، از سازمان فدائیان خلق (اقلیت)[۱۱۸]

زنان هوادار مجاهدین نیز از مرگ معاف نبودند، گرچه گاه به آنان اختیاری داده می‌شد که مغزهای متعصب آن را حمل بر رحمت اسلامی می‌کردند: اختیار برگزیدن تیرباران به جای حلق آویز شدن. سپاهیان انقلاب مأمور تیرباران کردن محکوم بودند و معمولاً با تکرار شعار «مرگ بر منافقین» خود را برای تیرباران کردن آماده می‌کردند:

من در دانشگاه شیراز مهندسی کشاورزی می‌خواندم. درسم تمام شده بود و باید پایان نامه‌ام را می‌گرفتم. ... در اردیبهشت ماه سال ۱۳٦۲ با دختر ده ماهه‌ام... بازداشت شدم و بلافاصله به اوین منتقلم کردند... آن زمان ۲٦ ساله بودم. ... در اوین ابتدا مرا به یکی از سلول‌های انفرادی بند ۲۰۹ بردند. ... پاسدارها دخترم را از من جدا کردند و مرا به اتاق بازجویی بردند. ... مرتب مرا شلاق می‌زدند... سه چهار ماه مرا در انفرادی نگه داشتند و سپس به بند عمومی فرستادند. دخترم در زندان همراهم بود. ... زمانی که من زندان بودم از کودکان تازه متولد شده تا کودکان پنج ساله همراه مادرانشان بودند. ...

یک بلندگو در بند وجود داشت که اخبار رادیو از آن پخش می‌شد. ... از بلندگو اعلام کردند که ایران قطعنامه آتش بس را پذیرفته است. عصر همان روز پاسدارهای زن به بند ریختند و از ته بند هم پاسدارهای مرد آمدند. تلویزیون را بردند. ... همان روز یا بعد، کتاب‌ها و روزنامه‌ها را هم از بند خارج کردند. ما هر روز ۳ روزنامه داشتیم. به ما روزنامه دیگر ندادند. ملاقات‌هایمان را هم قطع کردند. ... بعد آن، پاسدارها به بند آمدند و چهار نفر از مجاهدین را که حکم‌های سنگین داشتند صدا کردند و با خود

بردند. ... خودشان حس کرده بودند که آن‌ها را برای اعدام می‌برند چون با همه خداحافظی می‌کردند. همان شب، یک نفر را از کسانی که برده بودند، به بند بازگرداندند. او به سایر مجاهدین گفته بود که «دیگه دارن همه رو می‌کشن.» ... شب‌ها هم صدای «الله اکبر» و «مرگ بر منافق» می‌آمد و سپس صدای تیراندازی شنیده می‌شد. ... هر روز صدا می‌کردند. همه را با هم نمی‌بردند. زندانیان دو طرف راهرو می‌ایستادند و با آن‌ها خداحافظی می‌کردند. آن‌ها وسایل‌شان را با خود می‌بردند. آخرین نفرشان که رفت... خیلی ناراحت بود. هر روز دلش می‌خواست که او را صدا کنند که او هم برود. ... هیچ کس از کسانی که می‌رفتند، باز نمی‌گشتند. ... ما اصلاً نمی‌دانستیم چه کار کنیم. دایم قدم می‌زدیم و شب‌ها زندانیان برای همدیگر داستان تعریف می‌کردند. همه ساک‌هایشان را بسته بودند. ... آماده بودند. ... زندانیان می‌گفتند «ساکامونو کوچک‌تر کنیم که حتماً به خانواده‌مان بدن.»

فریبا ثابت[119]

رژیم در این دوران کمونیست‌ها و چپ‌ها را -که اغلب از منتقدان آتشین سازمان مجاهدین خلق بودند و به سخنانشان اعتماد نمی‌کردند- هدف قرار نداده بود. اینکه چه رویدادهایی در بندهای مجاهدین می‌گذرد به تدریج بر آن‌ها آشکار شد.

شهادت‌های زیرین گویای آن است که چگونه صداها و تصویرها، شایعات و نجواهای در گوشی بین نگهبانان زندان و نوشته‌ها و نشانه‌ها بر دیوار سلول‌ها، به اتفاق و به تدریج معنایشان را روشن کردند:

یکبار زمان شاه وقتی که دانشجوی سال چهارم دانشگاه صنعتی تهران در رشته صنایع بودم، به اتهام فعالیت به نفع چریک‌های فدایی خلق ایران دستگیر شدم. در تشکیلات، فعالیت علنی داشتم ولی مسلح نبودم. بعد از دستگیر شدن در زمان شاه که سال ۵۵ می‌شد یعنی ۱۹۷۶، در زندان بودم تا اینکه انقلاب شد، آزاد شدم. درست آبان ۵۷ بود. در زندان شاه برای بازجویی و لو دادن تشکیلات، فشار جسمی و روحی به ما وارد می‌آوردند. شکنجه می‌کردند. بدترین شکنجه برای من کابل زدن به کف پا بود. ...

چریک‌های فدایی خلق ایران پس از انقلاب به دو گروه اکثریت و

مریم گلزاده غفوری در سال ۱۳۶۷اعدام شد

خانم گلزاده غفوری دانشجوی رشته ریاضی در دانشگاه تهران و هوادار سازمان مجاهدین خلق ایران بود. وی در سال ۱۳۶۱ دستگیر شد و در مرداد ۱۳۶۷ در زندان اوین تهران حلق‌آویز گردید. همسرش، آقای علیرضا حاج صمدی نیز در همان روزها اعدام شد. دو برادر خانم گلزاده غفوری به نام‌های محمد صادق و محمد کاظم در سال ۱۳۶۰ تیرباران شدند. از او به عنوان «جوانی آرام و متین با لبخندی دوست داشتنی» یاد می‌کنند. روز ۴ مرداد ۱۳۶۷ او اولین کسی بود که نامش را فراخواندند. او سلول را ترک کرد و هرگز بازنگشت. مریم ۲۹ ساله بود.

اقلیت تقسیم شدند. اقلیت معتقد بود که باید با جمهوری اسلامی مبارزه کرد چون ضد مردم است. اما اکثریتی‌ها معتقد بودند که چون جمهوری اسلامی ضد امپریالیسم است، باید در برابرش سیاست اتحاد و انتقاد را در پیش گرفت. یعنی هم منتقدش بود و هم ایرادهایش را گرفت ولی بیشتر باید ازش حمایت کرد در مقابل امپریالیسم. من جزو اکثریتی‌ها بودم. ...

در آبان ۶۲ دستگیر شدم. ... فکر می‌کنم که اواخر سال ۶۳ بود که مرا به دادگاه بردند. کل قضیه دادگاه ده دقیقه یا یک ربع طول کشید. ... در دادگاه گفتند که «در جمع آوری و تحویل سلاح‌های اکثریت به رژیم، شما مسئولیتی داشتی.» این مورد قبلا در بازجویی‌های من مطرح نشده بود ولی می‌دانستم که یکی از زندانی‌ها این را درباره من گفته است. ... شش سال حبس برایم در نظر گرفته بودند. ... *[بعد از دادگاه، مرا به زندان گوهردشت بازگرداندند.]* ...

روز ۷ مرداد ۶۷ تلویزیون‌ها را از بندها خارج کردند. روزنامه دیگر ندادند. ملاقات‌ها هم لغو شد. ... بعد دیدیم که درها را برای هواخوری باز نمی‌کنند. ... ما یک ساعت در زدیم. کسی نیامد. بعد گفتند هواخوری قطع شده است. ... ما فکر می‌کردیم که چه کار کنیم. ... به بند روبرویی که آن طرف حیاط بود و با ما ۲۰ یا ۳۰

متر فاصله داشت، با نور چراغ مورس زدیم. مورس معمولاً دیوار به دیوار است. ما به این می‌گفتیم مورس نوری. از آن بند گفتند: «ما هم همین طور. تلویزیونو بردن، هواخوری رو قطع کردن.» این ساختمان دو طبقه بود که یک راهروی بزرگ داشت که بندهایش در هر دو طرف از هم جدا بودند. در هر طبقه مثلاً ۱۲۰ نفر بودند. ... از ۷ مرداد تا ۵ شهریور، ما نه ملاقات داشتیم، نه هیچ خبری. بهداری هم نمی بردند. هیچ کس را به بهداری نمی بردند. با اینکه یک نفر بود که خیلی مریض بود. ... اتفاق‌هایی که می‌افتاد از ما مخفی بود. ... در یکی از بندهای فرعی حدود ۳۰ نفر از زندانیان مجاهدین بودند. ۱۸ مرداد یا ۲۰ مرداد از آنجا این خبر با مورس به ما رسید که شب قبل آخوندی با دو نفر دیگر به آن بند رفته و یکی یکی زندانی‌ها را کشیده بیرون. اسمشان را پرسیده و گفته بود که «اتهامت چیه؟» یعنی وابستگی سازمانیت چیست. فهمیدیم که کسانی که گفتند اتهامشان «مجاهد» هست با خودشان برده‌اند، و کسانی را که گفتند «منافق»، نبرده‌اند. آن ۳ نفر که گفته بودند «منافق» هستند، در همان بند مانده بودند. با مورس اضافه کردند که ۲۷ نفر دیگر را که از ما جدا کرده بودند یا به بند دیگری انتقال دادند و یا اعدام کردند. اما چون مجاهدین همیشه خبرهای اغراق آمیز می‌دادند، ما به هیچ وجه مسئله اعدام را جدی نگرفتیم. فکر کردیم حتماً آن‌ها را انتقال داده‌اند. ولی چرا شب انتقال دادند، نمی‌دانستیم. ...

ما را به بند ۳ انتقال داده بودند. ما کرکره را سوراخ کرده بودیم و بیرون را می‌دیدیم. چون به حیاط مشرف بودیم. شبی ساعت ۱ یا ۲ ... دیدم که یک تریلی بزرگ با یک کانتینر سفید، عقب و جلو می‌رود. ... از این تریلی‌ها قبلاً ندیده بودیم. ... ما فکر نکردیم که در آن جنازه باشد، در حالی که بعداً فهمیدیم که بود. آن روز یا یکی دو روز بعد، متاسفانه دقیق یادم نیست، از همان سوارخی دیدیم آن زیر شلوغ است. نگاه کردیم، دیدیم... ناصریان... و لشگری [بودند]. ... لشکری ماسک به صورتش زده است، ماسک ضد گاز که سربازان در جنگ به کار می‌برند. [او] دستور می‌داد. ... بیرون، در حیاط، جایی را که شب قبل، تریلی بود، سمپاشی می‌کردند. آن‌ها هر سال گوهر دشت را سمپاشی می‌کردند چون گوهردشت وسط بیابان بود، عقرب و ملخ و حشرات آنجا بودند. ... چرا خود لشگری در حال سمپاشی است؟ تازه چرا حیاط را سمپاشی می کنند؟ برای ما عجیب بود.

اکبر صادقی (نام مستعار)[۱۲۰]

من در تهران [در اواسط دهه ۶۰] بازداشت شدم. اتهام من هواداری از سازمان مجاهدین بود. من در هسته مقاومت فعالیت داشتم... به ۸ سال زندان محکوم شدم. ... بند ما جزو بندهایی بود که تلویزیون داشت چون بند تواب‌ها بود. البته در این بند، افرادی که تازه دستگیر شده بودند، تنبیهی‌ها و غیرتواب‌ها هم بودند. ... اولین نفری که اعدام شد علی مبارکی بود... او را روز ۵ مرداد از بند ما بردند و دیگر برنگشت... وقتی پرسیدیم که «این زندانیان را کجا می‌برید؟»، گفتند: «یک بند جدید». بعد پاسدارها می‌گفتند: «به خاطر اینکه جنگ را تمام کرده‌ایم، دادگاه عفو زندانیان است، برای آزاد کردن است.»...

۲، ۳ روز اول آن‌هایی را که حکم نداشتند و بعد آن‌هایی را که حکم داشتند اما مسئولان روی آن‌ها حساس بودند، بردند. ... روز ۳ شهریور حدود ساعت هشت و نیم صبح ۱۵ نفر از جمله مرا به بند ۲۰۹ بردند. یک ماه از شروع اعدام‌ها گذشته بود و دیگر فهمیده بودیم دادگاه عفو نیست. ... پاسدارها ما را مسخره می‌کردند و می‌گفتند: «شما همه رفتنی هستید، این راهرو بی‌بازگشت است». من می‌دانستم موضوع جدی است اما بعضی‌ها تا آخرین لحظه نمی‌خواستند باور کنند. یکی از بچه‌ها پرسید: «چی از جونمون می‌خواین؟» من گفتم: «فقط جونت را می‌خوان.»...

از کسانی هم که دفعه قبل آورده بودند، چند نفر را صدا کردند اما اعدام نشدند... یک نفر ... برادرزاده قاضی دادگاه مواد مخدر بود. او را ۲ ماه نگه داشتند که اعدامش نکنند اما بالاخره در مهر ماه اعدام شد. ... دلایلی که باعث شد ما از اعدام‌ها باخبر شویم، یکی این بود که زندانیان عادی دیده بودند که بشکه‌های دمپایی را بیرون می‌برند. زندانیان عادی که در کارگاه‌ها کار می‌کردند با ما یک جا نبودند، اما در کارگاه‌ها همه جور زندانی بود و با هم صحبت می‌کردند. گفته بودند که موضوع جا به جایی نیست، بشکه بشکه دمپایی می‌آورند بیرون. گاهی هم پاسدارها ناخواسته خبرها را می‌دادند. یک پسری بود به اسم جواد که به جرم عادی دستگیر شده بود. بعد لاجوردی به او پیشنهاد داد که در زندان پاسدار شود. تا سال ۱۳۷۰ هم آنجا بود. آدم ساده‌ای بود و خیلی وقت‌ها صحنه‌های اعدام را برای زندانیان تعریف می‌کرد.

هوادار سازمان مجاهدین[۱۲۱]

من عضو سازمان فداییان خلق ایران -پیروان کنگره ۱۶ آذر- بودم. ... سازمان ما بخشی از سازمان اکثریت بود که مخالف وحدت و در واقع انحلال در حزب توده ایران بود. به همین دلیل در تاریخ ۱۶ آذر ۱۳۶۰ از سازمان اکثریت جدا شدیم. ... من ... [در تهران] در بهمن ۶۳ دستگیر شدم. ... در زندان گوهردشت... [در] سال ۶۶، زندان در موقعیت خیلی خوبی بود. ... در زندان روزی دو بار، یکبار ساعت هشت صبح و یکبار ساعت دو بعد از ظهر، هر بار به مدت نیم ساعت برای ما اخبار رادیو پخش می‌کردند. ساعت ۲ بعد از ظهر ۲۷ تیر ماه در اخبار گفتند که ایران شرایط جهانی پذیرش قطعنامه ۵۹۸ سازمان ملل را برای پایان جنگ پذیرفته است. ... دو روز بعد ۲۹ تیر ماه صحبت از پذیرش قطعنامه به طور رسمی از طرف خمینی بود و نوشیدن جام زهر. وقتی ما پذیرش قطعنامه توسط خمینی را شنیدیم، از خوشحالی در پوست نمی‌گنجیدیم. زندان از شادی منفجر شد. به دو دلیل: یکی اینکه مشخصاً بزرگترین دشمن ما به خفت افتاده بود و دیگری اینکه جامعه از نکبت جنگ آسوده می‌شد. ... رادیو را از تاریخ ٤ و یا ٥ مرداد قطع کردند. ... جمعه ۷ مرداد یک ساعت مانده به فیلم سینمایی، تلویزیون را از بند بیرون بردند. ما اعتراض کردیم که «چرا الان دارین تلویزیونو می‌برین؟» گفتند: «تلویزیون‌ها رو می‌خوایم رنگی کنیم و تعمیرش کنیم.» به نگبهان گفتیم «اخبار رادیو هم پخش نشده.» گفت: «حتماً نگهبان یادش رفته.» گاهی می‌شد که یادشان برود، ولی وقتی دو سه نوبت نبود، یعنی قطع شده بود. ... فردای آن روز یعنی ۸ مرداد ... بند هفت را هم به هواخوری نبردند. ... دو روزنامه صبح، جمهوری اسلامی و صبح آزادگان قطع شد. دو روزنامه عصر کیهان و اطلاعات نیز به همین سرنوشت دچار شدند. یکشنبه ۹ مرداد نوبت ملاقات بند ما بود. ملاقات نیز از ما دریغ شد. ... چندتن، به اعتراض، در زدند. پاسخ آمد: به دلیلِ تعمیر سالن ملاقات، تا اطلاع ثانوی ملاقات‌ها تعطیل است. ... همه‌چیز کاملاً غیرعادی بود. ... زندان دو سمت داشت: راست و چپ. منتهی الیه سمت چپ را به مجاهدین اختصاص داده بودند و سمت راست زندان را به چپی‌ها. ما هیچ گونه اطلاعی از مجاهدین نداشتیم.... [از بندی که من در آن سکونت داشتم یعنی بند ۸ ما می‌توانستیم قسمتی از محوطه اداری زندان را ببینیم.] در یکی از شب‌های نیمه مرداد ماه بیدار ماندیم، کرکره سلول آخر بند را کمی بالا زدیم، دیدیم یک کامیون یخچال‌دار حمل گوشت چیزی را بار می‌زند ... آخرین اتاق بند ما جایی بود که از آن به عنوان آشپزخانه استفاده می‌کردیم. [این اتاق در انتهای طبقه دوم ساختمان بود و مشرف به قسمت پارکینگ ساختمان اداری زندان.] ما از لای کرکره‌ها بیرون را نگاه می‌کردیم. ما نگهبانان زندان را از روی لباس سبز رنگ پاسداری شناختیم؛ ولی صورتشان زیر ماسک بود .آن نگهبان‌ها داشتند آن اطراف را سم‌پاشی می‌کردند. ... هر کدام از ما تحلیل‌های مختلف داشت. ولی هیچ کدام از ما فکر به مرگ نمی‌کردیم.

مهدی اصلانی[۱۳۲]

من در... سازمان فدائیان خلق (اقلیت) به عنوان یک هوادار تشکیلاتی فعالیت می‌کردم. ...در سال ۱۳۶۱ من [را] به همراه همسر و فرزندم... بازداشت کردند... من را به قسمت مردان بازداشتگاه ۲۰۹ اوین بردند... در آبان ۱۳۶۵ من را به زندان گوهردشت منتقل کردند...

در زندان از طریق رادیو که از بلندگوی بند پخش می‌شد، در اوایل تابستان فهمیدیم که جنگ تمام شده است. دقیقاً یادم نمی‌آید که چه زمانی ملاقات‌ها قطع شد... شب پس از بازگشت از [آخرین] ملاقات پاسدارها آمدند به بند و وسایلی مثل تلویزیون، روزنامه و

محمد تقی حدیدی، در سال ۱۳۶۷اعدام شد

زمانی که آقای حدیدی روز ۹ شهریور ۱۳۶۰ در اصفهان دستگیر شد، ۱۷ ساله بود. وی به جرم خواندن و فروختن نشریات وابسته به مجاهدین دستگیر شد. او در زندان دستگرد محبوس بود. محمد را در زندان برای قد کوتاه و سن کمش «پدر بزرگ» می‌خواندند. به گفته برادرش، چند ماه بعد از اعدام، از زندان به مادرش تلفن کردند و پرسیدند که چند وقت است که ملاقات نداشته‌اند؟ مادر پرسید کی می‌تواند به ملاقات وی برود. پاسخ شنید: «هر وقت دلت می‌خواهد.» وقتی پرسید کجا باید برود، گفته شد: «باغ رضوان قطعه ١٦.» «پدر بزرگ» را در مرداد ۱۳۶۷ در سن ۲۴ سالگی به طناب دار سپردند.

هر امکانات دیگری را که بود، بردند. ما نمی‌دانستیم چه اتفاقی در حال رخ دادن است... ارتباطمان با بیرون کاملاً قطع شده بود. هواخوری هم قطع شد. زندانی‌های افغانی که غذا را می‌آوردند، به طور غیر عادی حتی یک کلمه هم حرف نمی‌زدند. زندانی‌های افغانی از مجرمان عادی بودند. قبلا آن‌ها تنها بودند و غذا را به بندها می‌آوردند ولی در این ایام پاسداران آن‌ها را همراهی می‌کردند... با استفاده از مورس با دیگر بندها تماس می‌گرفتیم... در این روزها افراد بیمار را نیز به بهداری بند نمی‌بردند... هیچ خبری هم نداشتیم...

در آغاز شهریور ماه اولین گروه را که از بند ما بردند زندانیانی بودند که دو اتهامه بودند و همزمان اتهام وابستگی به مجاهدین خلق و سازمان فدائیان خلق را داشتند. از طریق مورس باخبر شدیم که ۵ شهریور ماه، از بند ما چهار نفر از زندانی‌های دو اتهامه و کسانی را که توسط دادستانی کرج دستگیر و محاکمه شده بودند، خارج کردند... وقتی پرسیدیم که جریان چه بود گفت: «یکسری سوال کرده‌اند مثل "اتهامت چیست؟ آیا اتهام را قبول داری یا نه؟ آیا حاضر به اعتراف در تلویزیون هستی؟" و گفته‌اند که برای تفکیک زندانیان آمده‌اند.» قابل ذکر است که این سؤال‌ها در طول دوران زندان بارها از ما پرسیده شده بود و برای ما غیر عادی نبود. سه نفر از این ٤ زندانی دیگر به بند بازنگشتند و ما نفهمیدیم چرا و مسئله چیست... هفتم شهریور ۱۳۶۷... از راهروهای طبقه بالا بند هفت، سر و صداهایی شنیدیم... فهمیدیم که آنجا تخلیه شده است. حدود ظهر آمدند سراغ بند ما و به همه چشم بند زدند... ما را به راهرو بیرون بند بردند... ما را در دو سلول بزرگ که در میانه سالن قرار داشت قرار دادند. این بند قبلا به زندانیان مجاهد خلق تعلق داشت... متوجه شدیم در پایین دیوارهای بند نوشته بودند که: این تعداد از بچه‌ها را اعدام کردند و این تعداد را برای شکنجه بردند. نوشته بودند که امروز مثلاً ۳۰ نفر را بردند. می‌توان گفت که افراد زیادی در این سلول بودند. و برای ما معلوم نبود که این نوشته‌ها مربوط به چه زمانی است.

مهرداد نشاطی ملکیانس[۱۲۳]

[در تابستان ٦٧، به اتهام ارتباط با فداییان خاق شاخه اقلیت] در زندان زنجان بودم... تغییراتی که زمینه و پیش درآمد کشتار بود، بردن تلویزیون بود، قطع روزنامه و لغو ملاقات‌ها. هرگونه ارتباط با بیرون را قطع کردند. بعد عده‌ای از همبندهای ما را که لیست‌شان را آماده داشتند، صدا زدند و با وسایل‌شان بردند. اگر اشتباه نکنم ٦ یا ۷ مرداد بود. عده این‌ها، که سری اول را تشکیل می‌دادند، حدود ۲۵ نفر بود... به آن‌ها نگفتند که کجا می‌برندشان... زندانی نمی‌دانست که به مسلخ برده می‌شود. حتی یکی از آن‌ها (تواب) جوری خداحافظی می‌کرد که گویی... آن‌ها را به زندان جدید و بهتری می‌برند... یکی از بچه‌های تواب، وقتی اسم‌ها را خواندند و اسم او هم بود، زنگ آیفون بند را زد و به زندانبانان اطلاع داد که «ما حاضریم بیایید ما را ببرید.» این یک تراژدی است وقتی زندانی چیزی نمی‌داند، داوطلبانه زنگ می‌زند و برای رفتن به مسلخ عجله می‌کند... سلطه وحشت چنان بود که کسی هم جرات نمی‌کرد از آن‌ها کوچکترین سوالی بکند... این نشان می‌داد که اوضاع خیلی وخیم است.

رحمت غلامی، از سازمان فدائیان خلق (اقلیت)[۱۲۴]

در سال ۱۳۶۲ در ارتباط با فدائیان خلق در اصفهان دستگیر شدم... به حبس ابد محکوم شدم... خبر پایان جنگ را از رادیو شنیدیم. پاسدارها، بعضی‌هاشان گریه می‌کردند... شبی گزارش شمعخانی، مسئول سپاه پاسداران را از تلویزیون پخش کردند. ما را در راهرو جمع کردند که صحبت‌های او را گوش کنیم. در مورد حمله مجاهدین و عملیات مقابله با آن‌ها گزارش می‌داد. چند روز گذشت و تلویزیون را بردند و در هواخوری را برای همیشه بستند. ارتباط ما با بیرون کاملا قطع شد. دیگر روزنامه هم ندادند. ملاقات هم قطع شد... نمی‌دانستیم چه خبر است. بعد بچه‌ها را در گروه‌های دو-سه نفره بردند. آن‌ها از مجاهدین بودند. تقریبا ۲۰ روز طول کشید تا همه‌شان را ببرند. چه آن‌ها را که سرموضع‌شان بودند و چه آن‌ها را که همکاری می‌کردند، بردند. نمی‌دانستیم آن‌ها را کجا می‌برند... اصلا فکر نمی‌کردیم که موضوع اعدام در میان باشد. تحلیل‌مان این بود که رژیم در وضعیتی نیست که دست به کشتار بزند... خبری نداشتیم تا وقتی که ملاقات‌ها شروع شد. خیلی از مجاهدها را که بردند و اعدام کردند، محکومیتشان تمام شده بود... از بند ما هم همهٔ مجاهدین را اعدام کردند غیر از دو نفر. یک نفر را به بند بازگرداندند... آن‌طور که خودش می‌گفت به این دلیل او را زنده گذاشته بودند که یکی از بازجوها از اقوام نزدیکش بود. او تعریف کرد که آن‌هایی که از زندانی‌ها سوال می‌کردند، چند نفر

بودند. فقط می‌پرسیدند: مجاهدین را قبول داری؟ رجوی را قبول داری؟ خمینی را قبول داری؟

رضا ساکی، از سازمان فدائیان خلق[۱۲۵]

پروسهٔ قتل‌عام‌ها از صبح شنبه، هشتم مرداد، ساعت نه صبح در گوهردشت آغاز شد... قرار بود قتل‌عام در غافلگیری مطلق صورت گیرد و تا جایی که امکان دارد، زندانیان از پروسهٔ اعدام و چگونگی کم و کیف آن تا مشخص شدن وضعیت خودشان، آگاه نشوند... در این روز، از بند ما (بند ۲) [۹ مجاهد] به شهادت رسیدند. [در متن اصلی نام این افراد ذکر شده است.]... اعدام‌ها در محوطهٔ بیرون از ساختمان زندان و در یک سوله انجام می‌گرفت. این سوله در پشتِ دیواری که به دور محوطهٔ بندها کشیده شده بود، قرار داشت. از حسینیهٔ بند ما که به آن قسمت مشرف بود، حوالی آنجا را می‌شد دید. ... عصر همان روز "۵-خ" از طریق پنجرهٔ بند، داوود لشکری را با یک فرغون که در آن طناب بود، دیده بود... در طول روزهای هشتم و نهم مرداد، پاسداران زیادی را می‌دیدیم که با اشتیاق هر چه تمام‌تر تلاش می‌کردند داخل سوله را ببینند... در مجموع نقل و انتقال‌های زیادی نیز در آنجا به چشم می‌خورد که در روزهای قبل سابقه نداشت... زنان مجاهد ...در همین روز و حداکثر روز نهم مرداد به شهادت رسیدند. ... زهرا خسروی را در ظهر هشت مرداد برای نوشتن وصیت‌نامه، به بندی که مشرف به فرعی ۸ بود، برده بودند. وی از فرصت به دست آمده استفاده کرده و با بچه‌های فرعی ۸، از طریق مورس تماس برقرار کرده بود. بعد از معرفی خود، اعلام کرده بود که در دادگاهی به ریاست نیری به اعدام محکوم شده...۱۵ مرداد... شنیدم که طی چند روز گذشته ۸۰۰ تا از بچه‌ها در گوهردشت و ۱۲۰۰ نفر در اوین اعدام شده‌اند.

ایرج مصداقی[۱۲۶]

در بند ما، پس از چندی توسط یکی از پاسداران خبری شنیدیم که ظاهرا مجاهدین به مرزهای غربی ایران و شهرهای کرمانشاه حمله کرده‌اند و در حال پیش روی هستند. برایمان باور کردن این خبر که با تمسخر و ریشخندهای نقل کننده‌اش همراه بود باور کردنی نبود. چندی بعد، از طریق بندهای ۷ و ۸ که توسط بند ملی‌کش‌ها با ما تماس می‌گرفتند مطلع شدیم که بچه‌های این بندها طی ساعات

شهرام شاه بخشی، در سال ۱۳۶۷اعدام شد

آقای شاه بخشی هوادار سازمان مجاهدین خلق در ۱۱ تیر ماه ۱۳۶۰ بازداشت شد. تا سال ۱۳۶۴ که به سه سال حبس محکوم شد، بدون محاکمه زندانی بود. نخستین ملاقات وی با خانواده‌اش شش ماه پس از محاکمه صورت گرفت. شهرام در مرداد ماه سال ۱۳۶۷ در سن ۲۸ سالگی در زندان گوهردشت کرج به دار آویخته شد. مقامات به شرطی محل دفن وی را به خانواده اطلاع دادند که هیچ گونه مراسمی برای فرزندشان برگزار نشود.

شب و حتی هنگام روز کامیون‌های بزرگ یخچال داری را می‌بینند که در محوطه آمفی تئاتر (که متصل به ساختمان این بندها بود) در زندان گوهر دشت اجساد بسیاری را داخل آن‌ها پر کرده و خارج می‌شوند... چندی بعد مجددا از طریق همین بندها مطلع شدیم که زندانیان بند ۷ و ۸ از بوی تعفن و گندیدگی اجساد در بندهایشان به ستوه آمده‌اند و موضوع را با پاسدار بندهایشان طرح کرده‌اند و متعاقب آن، هنگام شب پاسدارانی را دیده‌اند که مشغول سم پاشی اجساد می‌باشند که در کامیون‌ها بارگیری می‌شوند.

به فاصله چند روز پس از دریافت این اخبار، در فرعی بند ما، در هنگام شب متوجه شدیم که تعدادی زندانی جدید آورده‌اند. در نیمه‌های شب موفق شدیم از طریق پنجره اولین سلول بندمان که نزدیک پنجره فرعی آن‌ها واقع بود با آن‌ها تماس حاصل کنیم. ابتدا یکی از آن‌ها مشخصات کامل خود را داده و خواستار صحبت با بچه‌های بند ما شده بود. او یکی از مجاهدین بود که بچه‌های بند او را می‌شناختند. پس از تماس با او متوجه شدیم که از تاریخ ۵ مرداد ماه در زندان گوهر دشت (و نیز در اوین) دادگاهی به ریاست اشراقی و نیری تشکیل شده است. در تمام این روزها، کلیه زندانیان مجاهد را دسته دسته محاکمه مجدد می‌کنند و آنان که خود را وابسته به سازمان مجاهدین معرفی می‌کنند و یا حاضر به پذیرش مصاحبه و محکوم کردن حمله مجاهدین به مرزها نیستند،

در آمفی تئاتر زندان به دار می‌آویزند و تا کنون بچه‌های بسیاری را هر روزه اعدام کرده‌اند.

باور کردن خبر برایمان بسیار مشکل بود، هر چند خبر اعدام و به دار آویختن زندانیان در آمفی تئاتر زندان با اخباری که از طریق بندهای ۷ و ۸ به دستمان رسیده بود جور در می‌آمد، ولی فاجعه‌ای که رخ می‌داد، آنقدر هولناک بود که به هیچ عنوان با ذهنیاتی که برای خود ساخته بودیم، تطابق نداشت... برخی می‌گفتند، خبر اخیر ناشی از بزرگ نمایی و غلو گویی اخبار مجاهدین است که تا کنون در بسیاری از موارد، اخبار دروغی را در میان زندانیان پخش کرده بودند... این حق تمامی زندانیان است که از آن مطلع شوند و در صورت وقوع هر رویدادی، واکنش خود را با توجه به آن تنظیم کنند... صبح روز بعد، ۵ شهریور ماه ساعت ۱۰ صبح با یکی از بچه‌های بند ملی‌کش‌ها قرار تماس داشتم... قبل از پایان تماس، تاکید نمودم که قبل از خروج بچه‌ها از بند (همچنین بند ۷ و ۸) خبر را به آن‌ها برساند... خبر همان روز در دیگر بندها نیز انعکاس یافته بود... می‌دانم که از میان بچه‌هایی که همان روز اسامی‌شان را خواندند (مجموعا حدود ۵۰ تا ۶۰ نفر از تمامی بندها) جز یکی دو تن کس دیگری زنده نماند و تمامی آن‌ها در همان روز اعدام شده بودند.

نیما پرورش[۱۲۷]

زندانیان مجاهد را دسته دسته از بلندگوی بند ۳ صدا می‌زدند و می‌بردند. ... حدود ۹۰ درصد مجاهدین رفتند و دیگر باز نگشتند. ما مطمئن شدیم که قضیه اعدام است. ... ما شب‌ها صدای تک تیر می‌شنیدیم. از روی تک تیرها فهمیدیم که اعدام هست. ... پاسداران در حیاط راهپیمایی می‌کردند. پا می‌زدند به زمین، و شعار «مرگ بر منافق» و «مرگ بر کمونیست» می‌گفتند. ... یعنی اول ما تک تیر می‌شنیدیم بعد راهپیمایی می‌شد. ... یک پاسدار زن داشتیم که خیلی خشونت داشت. شنیدم که برای هم تعریف می‌کردند «دیدی چه جوری منافق‌ها دستشونو به هم گرفتن موقع اعدام، تو شلواراشون شاشیده بودن؟» می‌گفتند و می‌خندیدند.

مریم نوری[۱۲۸]

رفیقی... گفتگوی یکی از حاکمان شرع... در زندان یعنی نیری را شنیده بود که با یکی از مأموران اعدام صحبت می‌کرد. خبر این بود: مأمور اعدام به حاج نیری گفت: «ده دقیقه کافی نیست. وقتی بعد از ده دقیقه آن‌ها را از چنگک پایین می‌آوریم، بعضی هنوز جان دارند. لطفا وقت بیشتری برای این کار بگذارید.» نیری می‌گوید: «وقت اضافی نداریم همان ده دقیقه کافی است» و مأمور اعدام می‌پرسد: «چرا تیربارانشان نمی‌کنیم؟ اینکه خیلی سریع‌تر است؟» نیری می‌گوید: «اینجا امکاناتمان زیاد نیست، وقتی نعش‌کش‌ها در خیابان‌ها به حرکت درمی‌آیند، خون ازشان راه می‌افتد. می‌خواهید همهٔ عالم بفهمند ما اینجا چه کار می‌کنیم؟»

رضا غفاری، وابسته به راه کارگر، محکوم به ده سال زندان[۱۲۹]

گفته‌های بالا تنها بخش کوچکی از خاطرات از جان به در بردگان است. ما با اغلب آن‌ها مصاحبه کردیم و روایاتشان را قابل اعتماد می‌دانیم. برخی از مصاحبه شوندگان نیز می‌خواستند نامشان فاش نشود که به نظر من خواستی عقلایی بود. روایات و خاطراتِ اعضای گروه‌ها و سازمان‌های سیاسی گوناگونی که در زندان‌های مختلف به سر می‌بردند و در اینجا آورده ایم به گونهٔ قابل ملاحظه‌ای نه تنها همخوان بلکه معرّف نظم دقیق و گستردگی کشتارها در موج اوّل است. روایات بسیار دیگری نیز دربارهٔ نحوه و کیفیت کشتارها در دسترس است. برخی از این روایات را شاهدان عینی موج اول کشتار، نه تنها در اوین و گوهردشت بلکه در قریب به بیست زندان در سراسر ایران، نقل کرده‌اند که به صورت کتاب و مقاله منتشر شده است. شیوه و نحوهٔ کار کمابیش در همهٔ زندان‌ها یکسان بوده گرچه در زندان‌های بزرگتر مجاهدین در بندهای مجزا از دیگران محبوس بودند و در زندان‌های کوچک‌تر در بندهای مشترک با زندانیان چپ.

پرونده‌های این زندانیان، شامل اتهامات وارد شده، پرسشنامه‌ها و برگ‌های بازجویی و برگ‌های بازجوئی‌های قبلی، در اختیار کمیته‌های مرگ قرار گرفته بودند و کار آن‌ها را برای انتخاب نامزدهای اعدام آسان می‌کردند. مهم نبود که متهم دوران حبسش را تمام کرده بود یا بخشی از آن را و یا جزو توّابین به شمار می‌آمد. بنابراین، هرکس که از جنگیدن با سازمان مجاهدین خلق یا ردشدن از زمین‌های مین گذاری شده یا حلق آویز کردن هم بندش سرباز زده بود در معرض دچار

شدن به سرنوشتی بود که کمیتهٔ مرگ برایش تعیین می‌کرد.

مأموران زندان نسبت به برخی از زندانیان نظر مساعدی داشتند و شماری از آن‌ها را از اعدام نجات دادند. در عین حال، اعدام چند صد زندانی در روز همراه با چنان آشفتگی و شتابی انجام شده بود، که به پیش بینی منتظری، خطاهایی هم رخ می‌داد. به عنوان نمونه، برخی از چپ‌هایی که در بندهای مختلط بودند نیز در موج نخست اعدام شدند. بازجویی در کمیتهٔ مرگ وقت چندانی نمی‌گرفت و قربانی نمی‌دانست پاسخی که به نخستین پرسش کمیته - «وابسته به چه گروهی هستی؟» - می‌دهد ممکن است زندگی‌اش را نجات دهد یا محکوم به مرگش کند. در روزهای نخست، بسیاری از زندانیان گمان می‌بردند که برای تعیین تکلیف به جلسهٔ هیئت بخشودگی می‌روند. نمی‌دانستند به محض آنکه خود را به عنوان مجاهد معرفی کنند به صف اعدامیان خواهند پیوست. اعدام در زندان‌های اوین و گوهردشت از راه حلق آویز کردن قربانی بود گرچه قربانیان زن در زندان‌های دیگر - به ویژه زندان‌هایی که در نزدیکی جبهه‌های جنگ قرار داشتند تیرباران می‌شدند (همان‌گونه که آقای آشوغ، تنها مجاهدی که در راه رفتن به مسلخ توانست فرار کند، به تفصیل روایت کرده است).

بلافاصله پس از آغاز اعدام‌ها سیل شکایت‌ها به منتظری سرازیر شد. دادستان انقلاب شیراز به وی داستان دختر جوانی را گفت که با اعدامش مخالفت کرده بود امّا دو نفر عضو دیگر کمیته به مخالفتش ترتیب اثری ندادند. یکی از نمایندگان منتظری در زندان از هفت برادری حکایت کرده بود که صادقانه از مجاهدین جدا شده بودند امّا عزّت نفسشان آن‌ها را از توبه کردن در برابر دوربین‌های تلویزیون منع می‌کرد. امّا، مأموران زندان با این ادعا که برادران با امتناع از شرکت در برنامهٔ تلویزیونی وفاداری خود را به سازمان ثابت کرده‌اند، شش تن از آنان را اعدام کردند. یکی از قاضیان شرع قم از شدّت خونخواری یکی از کارمندان وزارت اطلاعات شکایت بُرد که گفته بود: «تندتند این‌ها را بکشیم از شرشان راحت شویم... حکم این‌ها را امام صادر کرده ما فقط باید تشخیص

موضع بدهیم، به بعضی افراد می‌گویند تو سر موضعی؟! او هم نمی‌داند که قضیه از چه قرار است می‌گوید بله، فوری او را می‌برند اعدام می‌کنند.»[۱۳۰] یکی از قاضیان شرع استان خوزستان که به عضویت کمیتهٔ مرگ محل منصوب شده بود در ۱۰ مرداد در تماس با منتظری به او گفته بود: «در آنجا تندتند دارند اعدام می‌کنند، به یک شکلی نظر اکثریت درست می‌کنند، خوب تشخیص نمی‌دهند، این‌ها از عملیات منافقین ناراحت هستند و افتاده‌اند به جان زندانیان.»[۱۳۱]

همین قاضی، محمدحسین احمدی، رونوشت نامه‌ای را که جرأت کرده بود مستقیماً به شخص خمینی بفرستد برای منتظری فرستاد. وی در این نامه به این مسئله اشاره کرده بود که تشخیص سرموضع بودن زندانیان منافق که در فتوا مطرح شده است، امر پیچیده و قابل بحثی است. وی به عنوان مثال به چهار زندانی در زندان یونسکوی دزفول اشاره کرد که آماده بودند در یک برنامهٔ تلویزیونی توبه کنند امّا، از آنجا که از آن‌ها خواستند پس از توبه به میدان جنگ بروند، در توبه کردن تردید کردند. امّا، بسیاری از ایرانیان معتقد به رژیم هم حاضر نبودند به خاطر آن به ارتش بپیوندند. با این همه، نمایندهٔ وزارت اطلاعات و دادستان با دو رأی خود در کمیتهٔ سه نفری مرگ هر چهار نفر را به پای چوبهٔ اعدام فرستادند. (او در نامه‌اش به خمینی، به یکی از این چهار زندانی محکوم به مرگ که نامش آشوغ است اشاره کرده که در راه اعزام به میدان اعدام گریخته است: این بخش از نامهٔ قاضی شرع گواهی آشوغ را که در صفحات پیشین نقل شده تأیید می‌کند.)[۱۳۲]

منتظری در نامه‌ای که به خمینی نوشت (۱۳ مرداد)، با مطرح کردن شکایت قاضی خوزستانی، به نمونهٔ دیگری اشاره کرد که در آن کمیتهٔ سه نفری، منافق توبه کرده‌ای را به اعدام محکوم کرده بود زیرا از رفتن به زمین مین گذاری شده خودداری کرده بوده است. منتظری چنین حکمی را غیرمنصفانه خواند و نیز نفوذ غیرعادی مأموران وزارت اطلاعات در کمیته‌های مرگ را، که به آنان اختیاری گسترده برای تعیین سرنوشت مرگ و زندگی هزاران زندانی می‌داد، غیرقابل قبول دانست. خمینی به

این نامه نیز پاسخی نداد و اعدام‌ها نیز تا معدوم شدن همهٔ مجاهدین زندانی "سر موضع"، ادامه یافت.

در این میان، آیت‌الله منتظری به یک استدلال مذهبی برای پایان بخشیدن به موج اوّل اعدام‌ها و یا دست کم به تعویق انداختنشان متوسل شد. در ۲۳ مرداد او همه اعضای کمیتهٔ مرگ تهران را احضار کرد، نیّری، اشراقی، دادستان تهران (و معاونش ابراهیم رئیسی) و مأمور قدرتمند وزارت اطلاعات، پورمحمدی، و به آن‌ها گفت که ریختن خون در ماه محرم، که چند روز بعد آغاز می‌شد، حرام است و اضافه کرد که «حداقل در محرم از اعدام‌ها دست نگه دارید.» پاسخ نیّری این بود که «ما تا الان هفتصد و پنجاه نفر را در تهران اعدام کرده‌ایم، دویست نفر را هم به عنوان سرموضع از بقیه جدا کرده‌ایم کلک این‌ها را هم بکنیم بعد هر چه بفرمایید.» منتظری، ناخشنود از این پاسخ، خطاب به آن‌ها سخنانی گفت که دو روز بعد آن را در یادداشتی خلاصه کرد. او سخنانش را با اشاره به این نکته آغاز کرد که او بیشتر از هر کس دیگری حق دارد به انتقامجویی از مجاهدین بپردازد زیرا پسرش را در بمبگذاری ۷ تیر ۱۳۶۰ کشته‌اند. امّا با توجه به مصلحت انقلاب «من قضاوت آیندگان و تاریخ را در نظر می‌گیرم.» به آن‌ها هشدار داد که دنیا به خاطر کشتار زندانیان بی پناه، آن هم بدون محاکمه، محکومشان خواهد کرد. و افزود که اگر بسیاری از منافقین بر اعتقاداتشان مانده‌اند نتیجهٔ رفتاری است که در زندان با آن‌ها شده است. علاوه براین، کسی را به صرف داشتن اعتقاد نمی‌توان محارب با خدا شمرد. حکم مجازات اعدام را تنها در فضایی تهی از هیجان و تنش می‌توان بر انسان جاری کرد در حالی که عصبانیت ناشی از حملهٔ مجاهدین سبب شده تیغ تیز انتقام متوجه مجاهدینی شود که نقشی در این حمله نداشته‌اند. از این گذشته، اعدام زندانیانی که پس از محاکمه و محکوم شدن جرم تازه‌ای مرتکب نشده اند، مشروعیت و اعتبار قضاتی را به پرسش می‌کشد که آن‌ها را به مجازات‌هایی غیر از اعدام محکوم کرده بودند. چگونه می‌توان اعدام زندانی‌ای را عادلانه دانست که قبلاً برای ارتکاب همان جرم به مجازاتی سبک‌تر محکوم شده بوده است؟

مسلماً چنین کاری عادلانه نمی‌تواند باشد. امّا، نیّری و اشراقی صداقت اعتراف به ناروا بودن این اعدام‌ها را نداشتند. آیت‌الله موسوی اردبیلی، رئیس شورای عالی قضایی نیز از چنین صداقتی بهره‌ای نداشت. هنگامی که منتظری او را به خاطر مشاورهٔ تلفنی با پسر امام توبیخ کرد و گفت: «شما خودت می‌رفتی با امام صحبت می‌کردی که کسی که مثلا مدتی در زندان است و به پنج سال زندان محکوم شده و روحش هم از عملیات منافقین خبردار نبوده چطور ما او را اعدام کنیم؟! مگر اینکه جرم تازه‌ای مرتکب شده باشد که بر اساس آن جرم او را محاکمه کنیم.»[۱۳۳] چنین به نظر می‌رسد که رئیس دیوان عالی کشور و اعضای کمیتهٔ مرگ هیچ نگرانی اخلاقی یا حقوقی دربارهٔ اجرای فتوایی نداشتند که عملاً رأی ده‌ها قاضی شرعی را نقض می‌کرد که به عنوان نمایندگان خدا در زمین دربارهٔ متهمان صادر کرده بودند. اعدام هزارها زندانی، آن هم به انتقام حمله‌ای که آن‌ها کمترین نقشی در آن نداشتند، نه تنها غیرمنطقی و بی رحمانه و غیرعادلانه بود، بلکه نظم و اصول قانون اساسی جمهوری اسلامی را نیز نقض می‌کرد.

۷. موج دوّم

همهٔ زندانیان جان به در برده از وقفهٔ ده تا چهارده روزه‌ای در بازجوئی‌ها و اعدام‌ها روایت می‌کنند که در اواخر مرداد ۱۳۶۷ روی داد. سبب این وقفه ممکن است آغاز ماه محرم و حرام بودن خونریزی انتقامجویانه بوده باشد. در عین حال، ممکن است دلیل سادهٔ این وقفه تهی شدن زندان‌ها از مجاهدین بوده است. به تخمین منتظری تا آن زمان نزدیک به ۳۸۰۰ تن زندانی مجاهد کشته شده بودند. این وقفه ممکن است ارتباطی هم با پایان جنگ داشته بوده است. آتش بسی که شورای امنیت سازمان ملل متحد تصویب کرده بود سرانجام در ۲۹ مرداد ۱۳۶۷ به مرحلهٔ اجرا رسید. کمیته‌های مرگ دوباره در حدود ٤ شهریور تشکیل شدند و در طول هفته‌های بعد به دادگاهی مبدل شدند که زندانیان چپگرا را به اتهام ارتداد محاکمه و آن‌ها را یا به اعدام محکوم می‌کردند و یا به شکنجه مدام تا وقتی که حاضر می‌شدند رو به قبله نماز بخوانند.

فتوای ششم مرداد آشکارا «منافقین خائنی» را هدف قرار داده بود که به همکاری با حزب بعث عراق تن داده بودند. همه می‌دانستند که این تعریف از مجاهدین دیگر زندانیان چپگرا را از آن‌ها جدا می‌کند. چپگراها منافق نبودند زیرا خدانشناسی خود را پنهان نمی‌کردند و مهم‌تر از آن ارتشی در عراق نداشتند که در کنار صدّام بجنگد. خودِ زندانیان وجود چنین تفاوتی را تأیید می‌کردند و نمی‌خواستند با گروه دیگر در یک بند باشند و اگر هم بودند با یکدیگر معاشرت نمی‌کردند. بین زنان زندانی امّا بر تفاوت‌های ایدئولوژیک کمتر اصرار می‌شد.

به سخن دیگر، فتوا را نمی‌توان دستور اعدام و یا شکنجهٔ زندانیان چپگرا --اعضای «گروهک‌ها»-- دانست. به احتمالی، فتوای مخفی دیگری نیز وجود داشت که هرگز آشکار نشده و از منتظری، و برخی دیگر از قضات شرع نیز، که از فتوای ششم مرداد شکایت کرده بودند، پنهان ماند. منتظری نیز به وجود فتوای مخفیانه‌ای اشاره می‌کند که در اوایل شهریور ۱۳۶۷ از سوی رهبر نظام به کمیته‌های مرگ ابلاغ شده بود.[۱۳۴] این نیز محتمل است که کمیته‌های مرگ موظف به اِعمال احکام بنیادی اسلام در مورد زندانیان سیاسی بوده‌اند. طبق این احکام، مرگ مجازات مردان مرتد است و شکنجه کیفر زنان مرتد و نیز مردانی که در خانواده‌های غیرمسلمان زاده شده باشند. به هر حال، هدف موج دومِ کشتار شکستن روحیهٔ زندانیان بالقوه خطرناک یا سرسختی بود که پس از پایان جنگ می‌بایست آزاد می‌شدند. تنها از این راه بود که جمهوری اسلامی می‌توانست به آغاز دوره‌ای امیدوار شود که در آن شکاف‌های ایدئولوژیک به عمق و گسترش دوران قبلی نباشد. بدیهی است که چنین امیدی انگیزهٔ اصلی در صدور فتوای نخست بود: اعضای سازمان مجاهدین خلق به صرف تأکید بر درک کفرآمیزشان از اسلام و مخالفتشان با نظام دین سالار، مشکلی بزرگ برای رژیم در دوران پس از جنگ شمرده می‌شدند، چه از فعالیت‌های سیاسی نظامی سازمانشان ابراز پشیمانی کرده باشند چه نه؛ و این مشکل دوران پس از جنگ تنها با حذف آن‌ها برطرف می‌شد.

مجتبی محسنی، در سال ۱۳۶۷ اعدام شد

آقای مجتبی محسنی متولد اراک و دانشجوی رشته کشاورزی دانشگاه کرج، هوادار سازمان فدائیان خلق ایران (۱۶ آذر) بود. وی در سال ۱۳۶۳ در اصفهان دستگیر شد و در آذر ماه ۱۳۶۷ در سن ۳۱ سالگی در زندان همان شهر به دار آویخته شد. به خانواده تنها محل دفن وی را اطلاع دادند.

اسناد موجود -- مصاحبه با زندانیان چپگرا و روایت‌های منتشرشده و متعدد دیگر-- رویدادهای دوران موج دوّم کشتارها را عیان می‌کنند. زندانیان چپگرا برای توضیح باورهای مذهبی خود به جلسهٔ کمیتهٔ مرگ احضار می‌شدند. در این جلسه از آنان پرسیده می‌شد که آیا مسلمان‌اند، آیا به خدا اعتقاد دارند، آیا نماز می‌خوانند و آیا حاضرند دوباره نمازخواندن را از سر گیرند. این بار کمیته بیشتر به یک دادگاه شباهت داشت و جلسه‌های آن کمی طولانی‌تر از معمول بود زیرا اعضایش گاه به پرونده‌ها نگاه می‌کردند تا به پیشینهٔ خانوادگی زندانی بیشتر پی برند و یا، هنگامی که پاسخ‌های وی مسئله‌ای فقهی را پیش می‌آورد، با یکدیگر مشورت کنند. بیشتر زندانی‌ها مارکسیست بودند و هیچ ایده‌ای از اهمیت مذهبی پرسش‌ها نداشتند. به عنوان مثال، یک زندانی زن که یک عضو عالی رتبهٔ حزب توده بود، متوجه شده بود که پاسخ منفی اش به این پرسش که آیا هرگز شاهد نماز خواندن پدرش بوده یا نه، از سوی اشراقی که پدرش را می‌شناخته تأیید شد. بعدها، این زندانی در این باره گفت: «من نمی‌فهمیدم دادن چنین پاسخ‌هایی چه نتایجی برایم در بر خواهد داشت. من متوجه نبودم که پاسخ من که پدرم نماز نمی‌خواند مجازات من را کاهش خواهد داد.»[۱۳۵]

قربانعلی شکری، در سال ۱۳۶۷ اعدام شد

آقای شکری از اعضای سازمان اتحادیه کمونیست‌های ایران، متولد ارسباران (آذربایجان شرقی) بود. وی در شهریور ۱۳٦٤ به همراه همسر و پسرش که تا چهار سال در زندان بسر بردند، دستگیر شد. آقای شکری در زمستان ۱۳٦٤ در زندان اوین محاکمه و به ٥ سال زندان محکوم شده بود. او در جریان کشتار زندانیان سیاسی در مرداد سال ۱۳٦۷ به دار آویخته شد. سال‌ها بعد که گواهی فوت به خانواده تحویل داده شد، تاریخ فوت را شهریور و علت فوت را «مرگ طبیعی» نوشته بودند. قربانعلی شکری ۳۸ ساله بود.

مجازات زنان ۵ ضربه شلاق پنج بار در روز بود، به وقت نماز، اگر پاسخ‌هایشان به پرسش‌ها از نظر اعضای کمیته جرمشان را تأیید می‌کرد. این مجازات تا زمانی که زندانی متعهد به نماز خواندن می‌شد یا جان می‌داد ادامه می‌یافت. تنها در دوران قاعدگی زندانی زن شلاق زدن معلّق می‌شد، بر اساس این اعتقاد که وظیفهٔ اجرای مجازات با آلوده شدن بدن زن متوقف می‌شود. بسیاری از زندانیان موج دوّم که شلاق خورده بودند ادعا می‌کردند که شلاّق با کابل بر کف پا دردناک‌تر از ضربه‌های شلاق معمولی بود و به خونریزی هم منجر می‌شد. حکم مرگ در مورد مرد چپگرایی جاری بود که مرتد فطری شناخته می‌شد، یا بر نماز نخواندن پافشاری می‌کرد و یا تعهدش به نماز خواندن دروغین به نظر می‌رسید. عضویت در حزب هنگامی در تصمیم کمیته تأثیر گذار بود که حکایت از گرایش متهم به خدانشناسی می‌کرد. اعتقاد متهم به جنگ طبقاتی و مارکسیسم لنینیسم تأثیری در این تصمیم نداشت. حکم قتل برخی از متهمان پس از اینکه ۳ بار آن‌ها را به کمیتهٔ مرگ می‌بردند صادر می‌شد زیرا ارتداد آن‌ها هنگامی به اثبات می‌رسید که سه بار مکرر منکر وجود خدا می‌شدند.[۱۳۶]

در این مرحله از کشتار، کار کمیته‌ها و صدور حکم از گذشته طولانی‌تر شده بود. برخی از متهمان برای بازجویی بیشتر دوباره احضار می‌شدند. به تدریج بسیاری از آنان به آنچه در انتظارشان است پی برده بودند. حافظهٔ آنان دربارهٔ رویدادها روشن‌تر از حافظهٔ بازماندگان موج اوّل کشتار است. زندانیان در بندهای خود در مورد شیوه‌های طفره رفتن از پاسخگویی و وقت کشی به گفت و گو می‌پرداختند و حاصل تبادل نظرها به رمز به بندهای دیگر منتقل می‌شد. یکی از این شیوه‌ها، که اعضای کمیته‌های مرگ را سردرگم می‌کرد این بهانه بود که نماز خواندن در حضور زندانیان خدانشناس اکراه دارد زیرا بوی زنندهٔ کفرشان نماز مؤمن را باطل می‌کند. ظاهراً نیّری این منطق را پذیرفته بود تا هنگامی که اشراقی

یادآورش شد که بسیاری از زندانیان به همین منطق متوسل شده بودند.[۱۳۷] طبق برخی گزارش‌ها اعضای کمیتهٔ مرگ تهران گاه بین خود به بحث دربارهٔ اهمیت مذهبی جزئیاتی می‌پرداختند که «متهمان» مطرح می‌کردند، (البته به زندانیان رسما هیچ اطلاعی دربارهٔ اینکه به اتهام جرمی در محاکمه‌ای حضور یافته‌اند داده نمی‌شد). پرسش‌ها دربارهٔ اینکه آیا زندانی حاضر است در برابر دوربین تلویزیون به جرمش اعتراف کند یا به دفاع از جمهوری اسلامی به جنگ دشمنانش برود نسبتاً اندک بودند. اگرچه موضع زندانیان نسبت به جمهوری اسلامی -حتّی پس از اعلام اتش بس- همچنان برای بازجویان مهم بود امّا در این هنگام اعتقادات مذهبی آنان بیشتر از وفاداری‌های سیاسی‌شان اهمیت داشت. عضویت در یک گروهگ خدانشناس نه تنها معرّف نیت فتنه انگیزی سیاسی بود بلکه نشانی از کافر بودن زندانی به شمار می‌رفت.

تأکید تازه بر اهمیت ایمان آوردن زندانی به اسلامی که رژیم معرفش بود در سخنان علنی رهبران رژیم نیز بازتابی آشکار می‌یافت. در اوایل شهریور ۱۳۶۷، آیت‌الله موسوی اردبیلی، شواری عالی قضایی را، پس از یکماه مرخصی باز گشود. مقتدایی سخنگوی شورا گفت: «شورای عالی قضایی در ادامه جلسه از کلیه دادگاه‌ها و دادسراهای انقلاب خواست که در مورد «گروهک‌های» محارب و ملحد با قاطعیت عمل نمایند و در برخورد با آن‌ها سعی کنند اشداء علی الکفار باشند.»[۱۳۸] در موج دوّم، رفتار کمیته‌های مرگ با زندانیان دقیقاً براساس همین خواست وی بود. به ادعای اردبیلی، «گروهک‌ها دشمنی خود با اسلام را»، از یک سو، و با «مردم ایثارگر» ایران، از سوی دیگر، ثابت کرده‌اند به ویژه از راه همکاری با دشمنان خارجی (که شامل اتحاد جماهیر شوروی که در جنگ از عراق پشتیبانی می‌کرد نیز بود). وی از سازمان ملل متحد هم به خاطر خودداری از محکوم کردن عراق برای استفاده از سلاح‌های شیمیایی انتقاد کرد، طبیعتاً بی‌آنکه اشاره‌ای به جنایت جنگی رژیم ایران در کشتار زندانیان سیاسی کند.

در ۱۳ شهریور ۱۳۶۷، خمینی اعلام کرد که «اینجانب حق تعزیرات حکومتی را لغو نمودم» و آن را به مجمع تشخیص مصلحت نظام و رئیسش (که در آن هنگام علی خامنه‌ای بود) وا می‌گذارد تا او بتواند «حدود تعزیرات چه شرعی و چه حکومتی» را «در اجرا و عدم اجرا» تعیین کند.[۱۳۹] تاریخ این اعلامیه این ادعای منتظری را تأیید می‌کند که فتوایی مخفیانه یک روز پیش از انتشار اعلامیه، ۱۲ شهریور، صادر شده بود. این فتوا راه را برای روشن کردن تکلیف زندانیان چپگرا هموار می‌کرد و مجمع و رئیسش را از مسئولیت نقض احکام قضات شرعی که سال‌ها پیش از این تاریخ احکام مجازات حبس چپگرایان را صادر کرده بودند -و نیز از اتهام ارتکاب عمل غیرقانونی- مبری می‌کرد. با این همه، علی خامنه‌ای و رفسنجانی ممکن است مسئول اعمال غیرقانونی «کمیته‌های مرگ» -که تفاوتی با دادگاه‌های دوران انکیزیسیون قرون وسطی نداشتند- شناخته شوند، از آن جمله بازجوئی، محاکمه و مجازات دوبارهٔ زندانیان به مرگ و شکنجه. در نماز جمعه اول مهر ماه، قائم مقام وزارت اطلاعات در پیامی به مردم استان‌های کشور آن‌ها را ترغیب کرد که فرزندانشان را از افتادن در دام تبلیغات دشمنان حفظ کنند زیرا «خطر منافقین کاملاً مرتفع نشده است.» افزون براین، پیام یاد آور می‌شد که نیاز به مبارزه علیه کفر همچنان باقی است و «باید با عوامل گروهک‌ها و منافقین همیشه مبارزه کرد.»[۱۴۰] در همان زمانی که اعضای «گروهک‌های» مخالف در زندان شلّاق می‌خوردند و اعدام می‌شدند، رژیم ادعا می‌کرد که آنان هم مانند مجاهدین سزاوار چنین رفتاری بودند؛ همان مجاهدینی که در این هنگام گروه گروه در گورستان‌های گمنام به خاک سپرده می‌شدند.

اندک زمانی نگذشت که خانواده‌های داغدار قربانیان خبر اعدام‌های دستجمعی را به رسانه‌های غربی رساندند. در ۱۹ آذر رئیس دیوان عالی کشور، موسوی اردبیلی، برای نخستین بار تلاش کرد تا توجیهی رسمی برای اعدام‌ها عرضه کند. وی تأکید کرد که «ما یک کشور لائیک نیستیم.» بنابراین، «ارتداد و کفر» جایی در جامعه ندارد (اشاره‌ای تلویحی به اینکه مجاهدین را باید در زمرهٔ کافران شمرد). به ادعای وی، رژیم آماده بود که به اتهامات منتقدان، با اتکا به اسناد و مدارک و در یک کنفرانس (که هرگز تشکیل نشد) دربارهٔ «مسائل

مربوط به گروهک‌های محارب»، پاسخ گوید. بر طبق این اسناد، کسانی که اعدام شدند همگی به حکم دادگاه محکوم شده بودند و از فرصتی هم که با تعویق اجرای حکم به آنان، برای اظهار ندامت، داده شده بود استفاده نکردند. متأسفانه آن‌ها نه تنها توبه نکردند بلکه در داخل زندان‌ها به اِخلال و مشکل تراشی پرداختند، به ویژه پس از عملیات مِرصاد. این زندانیان «از طرق مختلف در زندان دست به تحریکاتی زدند که این تحریکات پس از "عملیات مرصاد" به اوج خود رسید و به این ترتیب عناد خود را با نظام به اثبات رساندند و آدم محکومی که حکم محکومیتش تأیید شده و به او نیز فرصتی برای اصلاح شدن داده‌اند تازه در زندان مامور زندان را کتک میزند.» [۱۴۱] این ادعاهای یکسره جعلی نمونهٔ دیگری از شیوهٔ «اعتراف و احتراز» رهبران رژیم بود: اعتراف تلویحی به اعدام‌ها و سپس احتراز از قبول مسئولیت و مقصر شمردن زندانیانی که از فرصت برای اظهار ندامت استفاده نکردند و نیز متهم کردن آن‌ها به ارتکاب جرایم تازه و در نتیجه محروم شدن از امکان رحمت و بخشودگی.

این سخنان را می‌توان چنین تفسیر کرد که بالاترین مقام‌های رژیم از آنچه در زندان‌ها بر سر اعضای «گروهک‌ها» می‌آمد آگاه بودند و می‌دانستند که آن‌ها را به دستاویز امتناعشان از پذیرفتن اسلام دولتی -یا هر مذهب دیگری- به سرنوشت‌های برنامه ریزی شده محکوم می‌کنند. امّا بیانیهٔ رسمی در این باره انتشار نمی‌یافت و چنین تفتیش عقاید قرون وسطایی هرگز بر زندانیان عادی و بر مردم کوچه و خیابان به طور کلّی تحمیل نمی‌شد. چنین رفتاری با اعضای «گروهک‌ها» ادامهٔ برنامهٔ هراس افکنی در زندان‌ها با فتوای ششم مرداد بود و بهره جویی از همان شیوه‌های حقوقی و همان گروه از جلّادان: اعضای کمیته‌های مرگ، رؤسا و نگهبانان زندان‌ها (گفته می‌شود که برخی از سپاهیان جنگ دیدهٔ سپاه پاسداران مأمور اجرای احکام اعدام بوده اند). [کشتار زندانیان] از اواخر مرداد آغاز و تا اوایل مهرماه ادامه داشت، گرچه طبق برخی از گزارش‌ها پس از این دوران نیز شماری از زندانیان اعدام شدند. اوایل آبان ماه اختصاص به مراحل پایانی کشتار داشت: آگاه کردن خانواده از مرگ فرزندان و خویشانشان و بازگرداندن آنچه از معدومان برجای مانده بود، خودداری از افشای محل دفن معدومان و ممانعت از برگزاری هر نوع مراسم ترحیم و یادبود. در این زمان زندانیان سیاسی ایران یا معدوم شده بودند یا به ضرب شلاّق مطیع دستور کمیته‌های رژیمی که گمان می‌برد می‌تواند توابین را در سال‌های بعد آزاد کند بی‌آنکه خطری تهدیدش کند. موج دوم کشتارها از موج اول پر پیچ و خم‌تر بود و امکان خطا یا بخشودگی هم بیشتر. در این موج جان زندانیان زن هم مستقیماً گرفته نشد گرچه براساس برخی گزارش‌ها شماری از آنان یا خودکشی کردند و یا به سبب عوارض ناشی از آنچه در زندان بر سرشان آمده بود درگذشتند.

کنوانسیون ۱۹۴۸ ژنو، که ایران نیز در سال ۱۳۲۸ به آن پیوست، [۱۴۲] شامل کشتار، یا وارد کردن آسیب‌های شدید جسمی و روانی به اعضای یک گروه خاص مذهبی یا نژادی، به قصد از بین بردن کل گروه یا بخشی از آن، می‌شود. «گروه مذهبی» که رژیم ایران در موج دوّم کشتار قصد نابود کردنش را داشت، زندانیان مسلمان‌زاده‌ای بودند که دیگر هیچ مذهبی را بر نمی‌تابیدند. صرف نظر از اینکه آیا می‌توان خدانشناسان را نیز گروهی مذهبی، و در نتیجه مشمول این کنوانسیون دانست، روشن است که می‌توان افرادی را که در هنگام تولد به مذهب خاصی تعلق داشته امّا از آن برگشته‌اند مشمول مقررات این کنوانسیون به شمار آورد. گرچه خشم ناشی از حملهٔ «مرصاد» عامل بلاواسطهٔ موج اول کشتارها شد، نباید فراموش کرد که تصمیم به کشتار عمدتاً پی امد این داوری بود که اسلام مجاهدین چیزی بیش از کفر نیست. هم مجاهدین و هم چپگراها به عنوان محاربان با خدا شناخته و محکوم شدند و دولت اسلامی نیز کیفر الهی را بر آنان جاری ساخت.

از «محاکمه»ها، شکنجه‌ها و اعدام‌ها روایات هولناک بسیار است. شهرت مأموران امنیتی زندان‌ها، از جمله لشکری و ناصریان، در این بود که زندانیان چشم بسته را به دادگاه‌ها می‌بردند و بر می‌گرداندند و از وارد کردن هیچ اتهامی به آن‌ها در دادگاه ابایی نداشتند. روایات زیر از چپگرایان جان به در بردهٔ اوین و گوهر دشت است:

گروهی از سلول ما را با چشم‌بند به دادگاه بردند. ما را به هال بزرگی بردند و به صف کردند... وقتی سرانجام نوبت من رسید مرا به دادگاه برده و چشم بندم را برداشتند. چهار نفر را شناختم که در اتاق بودند: نیری حاکم شرع، اشراقی دادستان انقلاب تهران و دو مسئول زندان. ... اشراقی دادستانی بود که با او سر و کار داشتم. نیری یک روحانی سرشناس بود. او را در تلویزیون و روزنامه‌ها دیده بودم. در دادگاه من او پرسش‌ها را مطرح می‌کرد و معلوم بود که عالی‌ترین مقام در اتاق بود. ...

پرسش و پاسخ از جانب نیری چنین بود: پرسید این نام توست؟ جواب دادم آری. آیا جمهوری اسلامی را قبول داری؟ نه، ندارم. آیا به سازمانت و عقایدش پایبندی؟ بله، فدائیان خلق. آیا به خدا باور داری؟ نه. آیا هرگز به خدا اعتقاد نداشته‌ای؟ حتی در دوران کودکی ولو برای یک لحظه؟ نه. پدر و مادرت چطور؟ آیا نماز می‌خوانند؟ نه. چرا نماز نمی‌خوانند؟ آن‌ها اهل کرمانشاه در کردستان هستند. اهل حق می‌باشند. ... از منطقه‌ای در کردستان می‌آیم که شاخه‌ای از اسلام به نام «اهل حق» وجود دارد و هیچکس در میان این گروه نماز نمی‌خواند. در این موقع یکی از اعضای هیئت با نیری صحبت کرد و گفت: «این‌ها اهل حق هستند و اهل حق نماز نمی‌خوانند.» نیری گفت: «او را سمت چپ ببرید.» ... بیرون در راهرو ۱۴۲ نفر در سمت چپ قرار داشتند. همگی با یکدیگر پچ پچ کرده و تلاش می‌کردیم سر در آوریم که چه برسرمان خواهد آمد. برایمان یک چرخ دستی با نان و پنیر آوردند که آن را «شام آخر» نامیدیم. با یکدیگر خداحافظی کردیم چرا که گمان می‌کردیم ما را اعدام خواهند کرد. داستان‌های بسیاری درباره اعدام زندانیان از طریق مورس با زندانیان بندهای دیگر شنیده بودیم. ... نگهبانان زندان شروع به خواندن اسامی ما از روی یک لیست کردند. به جز من و سه نفر دیگر، اسامی همه ۱۴۲ نفر را خواندند. آن ۱۳۸ نفر را به حسینیه بردند. محلی که شنیده بودیم برای اعدام زندانیان مورد استفاده قرار می‌گرفت. ... سه نفر دیگری که با من بودند همگی مثل من بی‌دین بودند... هیچکدام ما هرگز مسلمان نبود. آن‌ها از خانواده کمونیست می‌آمدند و پدرانشان کمونیست بودند. هرگز مسلمان نبوده و مسلمان محسوب نمی‌شدند. ... تا آنجا که من می‌دانم، تمامی ۱۳۸ نفری را که بردند اعدام شدند. در زندان گوهردشت آن‌ها زندانیان را حلق‌آویز می‌کردند... برای این باور

رحمت فتحی، در سال ۱۳۶۷اعدام شد

آقای فتحی انسانی بسیار مهربان و در خانواده و فامیل محبوب همه بود. او از اعضای سازمان فدائیان خلق (اقلیت) بود که در روز ۱۳ آبان ۱۳٦٤ دستگیر شد. در همان سال به ده سال حبس محکوم شد. رحمت در سن ۲۸ سالگی در شهریور ۱۳۶۷ به دار آویخته شد. مسئولان زندان بعدها به مادرش گفته بودند: «اگر بنویسی که فرزندم در زندان خودکشی کرده است، محل قبر او را نشان می‌دهیم وحلقه ازدواجش را پس خواهی گرفت.»

دارم که همه ۱۳۸ نفر را اعدام کرده بودند که دیگر هرگز آن‌ها را ندیدیم... همچنین طی دوره شکنجه ما را در سلول‌هایی نگه می‌داشتند که می‌توانستیم مطالب زیادی را که روی دیوارها نوشته شده بود بخوانیم. بسیاری از ۱۳۸ نفر را در سلول بزرگی نگه داشته بودند. جایی که توانسته بودند چشم‌بندها را بردارند. در آن زمان کوتاهی که به انتظار اعدام نشسته بودند، بسیاری از زندانیان روی دیوارهای سلول نوشتند. بعضی نوشته بودند: «ما چشم‌بند نداریم و می‌توانیم ببینیم چه می‌گذرد.» یکی از دوستانم، به نام کسری اکبری کردستانی، چیزی روی دیوار نوشته بود که هنوز به شدت مرا غمگین می‌کند. او نوشته بود: «قلب کوچکم را به تمامی کارگران و زحمتکشان ایران تقدیم می‌کنم.» ... بعد از گفتگو با زندانیان زنده مانده، اطلاعات درباره چگونگی رفتار با زندانیان گروه‌های مختلف را جمع‌آوری کردیم. آن‌هایی را که به سمت راست راهرو برده بودند، مسلمان بودن را پذیرفته و گفته بودند نماز می‌خوانند. سؤال مسلمان بودن مطرح بود. اگر گفته بودی که مسلمان هستی، تو را به سمت راست برده و شکنجه نمی‌کردند. اما اگر گفته بودی که نماز نمی‌خوانی تو را به سمت چپ برده و شکنجه می‌کردند. ...

ما را به محل دیگری در زندان بردند. جایی که ما را برای مسلمان شدن شکنجه کردند. آن‌ها پنج بار در روز در هر نوبت نماز، ما را شکنجه می‌کردند. به کف پای ما شلاق می‌زدند و می‌گفتند که باید

اسلام را قبول کنیم و باید مسلمان شویم. به قدری دردناک بود که به سختی می‌توانم توصیف کنم. ما را با کابل‌های برقی با کلفتی مختلف می‌زدند. آن‌ها ما را دمرو روی تخت کوتاهی که از چوب و فلز ساخته شده بود، می‌خواباندند. ... در هر نوبت نماز به من ۱۵ ضربه شلاق می‌زدند... بعد از این وقایع سه مرتبه کوشیدم تا خودم را داخل زندان بکشم. بار اوّل ۱۰ آذر ۱۳٦۷ بود. این زمانی بود که مرا به خاطر امتناع از نماز خواندن شکنجه می‌کردند... تحت این فشار وحشتناک بود که اولین بار دست به خودکشی زدم... خودکشی در اسلام ممنوع است... دکتری که خودش زندانی بود زخم‌های مرا مداوا کرده و به من آنتی‌بیوتیک داد.

مهندس، سازمان فدائیان خلق [143]

حدود ۲۹ مرداد بود که به سلول‌های بخش ما آمدند و گفتند که چشم‌بندها را ببندیم. در بخش ما هم مجاهد بود و هم چپی. ... [ما] در صف ایستاده بودیم... پیش از آنکه نوبتم برای رفتن

رضا عصمتی، در سال ۱۳۶۷اعدام شد

رضا یک پدر و همسر و یک زندانی سیاسی در رژیم پیشین بود که در ۱۷ شهریور۱۳٦۰ در تهران دستگیر شد. او وابسته به سازمان کومله بود. نخستین دادگاه وی سه ماه پس از دستگیری در زندان اوین برگزار شد. او هیچ‌گونه دسترسی به پرونده‌اش را نداشت و از حق داشتن وکیل مدافع محروم بود. در دادگاه نخست به اعدام و سپس در دادگاه دوم به ۲۰ سال حبس محکوم گردید. رضا عصمتی در روز ۷ یا ۸ شهریور ۱۳٦۷ در سن ۳۸ سالگی در زندان اوین به طناب دار سپرده شد.

به دادگاه برسد، مرا برای ساعت‌ها در راهرو نگه داشتند. ... پاسداری... گفت که چشم بندم را بردارم. داخل اتاق تنها نیری و اشراقی را شناختم. ... نیری از من سؤال کرد: «آیا مسلمان هستی؟» «نه.» «از چه زمانی مسلمان نبوده‌ای؟» «هرگز بیاد ندارم که نماز خوانده باشم یا گفته باشم خدا.» «آیا والدین تو مسلمان بودند؟» «بله.» «چطور والدین تو می‌توانند مسلمان باشند ولی تو نیستی؟» آن‌ها این پرسش را برای به دام انداختن من کردند. چرا که اگر می‌گفتم در مقطعی از زندگیم مسلمان بوده‌ام ولی حالا مدعیم که نیستم، بنابراین مرتد شناخته شده و مرا می‌کشتند. بنابراین پاسخ دادم: «...ملاهای محله خودمان... مشروب الکلی می‌نوشند و روزهای جمعه می‌رقصند.» نیری خیلی ناراحت شد. فریاد زد: «او را ببرید و آنقدر شلاق بزنید تا مسلمان شود!»

پاسداران مرا برای شلاق خوردن بیرون بردند... صبح روز بعد مرا باز به دادگاه... نزد اشراقی و نیری بردند. ... نیری پرسید: «اگر آزادت کنیم، چه خواهی کرد؟ ایران کشوری اسلامی است و تو مسلمان نیستی.» «من یک شهروندم و زندگی خودم را خواهم کرد.» او سپس سؤالاتی در مورد پیامبر اسلام و اصول دین کرد... می‌دانستم پنج اصل چه هستند... می‌دانستم که از من پرسش‌های مذهبی می‌کنند تا به من کلک بزنند تا اقرار کنم که مرتد هستم. کلک‌شان این بود که چیزی بگویم تا نشان دهد در واقع مسلمان هستم و اعتقاداتم را نفی می‌کنم. اشراقی به نظر منصف می‌آمد. خطاب به نیری گفت: «ببین، واضح است که هرگز مسلمان نبوده.» اما نیری کماکان پرسش‌هایش را به همین نحو ادامه می‌داد... تا اینکه بالاخره نیری از دست من حوصله‌اش سررفت و فریاد زد: «ببریدش.» اشراقی از او درخواست کرد که «حاج آقا لطفا بگذارید یک سؤال دیگر از او بکنم.» اشراقی به طرف من برگشت و پرسید: «اگر به یک جامعه اسلامی بروی، آیا تبعیت از قوانین آن جامعه را خواهی پذیرفت؟» من گفتم: «بله.» اشراقی گفت: «ببین حاج آقا، او حاضر است از قوانین ما تبعیت کند.» آنگاه آن‌ها اعلام کردند که من هرگز مسلمان نبوده‌ام و بی‌خدا هستم ولی مرتد نیستم. نیری اعلام کرد که مرا ببرند و سه روز شلاق بزنند. «به تو سه روز مهلت می‌دهیم تا مسلمان شوی... او را ببرید.»

روز بعد مرا به بند بزرگی که بند ٦ می‌نامیدند بردند. یازده نفر در سلول من بودند. همگی چپی بودیم. تعدادی پاسدار به این بند آمدند... به ما حمله‌ور شدند... بدترین کتکی بود که در زندان خوردم... همانطور که ما را می‌زدند، دیدم که سر یک بچه جوان را به رادیاتور کوبیدند. سرش شکافت... فکرمی‌کنم مرد چرا که دیگر هرگز ندیدمش... به یاد دارم با دنده‌های شکسته روی زمین از درد

می‌نالیدم که پاسداری روی پشتم پرید. چنان به سختی مجروح شده بودم که... پس از آزادی ناگزیر از انجام عملی جراحی روی پشتم شدم. بعد از ساعتی کتک زدن ما را به بند کوچکی بردند. ... یک روحانی به اتاق ما آمد و گفت: «حالا حاضرید که نماز بخوانید؟» ... یکی از هم‌سلولی‌هایمان... به روحانی گفت: «ما همگی خونریزی داریم و نمی‌توانیم در حالی که پاک نیستیم نماز بخوانیم.» پاسداران موافقت کردند و موقتا ما را به حال خود رها کردند. آن شب... اکثر زندانیان موافقت کردند که باید تظاهر به نماز خواندن کنیم. یک یا دو زندانی فکر کردند که بهتر است خودشان را بکشند. ... روز بعد پاسداران به سلول ما آمدند و پرسیدند: «برای نماز خواندن آماده‌اید؟» همان زندانی به آن‌ها گفت: «در این شرایط نمی‌توانیم نماز بخوانیم. به ما نگاه کنید! سرتا پای‌مان خون و کثافت است. ...» روحانی که بعد از آن‌ها به سلول آمد به ما گفت: «بسیار خوب، به پاسداران خواهم گفت که شما پذیرفته‌اید تا دیگر مشکلی برایتان بوجود نیاورند.» روز سوم ما را به بندی بردند که سایر بازماندگان قرار داشتند. وقتی که وارد شدیم برخی از دوستان‌مان را دیدیم و هیجان زده از اینکه یکدیگر را دیده بودیم... بعد متوجه شدیم که ما [۱۲ نفر] تنها کسانی بودیم که در زندان مانده‌ایم. وقتی که ابعاد کشتار را هضم کردیم مبهوت و دچار یأس و افسردگی شدیم.

شهاب شکوهی[۱۴۴]

رفتم داخل اتاق، گفتند: «چشم‌بندت را بردار.» ... میز بزرگی بود... اشراقی بود... نیری هم بغل دستش بود... یکی دیگر هم بود که هنوز به اسمش شک دارم. ... [نیری] گفت که «ما یه هیئتی هستیم که برای بررسی وضعیت زندان‌ها آمده‌ایم. به سؤالهای ما جواب بده.» ... اتهامم [را] پرسید. گفتم: «اکثریت.» گفت: «الان هم هستین؟» گفتم: «الان که در زندانم. ... من که بیرون نیستم که بدونم قبول دارم یا ندارم...» گفتش که «نماز می‌خونی؟» گفتم: «نه حاج آقا.» ... گفت که «مسلمونی؟» گفتم: «مثل پدر و مادرم هستم. بله مسلمونم.» ... پاسخ ما پاسخ مستقیم نبود... من بیشتر از جواب دادن در می‌رفتم... نیری گفت: «ولش کن آقا. این مرتده.» ... اشراقی به نیری گفت: «ولی حاج آقا، ایشون گفت "من مسلمونم."» یک لحظه احساس کردم که... موضوع جدی‌تر از شلاق و مصاحبه است... اسلام اینجا مهم است. ...

بلافاصله اشراقی به من گفت: «آقا شما زن و بچه داری. اینو امضا کن» و یک کاغذ به من نشان داد. دیدم که اصول دین اسلام را که ۳ اصل است نوشته‌اند. ... آخرش هم این بود که «مارکسیسم – لنینیسم را رد می‌کنم.» ... گفتم: «حاج آقا، اینا خیلی سخته. شما اینجا یه چیزهایی نوشتین. من زیاد متوجه نمی‌شم. من یه چیزی به شما بگم، شما روحانی هستین. من گفتم که مسلمانم. حالا خودتون می‌دونین.» ... ناصریان پشت سر من بود با خودکار زد تو سرم. گفت: «پا شو. حاج آقا نگفتم این خبیثه؟» ... منتها مرا گذاشت دم در، نه سمت چپ نه سمت راست. ... بعد ناصریان آمد و به کسانی که امضا کرده بودند گفت: «پا شین.» دیدم آن‌ها را می‌برند ولی من همین جا ماندم. چشم‌بند داشتیم. گفتم: «حاج آقا، من هم گفتم مسلمونم.» گفت: «تو هم بیا.» به همین سادگی. ... در باز شد و دیدیم سه چهار پاسدار ایستاده‌اند. ... شروع کردند به زدن با کفش و چوب، اصلاً وحشیانه. چیزهایی داشتند که به نظر ما غیرعادی بود، مثل زنجیر، چوب، میلهٔ آهنی، تخته... حدود ۲۰ نفر بودیم فکر کنم.

اکبر صادقی[۱۴۵]

یکی از زندانیان... صدای انداختن چیزهایی به درون کامیون را می‌شنیده است. او می‌گوید که روزی ۲۰ تا ۲۵ بار این صدا را شنیده است ولی ممکن بود این فقط مربوط به جنازه‌های اول باشند که به کف کامیون برخورد می‌کردند و جنازه‌های بعدی چون روی بدن قبلی‌ها میفتادند صدایی تولید نمی‌کردند. ... آنچه من در بند ۸ و دیگر ساکنین بند ۷ و نیز فرعی ۲۰ شاهدش بودیم کشته شدن مجاهدین در حدود بیست روز اول مرداد ماه بود ... ما بعدها با خواندن کتاب آیت‌الله منتظری فهمیدیم ۲۴ مرداد اول محرم عملیات کشتار مجاهدین در اوین و گوهردشت به پایان رسیده بود. ... یکی دو هفته در زندان، آرامش نسبی بر قرار بود. تا پنج شهریور که نوبت کشتار چپی‌ها شروع شد. ... روز ٦ شهریور که محرم هم بود، پاسدارهای سیاه پوش به بند ما، بند هشت آمدند و همه ۸۰ نفرمان را به بیرون هدایت کردند. ... بازجویی در دو اتاق جداگانه... انجام شد. پرسش‌ها همانند قبل بود: مشخصات، اتهام، نماز می‌خوانی یا نه، مسلمانی یا نه، گروه خود را قبول داری یا نه، انزجار می‌دهی یا نه. ... از ۸۰ نفر ۱۷ نفر را به بند بازگرداندند. بقیه، به همین سادگی، برای همیشه نبودند...

مهدی اصلانی[۱۴۶]

هفتم شهریور ۱۳۶۷... ما [چپی‌ها] را به راهرو بیرون بند بردند... ناصریان که در آن زمان یکی از رؤسای زندان گوهر دشت بود آمد داخل و عده‌ای را جدا کرد. این عده کسانی بودند که او می‌شناخت. و من را هم همراه بقیه با چشم‌بند بردند بیرون و از آنجا به سمت راهرو بهداری و محل ملاقات و سپس به طبقه پایین زندان... من را بردند داخل اتاق. چشم‌بندم را زدم بالا و دیدم که آخوندی با عمامه پشت میز نشسته بود به همراه یک نفر دیگر که بعداً فهمیدم اولی نیری و دیگری اشراقی بود. یک نفر دیگر هم بود که او را نمی‌شناختم. و پرونده‌های زیادی روی میز و در اتاق بود. همان موقع ناصریان نیز به داخل آمد. ناصریان من را می‌شناخت چون موقعی که مسئول بند بودم درگیری‌های زیادی با او داشتم. وی گفت: «حاج آقا این از اون سر موضعی‌های بند هست و ملی‌کش است و همیشه در حال درگیری و سازماندهی است.»

من گفتم: «حاج آقا دروغ میگه. من ملی‌کش نیستم.» حکم من هنوز تمام نشده بود. ناصریان ساکت شد. نیری پرونده‌ام را باز کرد و گفت: «اتهام؟» در جوابش گفتم: «اقلیت هستم»... گفت: «مسلمانی؟» جواب ندادم. پرونده را خواند گفت: «شما ارمنی هستی؟» گفتم: «پدرم ارمنی است اما مادرم مسلمان است و من بیشتر در خانواده مادری رشد کرده‌ام.» می‌دانستم بهترین پاسخ به این سؤال‌ها دادن جواب‌های مبهم است.

گفت: «پس چون در خانواده مسلمان بودی و بزرگ شدی مسلمان هستی.»

در همین زمان اشراقی گفت: «آیا متاهل هستی؟ بچه هم داری؟» گفتم بله متاهل هستم و یک بچه دارم.

باز اشراقی گفت: «پس تو مسلمانی و باید نماز بخوانی.» که من گفتم: نمی‌خوانم. گفت: «باید بخوانی. ما در حال تفکیک زندانی‌ها هستیم» و با تاکید گفت: «شما نماز می‌خوانی.» و رو کرد به ناصریان و گفت: «ببریدش بیرون.» ناصریان کاغذی گذاشت روبرویم و گفت: «امضا کن.»... چند نفر از زندانیان در آنجا به صف بودند. دست‌هایمان را روی شانه یکدیگر گذاشتیم و به طبقه بالا برگشتیم... من را به سلولی خالی که در میانه راهرو بود بردند. وقتی چشم‌بندم را برداشتم متوجه شدم که تک و تنها در سلول هستم... صبح روز بعد ساعت ۸ صبح ناصریان بازگشت و من را صدا کرد و گفت: «تو باید نماز بخوانی.» گفتم: «نمی‌خوانم. من ارمنی هستم و نمی‌خوانم.» مرا بردند به سلول دیگری که چهار نفر آنجا بودند. یکی از زندانیان به نام اکبر شالگونی از راه کارگر نیز در آنجا بود. دیگری اقلیتی و از بازماندگان بند هفت بود که او را نمی‌شناختم. دو نفر دیگر از حزب توده بودند... در بین صحبت‌ها شنیدم که اکبر از اعدام‌ها حرف می‌زند و به من هم جریان را گفتند. اما من باور نکردم و پرسیدم که «از کجا فهمیدید؟» اکبر گفت: «در راهروهای دادگاه از محمدعلی بهکیش شنیدم.»

من که موضوع اعدام را باور نکرده بودم با شنیدن نام محمدعلی بهکیش و اینکه او گفته است موضوع را باور کردم... ناصریان آمد داخل سلول و پرسید: «کی نماز نمی‌خونه؟» دو نفر از ما که تصمیم گرفته بودند نماز بخوانند، بلافاصله گفتند: «ما می‌خوانیم.» ... ما سه نفرباقی مانده را، که پاسخ داده بودیم نماز نمی‌خوانیم، بردند به راهرو. آنجا فهمیدیم که صداهای زجر و فریادی که می‌شنیدیم چرا و از کجا بوده است. ابتدا اکبر را به تخت شکنجه بستند و بعد من را. و ده ضربه شلاق به کف پایمان زدند... چنان ضربه‌های سختی بود که در هیچ یک از بازجویی‌ها چنین دردی احساس نکرده بودم. انگار کابل از آهن بود... یکی از زندانبانان گفت: «حالا بلند شو و شروع به دویدن در راهرو کن.»... بعد از دویدن، فقط ما دو نفر ماندیم و ده ضربه دیگر کابل به کف پایمان زدند. پوست پایم کاملا شکافته شد... مغزم انگار می‌خواست منفجر شود. سوت می‌کشید. واقعاً ضربات کابل شوک‌آور بود به قصد کشت می‌زدند.

سپس من را به همراه اکبر به سلول بازگرداندند. در طی صحبتی کوتاه تصمیم گرفتیم که برای وعده بعدی کابل که قرار بود به خاطر نماز عصر بخوریم به ناصریان بگوییم نماز می‌خوانیم تا بدینوسیله به بند برگردیم تا به دیگر زندانیان خبر اعدام‌ها را بدهیم... عصر... ناصریان آمد و گفت: «نماز می‌خوانید یا نه؟ گفتیم: «بله می‌خوانیم.»... ما را درسلول گذاشت و رفت... نهم شهریور آمدند دنبالم و صدایم کردند... بعد از ظهر حدود ساعت شش همه درهای سلول‌ها باز شد و همه زندانیان که در آنجا بودند آمدند به راهروی بند. اتفاق مهمی بود و با هم صحبت کردیم، اطلاع پیدا کردیم که چه کسانی اعدام شده‌اند. در این بین تعدادی از پاسداران به راهروی زندان آمدند و به زور بردندمان برای نماز به حسینیه و پاسداری شد امام جماعت. دولا راست شدیم و به اتاق‌هایمان بازگشتیم...

مهرداد نشاطی ملکیانس[۱۴۷]

یازده روز بود که از کشتار در گوهردشت خبری نبود... بعد از تعطیلات مراسم سوگواری محرم... می‌توانستیم در انتظار تحولات جدیدی باشیم... گفته می‌شود محمد یزدی به اتفاق احمد پورنجاتی یکی از معاونان و نزدیکان ری‌شهری وزیر اطلاعات وقت و جواد منصوری یکی از بنیان‌گذاران سپاه و عوامل مهم سرکوب و کشتار و معاون کنسولی وزارت‌خارجه! به نزد خمینی رفته و او را متقاعد ساخته بودند که بازتاب قتل‌عام زندانیان مجاهد و زنده باقی نگاه داشتن زندانیان مارکسیست در میان بخشی از روحانیون قم بازتاب خوبی نداشته و بهتر است از فرصت به دست آمده استفاده کرده و آنان را نیز از سر راه برداشت.

ایرج مصداقی ۱۴۸

در ساعت ۹ شب ۸ شهریور ماه، از بند ملی‌کش‌ها، خبری به این مضمون به بند ما مخابره شد که یکی از بچه‌هایی که روز اول اسم او را خوانده‌اند... آورده‌اند و او اظهار می‌دارد که تمام کسانی را که اعلام می‌کنند مسلمان نیستند و نماز نمی‌خوانند به دادگاه می‌برند و در صورتی که در دادگاه نیز اعلام کنند مسلمان نمی‌باشند اعدام خواهند کرد. وی همچنین گفته بود که اکثر زندانیانی که در روز اول از تمامی بندهای چپ خارج کرده‌اند همان روز اعدام شده‌اند و اینکه ناصریان وی را نیز تهدید به اعدام کرده بود ولی از آنجاییکه او در دادگاه پذیرفته بود که مسلمان می‌باشد اعدامش نکرده‌اند. فرد مورد نظر... از زندانیان مقاوم و مبارز محسوب می‌شد و شکی در اخبار ارسالی او نمی‌توانستیم داشته باشیم...

در ساعت ۱۲ شب خبر دیگری از بند ملی‌کش‌ها به دستمان رسید و آن اینکه زندانیان هوادار حزب توده در بند ملی‌کش‌ها گفته‌اند که فردا صبح در صورتی که دادگاهی شوند، دفاعی از مواضع خویش نخواهند کرد و حاضر به پذیرش مصاحبه نیز هستند... چند تن از... هواداران پیکار... اعلام کرده‌اند که آن‌ها در هر حال به دفاع از مارکسیسم می‌پردازند و این صرفاً تصمیم شخصی خودشان است. صبح روز بعد، ۹ شهریور، در ساعت ۸ صبح، ناصریان به همراه چندین پاسدار درب بندها را گشود و سپس اعلام کرد که همه بچه‌ها چشم بند زده از بند خارج شوند... تک تک بچه‌ها را به درون یکی از اتاق‌های فرعی بند روبرویمان می‌بردند، در آنجا داوود لشکری،

"ماهیت این‌ها از روز روشنتر است. هیچ وقت سابقه درخشانی نداشته‌اند. این‌ها تنها به جهت جریان ضدحکومتی در گذشته و یک دسته شعارهای خاص خودشان، از در مبارزه با رژیم درآمده بودند. اگر مبارزه آن‌ها مفید هم بوده باشد، ماهیت حزبی خودشان اصلا خوب نیست. این‌ها ضد دین هستند. چیزی که ما فقط به خاطر آن می‌جنگیم، دین اسلام بوده و هست."

حجت الاسلام علی اکبر هاشمی رفسنجانی درباره حزب توده. نقل از مصاحبه با مجله آینده سازان ۸ آذر ۱۳۶۰

انوشه طاهری، در سال ۱۳۶۷اعدام شد

آقای انوشه طاهری دانشجوی علم و صنعت، در جریان انقلاب فرهنگی از دانشگاه اخراج شد. انوشه از اعضای حزب توده بود که در ۷ اردیبهشت ۱۳۶۲ دستگیر شد. پس از محاکمه به ۸ سال حبس محکوم شد. انوشه طاهری در شهریور ۱۳۶۷ در قتل عام زندانیان سیاسی در زندان گوهردشت به دار آویخته شد. انوشه ۳۰ ساله بود.

به همراه پاسدار دیگر نشسته و مشغول سؤال و جواب بودند. هر یک از بچه‌ها را که اظهار می‌کردند مسلمان نیستند و نماز نمی‌خوانند در سمت چپ راهرو می‌نشاندند و هر یک از آن‌ها را که اظهار می‌کردند مسلمانند در قسمت راست راهرو می‌نشاندند و آن‌هایی که در قسمت راست راهرو نشانده بودند، در صورتی که حاضر به نماز خواندن نبودند به فرعی‌ها و یا انفرادی‌ها می‌بردند تا با زدن کابل آن‌ها را وادار به نماز خواندن بکنند... و بچه‌هایی را که در قسمت چپ نشانده بودند دسته دسته به قسمت طبقه اول... می‌بردند و در آنجا در مقابل اشراقی همین سؤال و جواب را مجدداً تکرار می‌کردند و در صورتی که در آنجا نیز کسی اظهار می‌کرد که مسلمان نیست، در سمت چپ درب دادگاه می‌نشاندند و از آنجا او را به آمفی تئاتر گوهردشت می‌بردند و در آنجا دسته دسته زندانیان را به دار می‌آویختند.

من همچنان در نوبت بودم... صدای فریادی از درون دادگاه بلند

شد. فحش و بد و بیراه بود که رد و بدل می‌گشت. درب دادگاه با ضربه لگدی به شدت باز شد. چند پاسدار روی سر یکی از بچه‌ها ریخته بودند و ضمن کتک زدن او، فحش و ناسزا می‌دادند... زندانی نیز به آن‌ها و به اشراقی فحش و دشنام می‌داد، به اسلام و به تمام وحشی‌گری آن‌ها مدام دشنام می‌داد... برای آخرین بار او را که به طرف آمفی تئاتر می‌بردند از پشت سر دیدم... او را همان روز اعدام کردند.

بلافاصله، یکی دیگر از زندانیان را که در جلوی صفمان قرار داشت، وارد دادگاه کردند. ظاهراً او پذیرفته بود که مسلمان است. او را در قسمت راست راهرو نشاندند و سپس نفر بعدی. او نیز پس از خروج در قسمت راست راهرو نشاندند.

نوبت به من رسید. ناصریان مرا از یقه پیراهنم گرفته، به درون اتاق برد و پس از ورود چشم بندم را برداشت... اشراقی شروع به سؤال و جواب از من کرد... پرسید آیا مسلمان هستی یا خیر؟ من پاسخ دادم: در صورتی که اعدامم کنید مسلمان هستم و در صورتی که اعدامم نکنید پاسخ دیگری خواهم داد... سپس با ضرب و شتم ناصریان از اتاق خارج شدم و او ضمن زدن چک و لگد چشم بندم را مجدداً به چشمم بست، و در حالیکه مرا به قسمت راست راهرو می‌برد اضافه کرد که می‌بایستی همه‌تان را اعدام کرد، همه‌تان خبیث هستید...

پس از مدتی مجدداً ما را به یکی از اتاق‌های همان طبقه که داوود لشکری در آن بود بردند... هر کس که حاضر به خواندن نماز بود از صف جدا کرده و به بند ۸ می‌فرستادند و کسانی که حاضر به خواندن نماز نبودند در همان اتاق روی تخت می‌خواباندند و کابل به کف پای او می‌زدند (برای هر وعده نماز ۲۰ کابل)...

[بعد از شلاقها و کتکهای متعدد] من به آن دو نفر دیگر گفتم که پس از نوبت ظهر، من نیز خواهم پذیرفت، هر چند می‌دانم که مسأله این‌ها نه خود نماز خواندن، بلکه مجبور کردن ما به ترک مواضعمان می‌باشد. آن دو نفر نیز گفتند پس از وعده ظهر خواهند پذیرفت... پس از آن وعده کابل خوردن، اعلام کردیم که حاضر به خواندن نماز می‌باشیم. ما را نیز به بند ۸ فرستادند. پس از ورود به بند، دیدن چهره برخی از دوستان که هنوز زنده مانده بودند، در آغوش گرفتن همدیگر و گریستن... به یاد آن‌ها که دیگر در بین ما نبودند...

از تعداد زندانیان ۵ بند که به زندانیان چپ اختصاص داشت (مجموعاً حدود ۵۰۰ نفر)، حدود ۲۵۰ تا ۳۰۰ نفر زنده مانده بودند. یعنی نزدیک به نیمی از زندانیان چپ گوهر دشت اعدام شده بودند.

نیما پرورش[۱۴۹]

زنان مرتد از اعدام شدن معاف بودند امّا روزی پنج بار شلاّق می‌خوردند گرچه در برخی موارد، به جای ۱۵ ضربه شلاقی که بر زندانیان مرد زده می‌شد، مجبور به تحمل بیشتر از ۵ ضربه نمی‌شدند. روایات زیر نمونه‌های گویای بازجوئی‌ها و مجازات زنان مرتدند:

من روبروی رئیس دادگاه یعنی آقای نیری نشستم. ... به من گفت: خانم مهیار، شما به چه جرمی زندانی شده‌اید؟ گفتم: بنده عضو حزب توده ایران بودم. گفت: هنوز هم توده‌ای هستی؟ ... گفتم: من الان ۵ سال است که در زندان هستم و ارتباطی با حزب ندارم، و نمی‌دانم مواضع حزب چیست. به همین خاطر نمی‌توانم بگویم هستم و یا نیستم. گفت: ایشان هنوز توده‌ای هستند. بعد پرسید: آیا شما مسلمان هستید؟ گفتم: این مسئله شخصی من است. باز هم پرسید: شما نماز می‌خوانید؟ گفتم: این هم باز مسئله شخصی من است. بعد پرسید: پدر و مادر شما چی؟ گفتم: پدر و مادرم شیعه‌اند و من در یک خانواده شیعه به دنیا آمده‌ام. گفت: ایشان نماز نمی‌خواند. ایشان مرتد است. بعد به یک آیه قرآن اشاره کرد و ادامه داد: مردی که مرتد شود اعدام می‌شود. زنی که مرتد شود آنقدر شلاق می‌خورد تا بگوید من مسلمان هستم و یا بمیرد. بعد نگهبانی را صدا کرد و گفت: برادر ببرش بیرون. برادر هم آمد و از یک گوشه چادرم گرفت. گویی چیزی نجسی را لمس می‌کند. چشمبندم زدند و مرا بیرون بردند. ... موقع اذان بود و صدای الله اکبر به گوش می‌آمد. نگهبانان به آیه‌ای از قرآن که آمده است مرتد را شلاق بزنند اشاره کردند و مرا با شلاق زدند. بعد از چند ضربه شلاق گفتند که برو. بعد ساعت ٤ و یا ٥ عصر دوباره به سلولم آمدند و پرسیدند که آیا نماز می‌خوانی و یا نه؟ من باز هم گفتم که نماز نمی‌خوانم. دوباره به همانجا بردند و چند ضربه شلاق زدند. ... در طول روز ۵ بار ما را می‌زدند. ۱۲ نیمه شب می‌بردند. ٤ صبح می‌بردند. ۱۲ ظهر، ٤ ظهر و شام می‌بردند. ۵ بار می‌بردند که وقتی

برای خوابیدن نمی‌ماند.

مهیار مکی[۱۵۰]

وقتی مجاهدها همه رفتند، پاسدارها شروع کردند زندانیان چپ را صدا کردن. ولی به ایشان نمی‌گفتند که ساک‌هایتان را بدهید؛ در حالی که به مجاهدین می‌گفتند. سپس به دیگر زندانیان می‌گفتند همه ساک‌ها را «جمع کنین، بدین.» بعد از مدتی که آن‌ها رفتند، اول کسانی را که متعلق به حزب توده و اکثریت بودند، بردند. ولی بعد بعضی از همان‌ها را بازگرداندند به بند. ایشان به ما گفتند که دادستان یا وزارت اطلاعات از آن‌ها پرسیده بودند. دقیقاً یادم نیست ولی فکر می‌کنم دادستانی بود چون قدرت اجرایی را آن‌ها دارند. پرسیده بودند: «جمهوری اسلامی را قبول داری یا نداری؟ نماز می‌خونی یا نمی‌خونی؟ حاضری توبه بکنی یا نمی‌کنی؟» بعد می‌گفتند که «اگر نماز نمی‌خونی، هر روز شلاق...» حکم می‌دادند همان جا که ۵ بار در شبانه روز، هر بار ۵ ضربه شلاق خواهند زد. برایشان حکم صادر می‌کردند، تا زمانی که نماز بخوانند. برای اینکه زن مرتد نباید اعدام شود، مرد مرتد باید اعدام شود. توضیح می‌دادند. ...

از نظر خودشان، از راست‌ترین گرایش تا چپ‌ترین گرایش را می‌بردند. صبح قبل از اذان، یک بار در را باز می‌کردند و تک تک آن‌ها را در راهرو می‌زدند که همه صدای شلاق را بشنوند. ... شلاق روزهای اول خیلی اذیت نمی‌کرد، ولی وقتی روی هم زده می‌شود، سخت‌تر می‌شد. به خصوص اینکه کاری فرسایشی است، آدم احساس می‌کند که هرگز تمام نمی‌شود. هر دفعه که شلاق می‌خوری، منتظر دفعه بعدی هستی؛ هیچ کاری نمی‌توانی بکنی. ...

این مسئله مجموعاً ۲۲ روز طول کشید. این شلاق زدن‌ها در شهریور اتفاق افتاد. ... در این فاصله دو نفر، در حالی که در اعتصاب غذا بودند، ۲۲ روز کتک خورده بودند و مقاومت کرده بودند. بقیه همه گفته بودند «نماز می‌خوانیم.» ...*[آن دو نفر]* خیلی وضعشان بد بود. خیلی ضعیف شده بودند. خیلی عصبی شده بودند. تمام بدنشان زخم بود. به شدت وزن از دست داده بودند. ... روزهای اول ذهنشان متمرکز نمی‌شد برای حرف زدن.

فریبا ثابت[۱۵۱]

برنامهٔ شلاق زدن‌ها پایانی نداشت. شما نمی‌دانستید که این شلاق

محل برگزاری دادگاه و اعدام زندانیان اوین در کشتار ۶۷

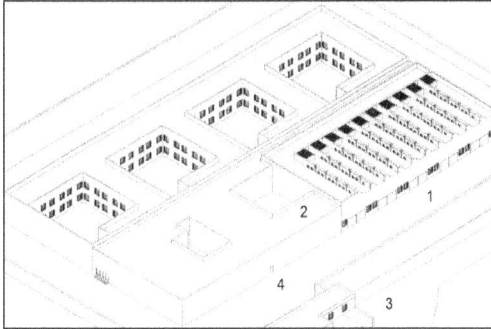

۱. بخش ۲۰۹، زندانیانی که به پروسهٔ اعدام آورده می‌شدند، به سلول‌های این بند انتقال داده می‌شدند.

۲. زیرزمین ۲۰۹. بعد از گذشت چند روز از شروع قتل‌عام، دادگاه و محل دار زدن به اتاق‌های زیرزمین ۲۰۹ انتقال یافت.

۳. زیرگذر و در ورودی ماشین‌رو به محوطه

۴. در ورودی به زیرزمین ۲۰۹

منبع: ایرج مصداقی، نه زیستن نه مرگ، جلد چهارم: تا طلوع انگور، انتشارات آلفابت ماکزیما (استکهلم، چاپ دوم، ۲۰۰۶، صفحه ۸۰)

زدن بالاخره کی تمام خواهد شد؟ صبح که در بند بودید از خواب بیدار می‌کردند و به تخت می‌بستند و می‌زدند. بعد بر می‌گرداندند. دوباره عین این قضیه ساعت ۲، بعد ٤ و بعد ٦ و بعد ۹ شب تکرار می‌شد. در واقع طرف هر لحظه منتظر بود که این قضیه چه وقت تکرار شود. فقط شکنجه‌های جسمی نبود که زندانیان را از پای در می‌آورد، بلکه اضطراب، نگرانی، بی‌خوابی و انتظار وحشتناک نیز بود که زندانیان را از پای می‌انداخت. بیشتر این بچه‌ها از بی‌خوابی تسلیم شده بودند.

شهلا آزاد (نام مستعار)[۱۵۲]

اواخر مرداد بریده روزنامه‌ای از بند ۲ بدست ما رسید. شروع کرده بودند به بند ۲ روزنامه دادن. خواندیم که سخنگوی شورایعالی قضایی بعد از فحاشی‌های فراوان به کمونیست‌های «بی‌آبرو» برای آن‌ها «اشد مجازات» در خواست کرده و گفته «حالا بعد از منافقین نوبت کافرهاست». حرفها روشن بود و نیازی به تحلیل و

غیره نداشت. ... از هفته اول شهریور شلاق زدن زنان چپ شروع شد. ... با اولین طلیعه صبحگاهی ساعت ٤ صبح، با بلند شدن صدای اذان در سلول باز می‌شود، زندانی را بیرون می‌آورند، روی تخت وسط راهرو می‌خوابانند. شلاقش می‌زنند. پنج ضربه. دوباره در سلول بسته می‌شود و در دیگری باز می‌شود. زندانی دومی روی تخت می‌خوابد. سومی، چهارمی و... یک ساعتی کار ادامه می‌یابد. نوبت دوم بعد از اذان نیمروز است. پنج ضربه دیگر. وعده سوم حوالی ساعت ٤ بعد از ظهر. چهارمی اول شب حدود ساعت ۸ و آخرین وعده قبل از نیمه شب. بیست و پنج شلاق در پنج وعده. ... زندانی‌های قدیمی ملی‌کش بند ۱... خبر رساندند که نماز خواندن را قبول کرده‌اند؛ که خود را شکست خورده می‌بینند. در دادگاه به آن‌ها گفته شده بود مجازات زن کافر مرگ زیر شلاق است یا توبه. می‌گفتند کاش به جای مرگ تدریجی حکم اعدام داده بودند. زیر شلاق امیدی به پایان آن نمی‌دیدند. ... این بار قرعه به نام ما افتاد. منتظرش بودیم. هفت هشت نفری را بردند. با نگرانی بدرقه شان کردیم. ... به دادگاه برده بودندشان و سؤال کرده بودند: «مسلمان هستی؟» «نماز می‌خوانی؟». همه‌شان پاسخ منفی داده بودند. حاکم شرع هم حکم مرگ زیر شلاق یا توبه را صادر کرده بود. آن‌ها همانجا اعلام کرده بودند که از آن لحظه در اعتراض به این حکم اعتصاب می‌کنند. اعتصاب غذای خشک. ... از زندانی‌های شعبه ٥ بودند که در رابطه با حزب توده و سازمان فدائیان اکثریت دستگیر شده بودند.

م. رها (منیرهٔ برادران)[153]

مجازات مردان مرتد بستگی به میزان مذهبی بودن خانواده‌هایشان داشت، به ویژه پدرانشان. در گزارش سازمان عفو بین‌الملل در این باره چنین آمده است:

در نیمه‌های شهریور ۱۳٦۷، توجه کمیته‌های مرگ معطوف به زندانیان چپگرای زندان گوهردشت شد. از زندانیان پرسیده می‌شد که آیا حاضرند در محضر عام دربارهٔ خود صحبت کنند. از آنان دربارهٔ مذهبشان نیز می‌پرسیدند. پرسش‌هایی از این گونه نیز مطرح می‌شد: آیا نماز می‌خوانی؟ آیا قرآن می‌خوانی؟ آیا پدرت هم قرآن می‌خواند؟

یکی از گواهان بازجویی از زندانیان را چنین شرح داده است: در پاسخ به این پرسش که آیا نماز و قرآن می‌خوانند زندانیان می‌گفتند نه نماز می‌خوانیم و نه قرآن. پرسش بعدی این بود که آیا پدرانشان قرآن می‌خواندند یا نه. پاسخ چهار تن از زندانیان مثبت و پاسخ دو تن از آنان منفی بود. پس از مختصر گفت و گویی، سه عضو کمیته تصمیم گرفتند که زندانیانی که در یک خانوادهٔ مسلمان بزرگ نشده بودند گناهشان به شدّت گناه کسانی نیست که والدینشان مسلمان بودند، زیرا گروه نخست مسلمان بار نیامده بودند. در نتیجه، تنها دو زندانی که پدرانشان نماز نمی‌خواندند از اعدام معاف شدند، و نه چهارتن دیگر.[154]

این روایات همگی این واقعیت را تأیید می‌کنند که دستور شلاق و اعدام براساس داوری دربارهٔ نظر زندانی نسبت به اسلام داده می‌شد و عقاید سیاسی آنان تا حدّی اهمیت می‌یافت که تعلق سازمانی شان خداشناسی آنان را مورد تردید قرار دهد. ما با بسیاری از کسانی گفت و گو کردیم که به ضرب شلاّق ناچار به نماز خواندن شده و نیز تعهد کرده بودند که به قوانین و مذهب رسمی جمهوری اسلامی وفادار بمانند؛ تعهدی که اجرایش شرط آزاد شدن آنان در طول سال‌های بعدی بود. در همهٔ موارد، زندانیان آزاد شده با تبعیض در اشتغال و تحصیل (بازگشت به دانشگاه برایشان مجاز نبود) روبرو بودند و فعالیت‌ها و رفت و آمدهایشان نیز یکسره زیر نظر مأموران امنیتی قرار داشت. برگشت آنان از مذهب رسمی هرگز بخشوده نشد حتّی اگر صادقانه عقاید سیاسی چپگرایانهٔ دوران جوانی خویش را ترک کرده بودند. همان‌گونه که نمایندهٔ وزارت اطلاعات، آقای زمانی پس از کشتارها به یکی از زندانیان گفته بود: «بیرون از زندان مثل سایه دنبالتان هستیم اگر دست از پا خطا کنید و کوچکترین اقدامی برای وصل شدن به سازمان انجام بدهید در جا اعدام می‌کنیم و از سر خودمان هم باز می‌کنیم.»[155]

۸. پس از کشتار: منع مراسم سوگواری

اغلب نوشته‌هایی که دربارهٔ جامعهٔ ایران منتشر شده است به اهمیت عزاداری چه از دید فرهنگی و چه روانی اشاره کرده اند. هر روز جمعه، گورستان‌های شهرهای ایران آکنده از اعضای خانواده‌هایی است که دسته گل بر سر قبر خویشانشان می‌نهند. در بخش مخصوص شهیدان نیز مادران به یاد پسرانشان که در جنگ با عراق کشته شده‌اند ناله کنان اشک می‌ریزند. طُرفه تلخ اینکه مادرانی که فرزندانشان را دولت در پایان جنگ کشته است قبری نمی‌بینند که بر سرش گریه کنند زیرا همان دولت آنان را از خاکسپاری فرزندانشان محروم کرد و هنوز هم به آنان اجازه نمی‌دهد حتی در گورستان‌های محل دفن جمعی فرزندانشان، مراسم یادبود برگزار کنند. گورهای دستجمعی در بخشی از قبرستان‌ها قرار دارند که معمولاً مجرمان و مرتدان را دفن می‌کنند. همین بخش است که به قبلهٔ خویشان معدومان مبدل شده. در شهریور ۱۳۸۷، مأموران انتظامی دولت، مراسم بیستمین سالگرد کشتارها را در گورستانی در تهران به هم ریختند و ۱۷ تن از سوگواران را دستگیر کردند.[156] در دی ماه ۱۳۸۸، عفو بین‌الملل کار جمهوری اسلامی را در زیرو رو کردن یک گورستان دستجمعی در خاوران محکوم کرد و چنین کاری را تلاش برای از بین بردن آثار و مدارک جنایت علیه بشریت خواند.[157] خودداری جمهوری اسلامی از پاسخ دادن به پرسش‌هایی که دربارهٔ کشتار مطرح است، و قصورش در انجام تحقیقات دربارهٔ این کشتار، نقض اصول ناظر به «حق زندگی» در میثاق بین‌المللی حقوق مدنی و سیاسی است. استنکاف جمهوری اسلامی از آگاه کردن خانواده‌های قربانیان از محل دفن عزیزانشان نیز خود ناقض همین اصول و مجازات والدین است به خاطر گناهانی که ظاهراً فرزندانشان مرتکب شده اند. همان گونه که خواهیم دید، ادامهٔ این استنکاف دارای پیامدهای حقوقی است و مؤید این واقعیت که جمهوری اسلامی همچنان مسئول جنایاتی است که به نام و دستور رهبرانش ارتکاب شده است.

چنین بود که تا آذر ماه ۱۳۶۷، رژیم، با گرفتن جان هزاران جوان معترض و بدون باور مذهبی، خطر احتمالی را که متوجه خود می‌دید رفع کرد. دربارهٔ شمار قربانیانِ کشتار آمار دقیقی در دست نیست امّا گزارش‌های معتبر و قابل اعتماد حاکی از آن‌اند که در هر یک از ۲۰ و اندی زندان در سراسر ایران چند صد نفر زندانی کشته شدند. در اوین به تنهایی ۱۰۰۰ زندانی و در گوهردشت بسیار بیشتر از این تعداد جان باختند. تنها رژیم جمهوری اسلامی است که می‌داند، امّا نمی‌گوید که دقیقاً جان چه شماری از جوانان را گرفته است. ادعای رفسنجانی که کمتر از هزار تن در تابستان ۱۳۶۷ اعدام شدند،[158] با واقعیت فاصله بسیار دارد امّا اعتراف صریح یکی از رهبران رژیم به کشتارهاست. احساس شرمساری از ابعاد غول آسای جنایت بدون تردید سبب شد که رژیم خانواده‌های قربانیان را از اعدام خویشانشان آگاه نکند. در اوایل مرداد ۱۳۶۷ قرار ملاقات با همهٔ زندانیان لغو شده بود. برخی از خانواده‌های نومید و سردرگم که شایعات راجع به کشتار به گوششان رسیده بود خود را به قم رساندند تا شکایت به منتظری برند، امّا رژیم او را هم به خاطر اعتراضش به کشتار مغضوب و از مقام نامزد جانشینی امام برکنار کرده بود.

به این ترتیب، خانواده‌ها جز جمع شدن در مقابل زندان‌ها چاره‌ای به فکرشان نمی‌رسید. در آبان ۱۳۶۷، ملاقات‌ها مجاز شد. برخی از خانواده‌ها، امّا، نه با فرزندان یا همسران خویش بلکه با کیسه‌های انباشته از لوازم شخصی آن‌ها روبرو شدند. این شیوهٔ سنگدلانهٔ رساندن خبر مرگ قربانیان، خانواده‌ها را برانگیخت که با همه اندوهی که در دل داشتند در اطراف زندان به اعتراض گرد هم آیند. از این پس بود که زندانبانان شیوهٔ دیگری برای آگاه ساختن بازماندگان از خبر مرگ فرزندانشان برگزیدند. در یک پیام تلفنی به آنان گفته می‌شد که برای شنیدن خبر دربارهٔ خویشان زندانی خود به نزدیک ترین کمیتهٔ سپاه پاسداران در محل رجوع کنند. سرانجام

"میزان حکم اهمیتی ندارد. می‌خواهد یک روز باشد یا بیشتر، تا زمانی که تبدیل به کسی نشوی که آن‌ها می‌خواهند، نگهت می‌دارند."

عباسعلی منشی رودسری، در سال ۱۳۶۷اعدام شد

آقای عباسعلی منشی رودسری از اعضای سازمان فدائیان خلق (اکثریت) بود. دانشجوی رشته پزشکی دانشگاه اصفهان بود که در جریان به راه افتادن «انقلاب فرهنگی» از دانشگاه اخراج شد. بعد از بسته شدن دانشگاه‌ها، آقای منشی رودسری مسئول شعبه تبلیغات سازمان چریک‌های فدایی خلق در اصفهان و سپس در تهران شد. او در مرداد ۱۳۶۵ در خانه مسکونی خود در تهران به همراه همسر و دو فرزندش دستگیر شد.

طی نزدیک به دو سال حبس در زندان اوین، منشی رودسری نامه‌هایی از زندان نوشت و ملاقات‌هایی با خانواده‌اش داشت. آخرین ملاقات در ۲۶ تیر ۱۳۶۷ بود. در یکی از این نامه‌ها نوشت: «میزان حکم اهمیتی ندارد. می‌خواهد یک روز باشد یا بیشتر، تا زمانی که تبدیل به کسی نشوی که آن‌ها می‌خواهند، نگهت می‌دارند.» همسر آقای منشی رودسری احتمال می‌دهد که محاکمه اول او در اسفند ۱۳۶۶ بوده است که حکمش شش سال حبس بود. رودسری در تابستان ۱۳۶۷ در زندان اوین به دار آویخته شد. مقامات زندان وسایل وی را که شامل لباس‌ها و عکس بچه‌هایش بود، به خانواده‌اش دادند. او حلقه‌اش را همراه با چند قطعه شعر در درز شلوارش جاسازی کرده بود.

پس از مدتی سرگردان شدن در اطاق‌های کمیته، خبر مرگ زندانی به بازماندگانش داده می‌شد. در ضمن به آن‌ها گفته می‌شد که می‌توانند با تعیین وقت قبلی به ادارهٔ زندان بروند و کیسهٔ پلاستیکی حاوی لوازم شخصی معدوم را هم دریافت کنند. خانواده‌های مجاهدین، به علاوه، می‌توانستند وصیت نامهٔ فرزندان یا همسران اعدام شدهٔ خود را که دقایقی پیش از اعدام به شتاب نوشته بودند دریافت کنند. به محکومان چپگرا، امّا، اجازهٔ نوشتن وصیت‌نامه داده نمی‌شد بر اساس این فرض که آن‌ها به آخرت و زندگی پس از مرگ اعتقاد ندارند. در این مورد به یکی از زنانی که برای گرفتن وصیت نامهٔ همسرش و اطلاع از محل دفن او به زندان رفته بود مأمور زندان چنین گفته بود:

> «او کمونیست بوده، وصیت‌نامه ندارد. بی‌دین بوده و محل دفن ندارد. آن‌ها این مسایل را چه می‌دانند؟ ... این‌ها چه می‌فهمند که اهمیت دفن چه است؟ برای آنان اهمیت ندارد.»[۱۵۹]

مأموران زندان از دادن کمترین اطلاعی به بازماندگان دربارهٔ محل دفن اعدام شدگان دریغ می‌کردند. به بازماندگان، پس از شنیدن خبر اعدام زندانی خویش یا گرفتن کیسهٔ لوازمش، گفته می‌شد که باید از برگزاری مراسم یادبود یا خاکسپاری یا تلاش برای پی بردن به محل دفن زندانی معدوم، خودداری کنند. البته، شایعات دربارهٔ گورستان‌های بی نام فراوان بود و گورکن‌ها از افشای محل آن‌ها ابایی نداشتند. «لعنت آباد»ها نیز به احتمال می‌توانست محل دفن قربانیان کشتارها باشد. داستان‌های غم انگیز دربارهٔ مادرانی که نومیدانه در جست و جوی یافتن بقایای پیکر فرزندنشان بودند و با دست و پنجه تل‌های خاک تازه را زیر و رو می‌کردند بسیار است. یکی از گزارش‌های سازمان عفو بین‌الملل به زنی اشاره کرده است که، در جست و جوی پیکر همسرش، در لعنت آبادِ گورستان جادهٔ خاوران با دست خالی جسد معدومی را از زیر خاک بیرون کشیده بود. در شرح منظره می‌گفت

"اجساد گروه گروه، برخی با لباس معمولی و برخی با کفن، در گوشه‌ای از گورستان که برای زندانیان سیاسی چپگرای اعدام شده اختصاص داشت، در گورهای کم عمق و بی نشان دفن شده بودند. بوی تعفن اجساد غیر قابل تحمل بود، ولی من با دست خالی شروع به کنار زدن خاک کردم چرا که هم برای خودم و هم برای دو فرزند کوچکم پیدا کردن محل قبر شوهرم اهمیت داشت".

به گزارش عفو بین‌الملل «این زن جسدی را از زیر خاک بیرون کشید که صورتش پر از خون بود، اما هنگامی که خون را از چهره جسد پاک کرد فهمید که شوهرش نیست. چند روز بعد دیگرانی که در جستجوی اجساد اقوام خود بودند جسد

شوهر این زن را پیدا کردند..»[۱۶۰]

گورستان خاوران در جنوب شرقی تهران امروز به زیارتگاهی برای خویشان مردگان مبدل شده است. هر سال، در اوّلین جمعهٔ پس از دهم شهریور بازماندگان در آنجا با یکدیگر دیدار و تجدید خاطره می‌کنند. در سال ۱۳۷۵، کارگران یک شرکت ساختمانی هنگامی که مشغول حفّاری در این گورستان بودند به قبر دستجمعی بزرگی بر خوردند که ظاهراً محل دفن صدها تن از زندانیان معدوم بوده است. با شنیدن خبر، خویشاوندان اعدام شدگان به محل گورستان هجوم آوردند. امّا مأموران انتظامی با شلیک هوایی آن‌ها را پراکنده کردند و سپس به دستگیری برخی از کارگران شرکت پرداختند که به ادعای آنان به افشا و پخش اسرار دولتی دست زده بودند. در سال ۱۳۸۰، شورای ملّی مقاومت ایران ادعا کرد که به کشف ۲۱ گورستان دستجمعی در ایران موفق شده که در آن‌ها اعضای سازمان مجاهدین خلق به خاک سپرده شده اند.[۱۶۱]

نخستین قبر دستجمعی شناسایی شده در گورستان بهشت زهرای تهران بود. نمایندهٔ سازمان ملل متحد که مسئولیت بررسی وضع حقوق بشر در ایران را بر عهده داشت، از منابع موثق اطلاع یافته بود که بین ۲۳ تا ۲۵ مرداد ۱۳۶۷، ۸۶۰ جسد را به این گورستان برده بودند. گرچه جمهوری اسلامی این ادّعا را رد کرد، امّا شاید با در نظر گرفتن این عدد بود که رفسنجانی اعلان کرد که تعداد اعدام شدگان کمتر از هزار نفر بوده است، با این خیال که این رقمی باورکردنی در مورد کل اعدام شدگان باشد. در آذر ماه، علی خامنه‌ای، که قرار بود به جای منتظری به جانشینی خمینی برگزیده شود، در مصاحبه با یکی از نشریه‌های محافظه کار ایران به اعدام برخی از زندانیان مجاهدی اعتراف کرد، که به ادعای او به جرم برقرار کردن ارتباط با ارتش رجوی در حملهٔ «فروغ جاویدان» محاکمه و محکوم شده بودند:

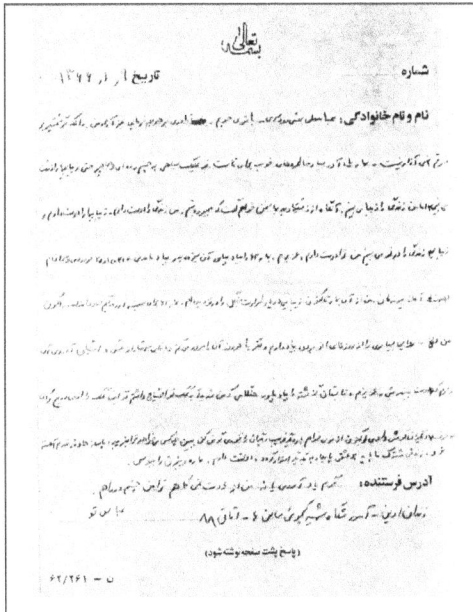

"مگر ما مجازات اعدام را لغو کردیم؟ ما مثل بسیاری از کشورهای دنیا مجازات اعدام داریم. برای چه کسانی؟ برای کسانی که جرایم آن‌ها مستوجب اعدام است. هر کس این جرایم را مرتکب شود ما اعدامش می‌کنیم. قوم و خویش و بیگانه هم ندارد. آن آدمی که در زندان با منافقین در حمله مسلحانه به داخل مرزهای جمهوری اسلامی و با دشمن بیگانه، آن فجایع در اسلام آباد، کرند و آنجاها به راه انداختند ارتباط دارد، آیا به عقیده شما باید به او نقل و نبات داد. اگر ارتباطش با آن دستگاه خائنانه مشخص شد باید چه کارش کنند. این از نظر ما محکوم به اعدام است و اعدامش هم می‌کنیم و ما این حرکت را پوشیده نمی‌گذاریم البته وقتی می‌گویم ما منظور من نظام ماست من که مسئول قوه قضاییه نیستم."[۱۶۲]

این ادعا دروغی عمدی بود، همان‌گونه که ادعای موسوی در مصاحبه‌ای در همان ماه با تلویزیون اطریش دروغ بود،[۱۶۳] و همان‌گونه که ادعای موسوی اردبیلی، رئیس شورای

"زندگی را زیبا می‌بینم. آنگاه از زشتی‌ها و بدی‌ها سخن خواهم گفت که مجبور باشم. من زندگی را دوست دارم. زیبایی‌ها را دوست دارم و زیبایی زندگی را در تو می‌بینم. من تو را دوست دارم."

بسمه تعالی
شماره
تاریخ
نام و نام خانوادگی:
آدرس فرستنده:
(پاسخ پشت صفحه نوشته شود.)

نامه از عباسعلی منشی رودسری به همسرش، زندان اوین، آموزشگاه کچوئی، سالن -۶ اتاق ۸۸، تاریخ ۹ فروردین ۱۳۶۶

عالی قضایی، در آذرماه دروغ بود که گفته بود مجاهدین به خاطر حمله به نگهبانان زندان اعدام شده‌اند. درست است که در برخی از بندهای زندان مجاهدین به رادیوهای ترانزیستور دسترسی داشتند و می‌توانستند با آن‌ها ایستگاه رادیویی مجاهدین را بگیرند. امّا، چنین کاری «تماس»ی آن گونه نیست که هرگز بتواند اعدام کسی را توجیه کند. اسنادی که بر اساس آن بتوان کسی را به جاسوسی و یا برقراری ارتباط با دشمن متهم کرد وجود ندارد و حتّی ادعای محاکمهٔ کسی در دادگاه به این جرم هم مطرح نشده است. هیچ سندی دال بر اینکه زندانی‌ها [هنگام رویارویی با کمیتهٔ مرگ] متهم به جاسوسی یا ارتباط با دشمن شده باشند وجود ندارد، از آن‌ها حتی در این مورد سؤالی نیز نشده بود.

روایت‌های اعضای خانوادهٔ زندانیان دربارهٔ رفتار بی‌رحمانهٔ مأموران با آن‌ها هنگامی که خواستار اطلاعاتی دربارهٔ مرگ زنان و شوهران یا پسران و دخترانشان می‌شدند همه همخوان و باورکردنی‌اند. به عنوان نمونه:

> خانواده‌ها روز جمعه هر هفته در آنجا *[خاوران]* جمع می‌شدند. روز جمعه وسایل را به من دادند. من جمعه بعدی به خاوران رفتم. دیدم خاوران یک محوطه خالی و متروکه است که در قسمت راست آن بهائیان دفن شده‌اند. در قسمت چپ آن زندانیان سیاسی اعدام شده از اوایل سال‌های ٦٠ دفن شده بودند. قبل از اعدام‌های دسته جمعی ٦٧ دو تا کانال بزرگ را در آنجا کنده بودند. زمانی که من به آنجا رفتم کانال‌ها پر شده بودند. ولی برجستگی آن کاملا مشخص بودند. آن قدر آن‌ها را سطحی دفن کرده بودند که گاهی بقایایی از استخوان، پارچه لباس، دمپایی و شانه سر... روی زمین افتاده بود. اجازه نداشتیم به خاک دست بزنیم و یا بنشینیم. خانواده‌های زیادی آنجا بودند و سر پا ایستاده بودند. نیروهای امنیتی خیلی زیاد پیاده و سواره در آنجا بودند. چند ماشین سپاه هم بیرون محوطه بود. من برآمدگی کانال‌ها را می‌دیدیم که از آن بوی شدید تعفن می‌آمد. ...
>
> تقریبا همه خانواده‌ها و بیشتر اقوام درجه یک روزهای جمعه هر هفته به خاوران می‌آمدند با گل‌های فراوان و رنگارنگ و قاب عکس‌های فرزندان و یا همسرانشان که بارها در طی مراسم مختلف قاب عکس‌ها شکسته و یا ضبط شده بود. و همچنین تعداد خیلی زیادی ماموران امنیتی با لباس پاسداری و یا لباس شخصی قاطی جمعیت در آنجا بودند و دایم تهدید می‌کردند که آنجا را ترک کنند.
>
> خانم سپیده (نام مستعار)[۱۶۴]

> بعد از ۳ ماه درها باز شد و توانستیم ملاقات داشته باشیم. من وقتی مادرم را در ملاقات دیدم، گریه می‌کرد. پرسیدم «رحمت هم اعدام شده؟» گفت: «آره اسمش تو اعدامی‌هاست.» ... وقتی زندانیان دسته دسته به ملاقات می‌رفتند، یاد جمله آن پاسدار افتادیم که گفت «کاری می‌کنیم خنده‌هاتون قطع بشه.» و خنده‌ها واقعاً قطع شد. غم خیلی زیادی فضا را گرفته بود. ... ولی ما اصلاً حد و حدود اعدام‌ها را نمی‌دانستیم. خبرها به طور تدریجی می‌رسید. هر بار که خانواده‌ها به ملاقات می‌آمدند خبر می‌دادند. ... دفعه بعدی ملاقات، مادر همسر من آمد. ... من گریه می‌کردم. ... مادر همسر من رفته بود دنبال حلقه ازدواج پسرش. ضمناً اینکه می‌خواست که محل قبرش را به او نشان بدهند. رئیس زندان گفته بود که «ما به این شرط آن حلقه را پس می‌دیم و جای قبرو نشون می‌دیم که شما بنویسین که رحمت خودکشی کرده.» ... روزی به والدین رحمت تلفن کردند و از آن‌ها خواستند که به زندان بیایند. آن‌ها فکر کرده بودند که با رحمت ملاقات دارند ولی در عوض ساکش را به آن‌ها تحویل دادند. ... سه تا پولیور بود که من در زندان برایش بافته بودم. دو سه تا لباس بود. کتابی از نویسنده‌ای که به خاطر ندارم در این ساک جاسازی شده بود... مادر رحمت می‌رفت خاوران. بعد از اینکه من از زندان آزاد شدم، ما با هم می‌رفتیم. ... برای من خیلی مهم بود که به خاوران بروم. ... ولی من نیاز داشتم که قبر رحمت وجود داشته باشد. من وقتی رفتم خاوران، درست است که قبر جمعی بود ولی من واقعاً دنبال قبر رحمت می‌گشتم. ... ماموره‌ا می‌آمدند و به هم می‌ریختند. لباس‌های شخصی داشتند. داد و بیداد می‌کردند. گل‌هایی که می‌کاشتیم، آن‌ها را لگد می‌کردند. فحش می‌دادند. پراکنده می‌کردند. دستگیر می‌کردند. می‌بردند، برای اینکه نباید جمع شد.
>
> مریم نوری[۱۶۵]

مسئولین در یکی دو ماه نخست کشتار زندانیان را تکذیب می‌کردند. بسیاری از خانواده‌ها تصور می‌کردند فرزندان‌شان را به مکان دیگری تبعید کرده‌اند. بعد از رفت و آمدهای زیاد، ماموران زندان و یا ماموران وزارت اطلاعات خبر را به خانواده‌ها رساندند. به این صورت که یک کیسه پلاستیکی دادند و گفتند این وسایل بچه شماست. او منافق و ضدانقلاب بود و شما حق سر و صدا و مراسم سوگواری ندارید. اعدام‌شدگان را شبانه و مخفیانه خاک کردند. احتمالاً عدّه‌ای را در گورهای جمعی در انتهای قبرستان شیراز که به لعنت آباد معروف است، خاک کرده‌اند. عده‌ای را هم در قبرستان شهر و در میان قبرهای معمولی جا داده‌اند (از جمله آن‌ها جواد ایزدی است) و به خانواده‌ها اجازه داده‌اند که روی سنگ قبرشان فقط نام و تاریخ تولد را بنویسند.

جهانگیر اسماعیل‌پور (اسم مستعار)[۱۶۶]

اصغر... عضو گروه مخفی نوید بود. [این گروه چند سال قبل از انقلاب تشکیل یافت و یکی از شاخه‌های حزب توده بود.] ... بعد از انقلاب... مدیر فنی کارخانه جهان چیت کرج شد. ... اصغر در اتاق آزادی بود. بین خود زندانیان این اصطلاح بود که می‌گفتند اتاق آزادی؛ همان بند ملی‌کش‌ها بود. ...

روز ۵ آذر ۱۳۶۷ به من زنگ زدند. یک آقایی که خودش را معرفی نکرد، گفت: «همراه با یک مرد فردا ساعت ۳ به در بزرگ لونا پارک مراجعه کنید.» ما قبلاً آنجا جمع می‌شدیم و بعد از گرفتنِ کارت ملاقات و بازرسی با مینی بوس برای ملاقات به اوین می‌رفتیم. اما این بار که به آنجا رفتیم، دیدیم تعداد دیگری از خانواده‌ها هستند و آنجا فقط به ما یک ساک دادند و گفتند: «همسر شما اعدام شده است.» ما پرسیدیم که چرا. گفتند: «این‌ها مرتد بودند.» ... وقتی خبر اعدام اصغر را دادند، پرسیدم «چرا او را کشتید؟» گفت: «مرتد بود.» و وقتی وصیت‌نامه از او خواستم، گفت: «مرتد که وصیت‌نامه ندارد. وصیت‌نامه مال مسلمان‌هاست.» بعد من گفتم: «محل دفنش کجاست؟» گفت: «بعداً به شما خبر می‌دهیم.» هر چه ما مراجعه می‌کردیم جوابی به ما ندادند. الآن ۲۱ سال از آن گذشته است. ولی ما خودمان جستجو کردیم و حدس زدیم. آن اوایل این قدر سطحی خاک کرده بودند که هنوز تکه‌هایی از لباس‌ها پیدا بود. ما رختخواب و پتوهای خون آلوده که در گوشه و کنار خاوران پرت شده بود، را می‌شناختیم. پتوها طوسی رنگ بود.

"یک تکه سنگ توی حیات پیدا کردم و برای مدت یک سال ساعت‌ها آن را روی زمین سابیدم."

حکاکی روی سنگ توسط یکی از بازماندگان کشتار زندانیان سال ۱۳۶۷. او ماجرای این حکاکی را طی مصاحبه‌ای در آبان ۱۳۸۸ چنین بازگو می‌کند:

"در بند زندگی جریان نداشت. هیچ چیز واقعی نبود. به نظر می‌رسید که از مرگ بازگشته بودیم. یک روز ما را به بند دیگری منتقل کردند... اتاق شبیه منطقه جنگی بود. کیسه‌ها، لباس‌ها، دم پایی‌ها و وسایل شخصی در سرتاسر بند چنان پخش و پلا بودند که انگار به زندانیان حمله کرده بودند و یا اینکه چنان با عجله بیرون رانده شده بودند که وقت جمع کردن وسایل یا عوض کردن لباس نداشتند... نامه‌ای روی زمین پیدا کردم. نامه‌ای بود که یک زندانی به همسرش نوشته بود...

نامه با یک طرح کوچک از یک مرد و زن که به کوهستان نگاه می‌کردند، تمام می‌شد... من یک تکه سنگ توی حیات پیدا کردم و برای مدت یک سال هر بار که به حیات می‌رفتیم، ساعت‌ها آن را روی زمین سابیدم تا کوچک و نرم شود. نگهداری آن تصویر تنها چیزی بود که به آن فکر می‌کردم. یک سوزن داشتم که با استفاده از آن طرح نامه را روی سنگ حک کردم."

... من یک پتو آنجا دیدم که خونی بود. آن موقع که دیدم مچاله و خشک شده بود. من چند نفر دیگر را صدا زدم که ببینند ولی حالمان بد شد. ما به عنوان خانوادهٔ قربانیان همه یک خانواده بزرگ تشکیل داده بودیم. با هم به خاوران می‌رفتیم، رابطهٔ نزدیک و عاطفی برقرار کرده بودیم. مراسم سالگردها را با هم می‌گرفتیم. من خودم دو بار در رابطه با مراسم سالگردها دستگیر شدم. ... یک بار

از من پرسیدند: «چرا این قدر شلوغ می‌کنی؟» گفتم: «شما همسر من را با حکم دوسال اعدام کردید.»

رضوان مقدّم، از گروه نوید[۱۶۷]

چند ماه بعد خانواده‌ها را به جلوی زندان فرا خواندند. نفس‌ها در سینه‌ها حبس بود، همه می‌خواستند بدانند چه بر سر عزیزانشان آمده است. کسی را یارای بر زبان راندن کلامی نبود، همه پریشان، در فضایی پُر التهاب. در هاله‌ای از امید و انتظار، چشم بر دهان مسئولین زندان دوخته بودند. اسامی چند زندانی خوانده شد. از خانواده‌های آن‌ها خواسته شد، کنار یکدیگر بایستند. بغض بر گلوی همه چنگ انداخته بود. نگاه‌های کسانی که نام زندانی شان خوانده شده بود در نگاه‌های بقیه گره خورد. هیچ کس نمی‌دانست اسامی خوانده شده، جزو قربانیان هستند یا جزو باقی ماندگان. لحظه به لحظه بر التهاب جمع افزوده می‌شد. صدای رئیس زندان جمع را به خود آورد.

اسامی دیگری خوانده شد و از خانواده‌های آن‌ها خواسته شد جلو بروند. به هر کدام کاغذ کوچکی تحویل دادند. روی کاغذ تاریخ دریافت ساک‌های قربانیان نوشته شده بود. ناگهان بغض‌ها ترکید و فاجعه عریان‌تر از مرگ بر سر خانواده‌ها آوار شد. پس از سال‌ها در به دری بر در زندان‌ها، تنها تکه کاغذی بر جای مانده بود؛ در دست‌های مادری داغدار، پدری غمگین، همسری سوگوار و فرزندی بی‌قرار. از همه نشانی‌ها تنها نشانی گوری باقی مانده بود.

احمد موسوی، از سازمان فدائیان خلق (اقلیت)[۱۶۸]

در مشهد تا آنجا که می‌دانم به هیچ کسی اطلاع ندادند. خانواده‌ها هفته‌ها و ماه‌ها پشت در زندان، دادستانی و اطلاعات چشم به انتظار بچه‌ها بودند. هیچکس نمی‌خواست باور کند که عزیزش اعدام شده. تا ماه‌ها به خانواده‌ها می‌گفتند بچه‌ها را «اعزام» کردیم. حالا کجا، معلوم نبود. شوهر خواهرم، امین نجاتی محرمی، یکی از اعدام شدگان بود. ماه‌ها به خواهرم می‌گفتند که ما او را اعدام نکرده‌ایم، آن‌ها اعزام شده‌اند. ... پدر یکی از دوستانم که دو فرزندش اعدام شدند، کارمند شهرداری مشهد بود. مسئول مرده شویخانه بهشت رضا که او را می‌شناخت گویا با ایشان تماس گرفته بود که اینجا دو بچه هستند که نام خانوادگی شما را دارند که بعدا آن‌ها را در قسمت «لعنت آباد» که قطعه جداگانه‌ای برای اعدام‌شدگان بود به خاک سپرده بودند. این پدر گویا از اولین کسانی بود که از ماجرا خبردار شده بود و کم کم خبر در سطح دیگر خانواده‌ها پخش شد. بسیاری اما هنوز باور نمی‌کردند. به هیچکس محل دفن را اطلاع ندادند. اما همان قطعه معروف به «لعنت آباد» جایی است که احتمالا بیشتر بچه‌ها را در آنجا به خاک سپرده‌اند. آنجا تنها جایی است که خانواده‌ها بر مزار فرزندان و عزیزان خود هر هفته هنوز می‌گریند و تصورشان بر آنست که عزیزان آن‌ها در آنجا به سینه خاک سرد با آرزوهای جوانی خوابیده‌اند.

رضا فانی یزدی[۱۶۹]

آزاد کردن زندانیان جان به در برده -زنان چپگرا، مرتدّان اصلاح شده و برخی از مجاهدان توبه کرده- از اسفند ۱۳۶۷ آغاز شد و چندسالی به درازا کشید. بخشودگی برخی از زندانیان، به مناسبت دهمین سال انقلاب، آغازگر این دوران بود. برخی از زندانیان آزاد شده، روحیه باخته و بیمناک از فردای خود، توانستند ایران را ترک کنند و به تدریج به روایت آن‌ها بپردازند، گرچه در این روایت‌ها گاه صراحت بیان از ترس رنگ می‌بازد؛ ترس نه تنها از انتقامجویی رژیم از خویشان و نزدیکانی که در ایران مانده‌اند، بلکه ترس از آدمکشانی که جمهوری اسلامی برای ترور مخالفانش در آن سوی مرزهای ایران بسیج می‌کند.

جلّادان داوطلب خمینی در کشتارها به مقامات بالا در نهادهای سیاسی و قضایی رژیم رسیدند و برخی از آن‌ها همچنان بر سر کاراند. بسیاری از هم اینان به مقابله با نسل تازه‌ای از مخالفان و منتقدان رژیم برخاسته اند گرچه برخی از آنان (مانند موسوی) به رهبری جنبش اعتراضی نسل جوان و ناراضی پرداخته اند. غایب سرشناس از میان عاملان کشتارها لاجوردی «قصّاب اوین» است. هم او بود که می‌گویند دختران مجاهد را وادار می‌کرد به «عقد» پاسداران انقلاب درآیند زیرا در اسلام کشتن دخترِ باکره مانع شرعی داشت.[۱۷۰] لاجوردی پس از کنار رفتن از ریاست زندان اوین به شغل پیشینش در بازار پرداخت و چندی بعد نیز در مقابل دکان پارچه فروشی‌اش، در دهمین سالگرد کشتارها، به ضرب گلولهٔ مجاهدین کشته شد.[۱۷۱]

۹. پرسش‌های بی‌پاسخ مانده

دو پرسش کمابیش مهم حقوقی دربارهٔ نیت طرّاحان و مجریان کشتارها را، تنها بر پایهٔ داده‌ها و مدارک ارائه شده در فصل‌های پیشین، پاسخی روشن نمی‌توان داد. پرسش نخست این است که آیا کشتار زندانیان سیاسی را مدت‌ها پیش از حملهٔ «فروغ جاویدان» برنامه ریزی کرده بودند و این حمله تنها فرصت مناسب را برای از بین بردن اعضای سازمان مجاهدین خلق برایشان فراهم کرد. پرسش دوّم این است که هدف اصلی از کشتار حذف مخالفان سیاسی بود یا از بین بردن معاندان مذهبی یعنی کسانی که، به هردلیل، با اسلام دولتی مخالف بودند.

پاسخ به این دو پرسش مرتبط با ساختار مذهبی حکومتی است که خمینی طرّاح و رفسنجانی و معمّمین متنفذ دیگر معمارش بودند، یعنی ولایتِ فقیه و حاکمیتِ ولی.

باید پذیرفت که متهم کردن هر حکومتی به برنامه ریزی قبلی، برای ارتکاب جرمی ننگ‌آور چون کشتار هزاران تن از زندانیانش، واکنشی غریزی بر می‌انگیزد، به ویژه اگر اغلب زندانیان دانشجویان آرمان‌گرا باشند و نه مخالفان مسلّح و نیز اگر چنین جنایتی تنها به قصد حذف کسانی ارتکاب شود که گناهشان نپذیرفتن مذهب دولتی باشد. تحلیل دیگر این است که فتوا به قصد انتقامجویی وحشیانه در برابر حملهٔ مجاهدین، آن هم به حمایت صدام، بود. امّا، ادامهٔ کشتار پس از پایان جنگ با عراق، و جاری کردن مجازات اسلامی بر چپگرایان و کمونیست‌های مرتدی که ممکن بود صلح [در جامعه را] مختل کنند، برای رهبر پیر و محتضر وسوسه‌ای مقاومت ناپذیر بود. چنین تحلیلی با داده‌ها و واقعیات نیز سازگار به نظر می‌رسد به ویژه از آن رو که مدارک روشنی در دست نیست که ثابت کند برنامه ریزی برای کشتار پیش از صدور فتوای ششم مرداد ۱۳۶۷ صورت گرفته است.

جان به در بردگانی که به مصاحبه با ما تن در داده‌اند، بر پایهٔ اطلاعاتی که پس از آزادی از زندان به دست آورده‌اند، معتقدند که طبقه بندی‌ها، مصاحبه‌ها و پرسشنامه‌هایی که در سال قبل از کشتار جریان داشتند، همراه با نقل و انتقال زندانی‌ها، همگی مقدمات اجرای «راه حل نهائی» بودند. به عنوان مثال:

> حدود ۷ ماه قبل از کشتارها، زندانبان به سالن ۵ آمد. پاسدارها ما را در داخل اتاق‌ها کردند و در را بستند. زندانبان فرمی را توزیع کرد. ... در این ورقه‌ها نوشته شده بود «مشخصات فردی» به علاوه «اتهاماتی» که از روز اول داشتیم و به خاطرش حکم داده بودند. زیر ورقه را باید امضا می‌کردیم. باید می‌نوشتیم که نام و جرممان چیست. ما مجاهدین مشکلی داشتیم که مثلاً چپ اقلیتی نداشت. می‌نوشت «چپ اقلیت». ولی ما باید می‌نوشتیم «منافقین» یا «سازمان» یا «سازمان مجاهدین.» در واقع به نحوی مواضعمان آشکار می‌شد. من خودم اسم و مشخصاتم را نوشتم، ولی به این سوال‌ها پاسخ ندادم. کاغذ را سفید پس دادم. ... هر از گاهی، زندانی را به اسم بهداری صدا می‌کردند که زندانی‌های دیگر متوجه نشوند. ... بعد در اواخر بهمن ٦٦ یا اوایل اسفند ٦٦، به عنوان بهداری، مرا صدا زدند. ... من اصلاً اطلاع نداشتم؛ اسمم اصلاً برای بهداری نرفته بود. هیچ مشکلی نداشتم که به بهداری بروم. مرا خواندند و چشم‌بند زدم که به ساختمان بهداری بروم.

> **"برای من مثل این بود که ما را کشتند و حالا بازگرداندند... وقتی آمدم بیرون [از زندان] همان حالت مرده را داشتم. ... نمی توانم بگویم خوشحال بودم که آزاد شده‌ام. برایم مفهومی نداشت آزادی. قبلاً وقتی مرخصی داشتم خوشحال می شدم خیابانها را ببینم... بعد از ۱۳۶۷ از نظر خودم من مرده بودم. خیلی سخت بود. ..."**
>
> شهادت یکی از بازماندگان کشتار ۱۳۶۷ که در هفده سالگی در تهران (۲۰ خردادماه ۱۳۶۰) بازداشت شد و در زندان های گوهردشت و قزل حصار در حبس بود.

بازجوی من یک نفر بود و زمانی نام داشت. ... در واقع این زمانی مسئول اطلاعات اوین بود. ... این آقا همیشه بوی عطر و ادکلن می‌داد. کاملاً مشخص بود که آدم به اصطلاح «واکس‌زده‌ای» هست. با لباس‌های ترو تمیز می‌گشت. علیرغم اینکه افراد دادستانی لباس‌های کثیف و کارگری به تن داشتند. ... از من خواست که وارد اتاقش شوم. ... اتاق به شکل دفتر بود و یک میز داشت. من روی صندلی نشستم. ... شروع کرد از سیاست حرف زدن. ... در آخر همه حرف‌هایش باز گفت که «شما حالا در زندان تشکیلات و خط و خطوط دارین. ما می‌دونیم در سالن شما تشکیلات وجود داره. تشکیلات و رابطه شما چه جوری بوده؟» ... من وارد بحث نمی‌شدم چون مدل گفتگو را یک گفتگوی شیطانی می‌دانستم. بنابراین می‌گفتم «من هیچ اطلاعی ندارم و از تشکیلات خبری ندارم. مواضع افراد رو من نمی دونم چیه. مطلقاً خبر ندارم.» من با سکوتم جلوی بحث را می‌گرفتم. من مطلقاً هیچ چیز نمی گفتم. بعد مستقیم می‌پرسید «در زندان چه خبره؟ در آموزشگاه سالن ۵ که هستی؟ از تشکیلات بند بگو...» می‌گفت که «ما می‌خوایم این تشکل رو

"[هنگامیکه دوباره پس از کشتار اجازهٔ ملاقات دادند] مادرم آمده بود ملاقات. خیلی با وحشت آمده بود. می‌گفت: تا حالا چند بار آمدم اینجا به من [اجازه] ملاقات ندادند. بعد می‌گفت که آن‌هایی که می‌آمدند اینجا تقاضای ملاقات می‌کردند به آنها یک ساک می‌دادند یا یک پلاستیک می‌دادند می‌گفتند: مال بچه شماست. برو. به یک سری [از خویشان زندانیان] هم که اصلاً جواب نمی‌دادند. می‌گفتند: «اینجا نیست و جایش عوض شده.» و دروغ می‌گفتند. .. به یک سری دیگر هم یه ساک کوچولو یا یک پلاستیکی که شامل یک سری وسایل شخصی بوده می‌دادند... مادر من هم در واقع خیلی مضطرب بود. گفت: «باورم نمی‌شود که زنده هستی. خیلی‌ها را کشتند. خیلی‌ها نیستند.»"

شهادت سیف الله منیعه که در هفده سالگی در تهران بازداشت شد (۷ مهر ۱۳۶۰)، و به ۱۲ سال زندان محکوم شد.

شناسایی کنیم. تو کجای این تشکیلات قرار داشتی؟» به من القا می‌کرد که «تو تشکیلاتی بودی و رابطه‌ات هم با بیرون از زندان به شکل تشکیلاتی برقرار بوده.» در واقع می‌خواست من به عنوان یک نفر که در این تشکل وجود دارم و تشکیلاتی هستم و عضوی از این تشکیلات درون زندان هستم، توضیح دهم که کجای این تشکیلات قرار دارم؛ در رأس تشکیلات چه کسی است؛ معاون چه کسی است؛ خودم چه کاره‌ام. تأکید داشت که شما در مجموع آدم‌های ضعیفی هستید و ما مقاومت شما را می‌شکنیم. ...

دوباره روز بعد مرا صدا کرد. آن روز، زمانی شروع کرد به تهدید کردن. بحث‌های سیاسی در مورد مواضع ما را کنار گذاشت و اولین کاری که کرد این بود که از کشوی میزش یک کابلی بیرون آورد. چند مدل کابل داشت. شروع کرد با کابل‌ها مرا زدن. ... کابل را به طور ایستاده رو سر و بدنم می‌زد. خیلی وقت‌ها من به خاطر ضربات کابل می‌نشستم. بعد کابل زدن قطع می‌شد و شروع می‌کرد به حرف زدن. بعد از چند روز من متوجه شدم که از یک دستگاهی صدایی می‌آمد. فهمیدم که او داشت صدای مرا در بازجویی ضبط می‌کرد.

با وجود تمام حرف‌هایی که زمانی می‌زد و سؤال‌هایی که می‌کرد، احساس کردم چیزی از روابط ما در این سالن نمی‌داند. نمی‌توانستم حرف‌های او را با اطلاعاتی که خودم از سالن داشتم، انطباق دهم. به طور کلی حرف می‌زد. به طور کلی از تشکیلات می‌گفت و با کابل مرا می‌زد.

طی دو ماهی که در انفرادی زیر بازجویی بودم دایم مرا به دفتر زمانی می‌بردند؛ گاهی یک روز درمیان، گاهی هر روز. ... یک رفتار تدریجی بود. ... در واقع درد شکنجهٔ روز اول، هر روز تکرار می‌شد. ... تخریب روان به شکل تدریجی و اعمال شکنجه روزانه... این اضطراب روح و روان آدم را تخریب می‌کند. ... اول از من می‌پرسیدند که «تو کجای این تشکیلات قرار گرفتی؟» دست آخر به من تحمیل کردند که «تو تشکیلاتی بودی و با بیرون از زندان هم به شکل تشکیلاتی رابطه داشتی.» در طول روزهایی که من در انفرادی بودم، زندانیان هم‌پروندهٔ من که قبل از من بازجویی می‌شدند، بازجویی‌شان در حال اتمام بود یا اینکه تمام شده بود. من از آخرین نفرهایی بود که بازجویی داشتم. زمانی صداهای ضبط شده آن‌ها را برای من پخش می‌کرد ... حتی فیلم‌هایی هم از این‌ها برای من پخش کرد. بحث دیگری وجود نداشت. من کابل می‌خوردم و باید قبول می‌کردم که تشکیلات وجود دارد و در مقابل دوربین اعتراف کنم که وجود دارد.

ولی واقعاً تشکیلاتی وجود نداشت. واقعاً دستورهایی از بالا به پایین وجود نداشت. واقعاً هم من یک رابطه تشکیلاتی با هیچکی نداشتم. این رژیم، رژیمی است که درک درستی از هیچ جای اجتماع ندارد. زندان هم یک اجتماع است. زندانبان‌ها رفتارهای اجتماعی درون زندان را نه از نظر روانشناسی، نه موقعیت زندگی، نه موقعیت تاریخی زندان درک نمی‌کردند. ... ما یک رابطه صنفی داشتیم و منسجم شده بودیم که رابطه صنفی خودمان را حفظ بکنیم. ... همیشه زندانی‌ها با هم یک مسائل مشترک دارند... مثلا اگر سالن غذاخوری می‌داشتیم، همه باید با هم می‌رفتیم. همه این‌ها با هم می‌شد تشکیلات. مقاومت جمعی می‌شد تشکیلات. اگر همه با هم بگویند «ما حاضر نیستیم تواب شویم؛ مزدور و یا خود باخته شویم» این مقاومت در برابر خواسته‌های آن‌ها می‌شد تشکیلات. زندانیان همه یک منافع مشترک دارند. خواسته‌های مشترک دارند. می‌خواهند زندگی کنند. ... اگر بخواهند اتاق را تمیز و جارو کنند یا دستمالی بکشند، زندانبانان به همه این رفتارها می‌گفتند تشکیلات. ... بعد از دو ماه عذاب و شکنجه، از من خواستند به صورت ویدیویی مصاحبه کنم. گفتم نمی‌کنم. یک هفته آخر فشار چندین برابر شد. زمانی هر روز می‌برد، می‌زد و می‌آورد. من باید تسلیم می‌شدم. باید حرف‌هایی را می‌زدم. بعد روی یک کاغذی نوشت و گفت «بایستی تو اینو توی اعترافت بخونی. که تو رابطه تشکیلاتی داری و تو ارتباطت با بیرونه.» یعنی من باید اعتراف می‌کردم که مسئول ارتباط زندان با بیرون هستم. خودش داستانی درست کرده بود که من در زمان ملاقات با بیرون ارتباط دارم. در حالی که من فقط با مادرم ملاقات داشتم و او هم مخالف مجاهدین بود.

سیف الله منیعه، هوادار سازمان مجاهدین خلق[۱۷۲]

در تابستان ٦٤ که من در بند مجرد ٤ قزل حصار بودم، یک روز معصومی که از «کادر آموزشی» بود، به بند ما آمد. او و شریعتمداری کارهای سیاسی و تبلیغاتی می‌کردند، به قول خودشان «کارهای روشنگری در رابطه با جریانات سیاسی». احتمالاً در اواخر تیر یا مرداد بود. هوا گرم بود. ... وی وارد بند شد و ته بند نشست. از قضا ۷ یا ۸ تا از زندانیان ازجمله خود من رفتیم و کنارش نشستیم. او شروع کرد به صحبت کردن. ... مطرح کرد که «ما مسئله مون اینه که تو زندان ببینیم که بچه‌هایی که توی زندان هستن دارای چه وضعیتی هستن. ما به این نتیجه رسیدیم که سه تیپ زندانی داریم. یکی تیپ کسانی هستند از جریانات سیاسی شون بریدن و با ما دارن تا اینجا همکاری میکنن. که به اصطلاح، شما بهشون میگین توابین. یک تیپ کسایی هستن که به اصطلاح از جریانات سیاسی‌شون بریدن ولی با ما هم نیستن؛ می‌خوان برن پی زندگیشون. یک تیپ هم کسانی هستند که نه تنها از جریانات سیاسی‌شون نبریدن، بلکه حتی علیه ما هستن. ما می‌خوایم این سه تا تیپ رو شناسایی بکنیم و با هر کدوم برخورد خاص خودشون رو بکنیم. اون‌هایی که بریدن و تواب هستن که خوب هیچی آزاد می‌شن می‌رن. اون‌هایی هم که می‌خوان برن واقعاً دنبال زندگیشون دیگه دنبال سیاست نمی‌خوان باشن ولی با ما هم نیستن، از نظر من اینام باید برن دنبال زندگیشون. ما می‌خوایم با اون تیپ سوم برخورد خاص خودشون باهاشون بکنیم.» این دقیقاً عین جملاتی است که او به کار برد. ... او سعی می‌کرد وارد بحث‌های سیاسی شود، مثلاً موضع‌گیری‌های خودشان با چپ و یا مجاهدین، اینکه مجاهدین به عراق رفته‌اند و قصد دارند با صدام ائتلاف کنند؛ راجع به موضع گیری‌های چپ. ... در سال‌های ٦٥ تا ٦٦ که ما در اوین بودیم، هر چند وقت یک بار ما را می‌بردند به دفتر وزارت اطلاعات در اوین و یک سری پرسش‌های سیاسی و فکری از ما می‌پرسیدند.
...

در این یک سال خود من یک بار رفتم. بعد از عید، در بهار ٦٦ مرا بردند. آن روز من و چند نفر دیگر را صدا کردند، ما چشم‌بند زدیم و رفتیم بیرون. یک پاسدار ما را می‌برد به آن ساختمان. آنجا نشستیم یکی یکی صدایمان می‌کردند. داخل اتاق، فرم‌ها را جلویمان گذاشت. هر کی دلش می‌خواست پاسخ می‌داد، هر کی هم دلش نمی‌خواست پاسخ نمی‌داد. زندانیان عمدتاً می‌نوشتند «به دلیل تفتیش عقاید، به این سؤال‌ها پاسخ نمی‌دهیم.» سؤال‌های سیاسی و ایدئولوژیک می‌پرسیدند. مثلاً «نظرتون راجع به جمهوری اسلامی چیه؟ نظرتون راجع به آمریکا چیه؟ نظرتون راجع به فلان سیاست جمهوری اسلامی چیه؟ مثلاً سیاست نظام جمهوری اسلامی در مورد جنگ. نظرتون راجع به اسلام چیه؟» فکر می‌کنم سه صفحه بود. بین سؤال‌ها یک فاصله سفید چند سانتی بود که شما می‌خواستی بنویسی جا داشته باشی. راجع به فامیل، مشخصات خانوادگی و مسائل شخصی سؤال نبود. در مورد مسائل سیاسی بود. یادم نمی‌آید که در مورد اتهام یا موضع گیری در مورد گروه زندانی،

سؤالی بوده باشد. راجع به این بود که مثلا «جمهوری اسلامی رو قبول دارید؟ یا مثلاً جمهوری اسلامی رو چه جوری می‌بینید؟» چنین سؤالاتی مطرح می‌شد. بعد باید فرم را امضا می‌کردیم. اکثراً من جواب می‌دادم «به دلیل تفتیش عقاید حاضر نیستم بنویسم.» من به همین ترتیب نوشتم و فرم را پس دادم. گفت «بلند شو برو.» هیچ چیز خاصی هم نگفت. ... مأموران با اکثریت زندانیان برخورد خیلی ملایم داشتند... نه کتک می‌زدند نه چیز دیگری. هیچ عکس العملی نشان نمی‌دادند و خیلی طبیعی برخورد می‌کردند. ما تعجب می‌کردیم که چرا آن‌ها عکس العمل تندی نشان نمی‌دهند. پیش خودمان می‌گفتیم که «جمهوری اسلامی دمکرات شده که ما می‌گیم تفتیش عقایده، اینام خیلی راحت می‌پذیرن و هیچ عکس العمل تندی نشون نمی‌دن.»

حسین ملکی، از گروه فرقان[۱۷۳]

من را صدا کردند و به داخل اتاقی که هیئت مرگ بود بردند. وقتی از درب اصلی وارد می‌شدیم یک راهروی بزرگ و پهنی بود که انتهای این راهرو سمت راست یک اتاق بود که آنجا ما را برای محاکمه می‌بردند. وقتی وارد اتاق شدیم به من گفتند چشم بندم را بردارم. آنجا نیری؛ اشراقی یک آخوند عمامه سفید و ۲ لباس شخصی که فکرمی‌کنم از افراد وزارت اطلاعات بودند جمع شده بودند. من روی صندلی جلوی نیری و اشراقی نشستم. نیری اسم و فامیل و اتهامم را پرسید وقتی به او گفتم منافقین، او خیلی زود به یکی از آن لباس شخصی‌ها گفت آن برگه را بدهش برود بیرون از روش بنویسد. طرف دبه کرد و هی می‌گفت حاج آقا از فعالیت‌هاش داخل زندان بپرسید. او خیلی منافق است. اما نیری اصلاً به او گوش نکرد و گفت آقا وقت نداریم برگه را بدهید تا بره بیرون بنویسد. این برگه در واقع انزجار نامه بود مبنی بر اینکه مجاهدین خیلی‌ها را ترور کردند بهشتی را کشتند، ائمه جماعت را کشتند و علیه امت مسلمان شوریدند و از این دست مطالب. خلاصه من آمدم بیرون و همان لباس شخصی هم به دنبال من آمد؛ فهمیدم که او از افراد وزارت است و در جریان بازجویی من در سال ۱۳٦٦ تا ۱۳٦۷ می‌باشد. او خیلی گیر داد و خیلی چیزها را که قبلا نتوانسته بود از من بگیرد حالا می‌خواست بگیرد. ...

رضا شمیرانی، هوادار سازمان مجاهدین خلق[۱۷۴]

سؤال‌ها در مورد تشکیلات داخل زندان بود. می‌پرسیدند که چه کسی پیشنهاد اعتصاب غذا را می‌دهد؟ چه کسی سازماندهی می‌کند؟ تشکیلات داخل بند چیست؟ رده بندی تشکیلات چطور است؟ من جواب می‌دادم من که در همه اتاق‌ها نیستم که بدانم چه کسی شروع می‌کند؛ وقتی تصمیم گیری می‌شود، من از نتیجه کلی باخبر می‌شوم. در نتیجه شروع می‌کردم اتاق به اتاق به ترتیب حروف الفبا اسامی افراد هر اتاق را می‌نوشتم. بازجو می‌گفت «من که لیست اتاقا رو دارم. اونی که پیشنهاد داده کیه؟» من می‌گفتم چیزی در مورد نفر مشخصی نمی‌دانم؛ توضیح کلی می‌دادم. بازجو روی فرمی سؤال می‌نوشت و جلوی من می‌گذاشت. می‌گفت «پر کن». تو باید می‌نوشتی و آخر صفحه را امضا می‌کردی. بعد بازجو می‌رفت و دو سه ساعت بعد باز می‌گشت. بازجویی مربوط به تشکیلات زندان خیلی سخت بود. خیلی فشار آوردند و خیلی اذیت کردند. من تا آنجایی که می‌توانستم تحمل کردم. مرا ساعت ۵ صبح الی ۷ شب برای بازجویی می‌بردند و شب باز می‌گرداندند. یا مرا می‌زدند یا پشت در اتاق‌های شکنجه نگه می‌داشتند تا از شنیدن صدای شکنجه دیگران عذاب بکشم. من هم هر دفعه با پاهای باد کرده باز می‌گشتم. پس از مدتی به مقطعی رسیدم که دیدم از لحاظ جسمی کم میاورم. برای حفظ اطلاعاتم روزی در آذر ٦٦، به بازجو گفتم که همه اطلاعاتم را فردا خواهم داد. وقتی به بند بر گشتم به پاسدار گفتم که می‌خواهم حمام کنم و از او درخواست کردم که داروی نظافت برایم بیاورد. او قبول کرد. دو بسته داروی نظافت گرفتم که با خودم به سلول آوردم. آنجا دارو را خوردم که خودکشی کنم. بعد از پنج دقیقه شروع به استفراغ کردم. در دستشویی سلول استفراغ می‌کردم. استفراغ خیلی وحشتناکی بود. دوباره آن را خوردم. از سر و صدا پاسدار فهمید. خلاصه مرا به بهداری بردند. تمام داخل بدنم سوخته بود. تا ۱۰ روز وضعم خیلی بد بود. همان روز اول بازجو به دیدن من آمد. گفت: «چرا این کار رو کردی؟» گفتم: «من که گفتم چیزی نمی‌دانم اما تو هی می‌زدی من هم اطلاعات نداشتم بهت بدم.» گفت: «الکی تمامی اسامی آدم‌های بند را می‌دادی، ما که خودمان اسامی را داشتیم.» خوشبختانه این قضیه باعث شد که بازجویی من تمام شود.

رضا شمیرانی[۱۷۵]

با این همه، از نگهبانان یا مأموران زندان نیز مدرکی

به دست نیامده که ثابت کند «راه حل نهائی» در سال قبل از کشتار در دست برنامه ریزی بوده است. منتظری هم در خاطراتش برنامه ریزی قبلی را تأیید نمی‌کند اگرچه به احتمال بسیار، با توجه به ستیز نافرجامش با جناح تندروی رژیم، چنین برنامه‌ای را، اگر هم وجود داشت، با وی در میان نمی‌گذاشتند. وی، امّا، به یاد می‌آورد که «بعضی تصمیم گرفتند که یک‌باره کلک مجاهدین را بکنند و به اصطلاح از دست آن‌ها راحت شوند، به همین خاطر نامه‌ای از امام گرفتند...»[۱۷۶] وی پیش از آنکه «بعضی‌ها» را نام برد، و یا زمانی را که آن‌ها در تلاش گرفتن فتوا بودند مشخص کند، درگذشت.

بدون تردید، مدارک مربوط به طبقه بندی زندانیان به کمیته‌های مرگ یاری می‌داد که در بازجوئی‌های چند دقیقه‌ای خویش مجاهدین سرموضع و چپگرایان مرتد را شناسایی کنند. امّا این مدارک در طول سال‌ها تهیه شده بودند و از آن‌ها معمولاً برای هدف‌های نه چندان مرگبار هم استفاده می‌شد. برخی از گواهان به تهدیدهای تلویحی مأموران و نگهبانان زندان هم که در ماه‌های پیش از کشتار محسوس بود اشاره می‌کنند، امّا از نشانه‌های تمرین برای کشتار و یا از هشدار مشخصی سخن نگفته‌اند. از سوی دیگر، این نظر که کشتار مجاهدین ناشی از انفجار خشم حق به جانبانهٔ رهبران رژیم بود مشکل بتواند توضیح دهد که چرا ماشین مرگ، پس از یک توقف کوتاه، ناگهان علیه چپگرایان به حرکت افتاد، مگر آنکه بپذیریم از بین بردن همهٔ زندانیان مسئله ساز، هدف یک برنامهٔ از پیش طراحی شده بوده است.

واقعیت را ممکن است در پاسخ به پرسش دوّم یافت، یعنی در انگیزهٔ رژیم برای از بین بردن هر دو گروه و در ارزیابی رهبران رژیم از آن‌ها از نخستین روزهای انقلاب به بعد. از گفته‌های آیت‌الله خمینی، خطبه‌های نماز جمعهٔ رفسنجانی و بیانیه‌های مقامات قضایی و وزارت اطلاعات، چنین بر می‌آید که در دید آن‌ها مجاهدین و به دنبال آن‌ها نیروهای چپ محکوم‌اند نه تنها به خاطر دست زدن به فعالیت‌های تروریستی بلکه به علّت امتناع از پذیرفتن ایدهٔ جمهوری اسلامی دربارهٔ خدا و حکومت الهی. مجاهدین مسلمانان مؤمن بودند، اما مؤمن به خدایی که آن‌ها را به سوی جنگ طبقاتی، برادری و (آن چنان که بعدها ادعا کردند) حتّی دموکراسی هدایت می‌کرد. مارکسیست‌ها، امّا، اعتقادی به خدا و مذهب نداشتند. به این ترتیب هیچ یک از این دو گروه آمادهٔ اطاعت از خدا و به ویژه خدایی که انقلاب بر کرسی حکومت نشاند نبودند؛ خدایی که فرامین الهی‌اش را خمینی به زمینیان ابلاغ می‌کرد. بنابراین، هردو گروه مفسدان فی الارض بودند و مرتکب گناه قرآنی: محاربه با خدا. همان‌گونه که رفسنجانی و دیگر معمّمان سیاسی پیوسته در اوایل و میانه‌های دههٔ ۱۳۶۰ تأکید می‌کردند کیفر محاربان جز مرگ نبود.

این تحلیل به این اندیشه منجر می‌شود که کشتارها بیشتر از آنکه معرّف انحرافی غیرقابل پیش بینی و غیراصولی از ارزش‌های مسلط بر حکومت اسلامی باشند پیامد -پیامد تقریباً منطقی- حکومت اسلامی‌ای بودند که خمینی معمارش شد، البته پس از آنکه یاران و سپاهیانش، بختیار و بازرگان

"یکبار از فروشگاه [زندان] تقاضا کردیم به ما انجیر[خشک] بدهند. انجیر که می‌خریدیم آنرا می‌شستیم و تمیز می‌کردیم تا هر وقت که می‌خواستیم استفاده کنیم، مشکلی نداشته باشیم. یادمه انجیرهایی که آوردند و به ما فروختند انجیرهای پاک شده بود. بعد فهمیدم انجیرهای بچه‌هایی بود که اعدامشان کرده بودند. آنها را از توی بندها جمع کرده و بعد آورده بودند به ما دوباره می‌فروختند."

شهادت آقای حسین ملکی، که در نوزده سالگی بازداشت شد (۵ مهر ۱۳۵۹). وی محکوم به حبس ابد شد؛ حکمی که چندی بعد به ۸ سال زندان تخفیف یافت.

و بنی صدر، و در پی آنها هواداران لیبرال و سکولارش را، از صحنهٔ سیاسی ایران بیرون راندند. معجزه‌ای در کار جمهوری اسلامی برای حذف تدریجی و نظام مند مخالفانش نبود؛ کاری که انجامش در جنگ با عراق آسان‌تر شد؛ جنگی که احساسات ملی و میهنی ایرانیان را برانگیخت و سرکوب و حذف کسانی را

که ستون پنجم دشمن شناخته شده بودند برای آنان پذیرفتنی کرد. تحکیم قدرت از طریق حکومت یک حزبی، تعصّب، نابردباری و خودکامگی، پدیده‌هایی غیرعادی نیستند. در مسیر تحول این انقلاب، غیرعادی این بود که رهبرانش هر تفسیر دیگری از اسلام را مخرّب و فتنه انگیز می‌شمردند و ضرورت از بین بردنش را حکم الهی.

در عمل، معنای چنین مقابله‌ای این بود که مفسدان فی الارض، چه مجاهد و چه مرتد، نباید اجازهٔ بازگشت به جامعه داشته باشند تا بذر افکار الحادی خویش را در میان مردم، به ویژه جوانان، بپراکنند. در واقع، رهبران رژیم پیوسته افسوس می‌خوردند که چرا زودتر مانع پخش تبلیغات مسموم

"اما از یک طرف می‌دانستم که از چنگ آن‌ها درآمده‌ام، از طرف دیگر هم می‌دانستم تا وقتی در ایرانم همچنان در دست آن‌ها هستم. در زندان مستقیم می‌بلعند و در بیرون زندان می‌توانند دستگیرت کنند، فقط کمی طولانی‌تر می‌شود. با دفتر پیگیری و کنترل‌ها، ایران با زندان زیاد فرقی نداشت. وقتی از ایران خارج شدم احساس آزادی کردم."

شهادت یکی از بازماندگان کشتار ۱۳۶۷ که در دیماه ۱۳۶۳ زمانی که ۱۶ ساله بود، دستگیر و به ۸ سال حبس محکوم شده بود.

آنان در بین جوانان نشده‌اند. برای زندانیان سرسخت هیچ راهی برای برون رفت از این بن بست نبود، دقیقاً به همین دلیل بود که زندانیانی که دورهٔ حبسشان را تمام کرده بودند خطرناک‌تر از آن متصور می‌شدند که آزاد شوند. چنین سیاستی را وزارت اطلاعات در سال ١٣٦٤ اعلام کرده بود: «از این به بعد تا موقعی که ثابت نشود افراد واقعا نادم و تائب شده‌اند، از زندان آزاد نخواهند شد.»[۱۷۷] پرسش این بود که آیا زندانیان توبه نکرده و «اصلاح» نشده برای ابد در زندان خواهند ماند یا راه حل دیگری برایشان پیدا خواهد شد؟ این پرسش به احتمال قوی بین مقام‌های مسئول وزارت اطلاعات مورد بحث بوده است به ویژه هنگامی که معلوم شد که بسیاری از زندانیان مجاهد و چپگرا قادر نبودند صادقانه توبه کنند. کشمکش بین هواداران منتظری -ولو پشت پرده- از سویی و لاجوردی و دیگر تندروهای رژیم، از سوی دیگر، نیز بازتاب همین بحث‌ها بوده است. پیروزی گروه لاجوردی در اواخر سال ١٣٦٦ مقارن اوج گیری تلاش‌ها برای طبقه بندی زندانیان بر اساس دیدگاهشان نسبت به نظام دین سالار ایران بود. در اسفند ١٣٦٦، شرایط بخشودگی زندانیان اعلام شد: «اعضای احزاب ضد انقلاب» مشمول بخشودگی نخواهند شد مگر توبه آن‌ها برای دادستان، قاضی شرع و وزارت اطلاعات -همان کسانی که سه ماه بعد به عضویت کمیته‌های مرگ منصوب شدند- محرز شده باشد. پیامد منطقی -و منصفانه‌تر- بخشی از این اعلامیه این بود که «چنانچه زندانیان در هر مقطعی از محکومیت خود، متنبه گردیده باشند و خطری برای جامعه نداشته باشند، حتی اگر مدت زیادی از محکومیت آنان باقی باشد، باز مورد عفو قرار خواهند گرفت.»[۱۷۸] اهمیت قضیه در این است که بخشودگی زندانیان و شرایطش هنگامی مورد بحث و تصمیم گیری در ایران قرار گرفت که قطعنامهٔ آتش بس شورای امنیت سازمان ملل متحد در تیر ١٣٦٧ در دستور کار گذاشته شده بود و در نتیجه امکان پایان جنگ طولانی با عراق بیشتر از همیشه به نظر می‌رسید. محتملاً در این مدت سرنوشت زندانیان سیاسی مورد بحث قرار گرفته و هدف از طبقه بندی هم این بوده است که هنگامی که رهبر و مشاورانش به هر تصمیمی برسند اجرایش تسهیل شده باشد. به گفتهٔ برخی از زندانیان، آن‌ها از «طبقه بندی رنگی» در گوهر دشت باخبر بوده‌اند — رنگ سفید برای توّابان واقعی، رنگ زرد برای زندانیان سیاسی غیرفعّال و رنگ قرمز برای دشمنان رژیم.

به نظر می‌رسد که به احتمال زیاد هدف از این طبقه بندی تسهیل اجرای برنامه‌هایی بود که در نهایت امر برای حل مسئلهٔ زندان سیاسی طراحی می‌شد. این برنامه‌ها پیوسته مورد بحث سران رژیم بود، آن هم بر اساس این فرض که زندانیان توبه نکرده را در هیچ شرایطی نباید به جامعه برگرداند زیرا دوباره قصد فاسد کردنش را خواهند کرد. یک گزینه --که بدون تردید از سوی گروه تندروی لاجوردی حمایت می‌شد--

این بود که زندانیان سرموضع را اعدام کنند. آشکارا چنین برنامه‌ای تنها هنگامی قابل اجرا بود که منتظری به حاشیهٔ عرصهٔ سیاسی رانده شود. با انتشار خبر بیماری سرطان خمینی، دشمنان منتظری، به ویژه رفسنجانی و خامنه‌ای، بیشتر از پیش مصمم به فراهم آوردن مقدمات عزل وی شدند. به هر حال، اعدام زندانیان در چنین ابعادی نیاز به صدور فتوایی از سوی رهبر داشت که بتواند با لغو احکام قبلی قضات شرع دربارهٔ زندانیان سیاسی راه را برای محاکمهٔ دوبارهٔ زندانیان و صدور حکم اعدامشان باز کند. چنین فتوایی پس از عملیات مرصاد صادر شد. خمینی چنان از این حمله خشمگین شده بود که فتوا را به عنوان انتقام از سازمان مجاهدین خلق صادر کرد و نه به عنوان حکم اجرای «راه حل نهائی» برای ضد انقلابیان توبه ناکرده. این آخرین مرحله از راه حل «نهائی»، احتمالاً با فتوای دیگری که خمینی در اواخر مرداد یا اوایل شهریور ۱۳۶۷ صادر کرد تکمیل شد. به احتمالی، رضایتِ ناشی از اعدامِ بی‌سر و صدای هزاران تن از مجاهدین در صدور این فتوا بی‌اثر نبوده است. این احتمال البته از حد یک فرض بالاتر نمی‌رود امّا، در نبودِ اسناد و مدارک مستقیم، با تفسیری معقول از سخنان و اعلامیه‌های رهبران رژیم در این مرحله سازگار است. تصمیم به اجرای برنامهٔ کشتارها ممکن است مستقیماً از خشم ناشی از عملیات نظامی مجاهدین گرفته شده باشد، امّا، در عین حال می‌توان آن را بازتابی از اعتقادات درونی کسانی دانست که چون اسدالله لاجوردی باور داشتند که «ما اعدام و تعزیر می‌کنیم، چرا که بشر دوست هستیم.» برای این گروه از «مؤمنان واقعی» فرستادن محاربان با خدا به گورستان‌های بی‌نام و نشان در سراسر ایران راه را برای رسیدن به بهشت باز می‌کرد.

چنین فرضی به نوبهٔ خود پرسشی دیگر بر می‌انگیزد. هدف اصلی سران رژیم از بازجوئی‌ها و طبقه بندی‌ها پیش از اعدام زندانیان چه بود؟ آشکارا قصد اصلی بیشتر از آنکه تهی کردن کشور از کمونیست‌ها و مجاهدین سوسیالیسم زده باشد اجرای حکم اسلام در مورد کسانی بود که به خاطر خدانشناسی یا اعتقادات انحرافی خویش متهم به «محاربه با خدا» بودند. این قصد را به آسانی در لحن و واژگان فتوا می‌توان دید: به گفتهٔ خمینی «منافقین خائن به هیچ وجه به اسلام معتقد نبوده و هر چه می‌گویند از روی حیله و نفاق آنهاست... کسانی که در زندان‌های سراسر کشور بر سر موضع نفاق خود پافشاری کرده و می‌کنند محارب و محکوم به اعدام می‌باشند». آن‌ها را نه به خاطر اتحادشان با دشمن بلکه به دلیل اعتقادات مذهبی‌شان باید بدون محاکمه کشت. چپگرایان نیز باید به جرم انکار مذهب و خدا کشته شوند و نه به خاطر اعتقادات سیاسی‌شان. در عرصهٔ حقوقی اختلاف بین این دو اتهام اهمیتی ویژه دارد زیرا جرم از بین بردن گروهی از مردمان به خاطر اعتقادات مذهبی‌شان بسی خطیرتر از کشتن آدمیان به خاطر باورهای سیاسی است، گرچه این تفاوت از لحاظ منطقی پرسش انگیز به نظر می‌رسد. به هرحال چنین اختلافی در یک نظام دین سالار مصداقی ندارد.

۱۰. کشتارها و حقوق بین‌الملل

فتوا و دستور کشتار و شکنجه‌هایی که در فصل‌های پیشین تشریح شده‌اند از سوی رهبران رژیم جمهوری اسلامی صادر شده بود. برای من مسئلهٔ اصلی سازگاری این گونه دستورها با قوانین داخلی ایران نیست، گرچه آیت‌الله منتظری و سایر مراجع تقلید فتوا را یکسره مغایر با همهٔ قوانین کشور و آیین‌های دادرسی دانسته‌اند. فرض من این است که فقه اسلامی حقوق ویژه‌ای برای افرادی قائل است که به ارتکاب جرمی متهم شده‌اند، از جمله حق دادرسی در دادگاه و حق ایمن بودن از شکنجه. اگر این فرض درست است احکام فقه اسلامی نیز می‌باید در ۱۳۶۷ شامل حال متهمان و زندانیان شده باشد. آشکارا، وظیفهٔ دادگاه‌های ایران است که به این مسائل رسیدگی کنند. امّا، از آنجا که افرادی که در ۱۳۶۷ مأمور اجرای فتوا بودند امروز خود به مقامات بالای قضایی و دادرسی رسیده‌اند احتمال نمی‌رود که چنین پرسش‌هایی در آیندهٔ نزدیک مطرح شوند. امّا، همه حکومت‌ها، رهبران و مجریان دستورشان مشمول اصول و موازین حقوق بین‌الملل و، احتمالاً، آیین‌های دادرسی حقوق بین‌الملل‌اند. حقوق بین‌الملل، که مقدّم بر قوانین داخلی کشورها به شمار می‌رود، شامل پیمان‌های معتبر بین‌المللی از سوئی، و آنچه به مرور در نتیجهٔ رفتار دولت‌ها و آراء حقوقدانان به عنوان «عرف» بین‌المللی شناخته شده، از سوی دیگر، است. به سخن دیگر، حقوق و عرف بین‌المللی از راه اقامهٔ دعوا در دادگاه‌های مدنی یا جزایی کشورها و یا دادگاه‌هایی که از سوی سازمان ملل متحد تأسیس شده‌اند، قابلیت اجرا دارند.

یکی از اصول کلیدی حقوق بین‌الملل این است که دولت‌ها موّظف به رعایت تعهداتی هستند که در برابر جامعهٔ بین‌المللی برعهده گرفته‌اند. حکومت‌ها می‌آیند و می‌روند، گاه انقلاب رژیمی را از بین می‌برد، امّا دولت‌ها که مظهر و معرّف موجودیت ملّت‌های مستقل در جامعهٔ جهانی‌اند پا بر جای می‌مانند و موظف به انجام تعهداتی هستند که با امضا و تصویب پیمان‌های بین‌المللی برعهده گرفته‌اند. بنابر این همهٔ قراردادها و میثاق‌هایی که در دوران شاه از سوی ایران امضا شده و به تصویب رسیده است -مهم‌تر از همهٔ آن‌ها کنوانسیون نسل‌کشی ۱۹۴۸ و کنوانسیون ژنو ۱۹۴۹ و میثاق بین‌المللی حقوق مدنی و سیاسی ۱۹۶۶- ایران را متعهد به اجرا و رعایت اصولی کرده‌اند که در آن‌ها تصریح شده‌اند. از همین رو، ایران در سال ۱۳۶۷ نیز همین تعهدها را برعهده داشت، گرچه انقلاب حکومت جدیدی را در آن به قدرت رسانده بود.[۱۷۹] به هر حال، اصول اساسی این قراردادها، که نسل‌کشی، اعدام خودسرانه و شکنجه را غیرقانونی اعلام کرده‌اند، در سال ۱۳۶۷ بخش ویژه‌ای از قوانین بین‌المللی حقوق بشر را تشکیل می‌دادند، همان قوانینی که به عنوان اصول مسلم حقوق بین‌الملل شناخته شده و همه جا قابل اجرا هستند. همهٔ دولت‌ها موظف‌اند ارتکاب چنین جرایمی را ممنوع و مرتکبان آن را مجازات کنند. تعقیب و مجازات مرتکبان این جنایات را، به استثنای آن‌ها که از مصونیت ویژه‌ای برخوردارند، می‌توان در دادگاه هر کشور، یا در دادگاه‌های صالحی که سازمان ملل متحد تشکیل داده است پیگیری کرد.

گرچه حقوق کیفری بین‌المللی با تشکیل دادگاه نورمبرگ در سال ۱۹۴۶ و صدور احکام آن اعتباری بی‌سابقه یافت، از قرن‌ها قبل از این تاریخ نیز مقررات ویژه‌ای برای حمایت از زندانیان غیرنظامی جنگ، رسمیت داشته‌اند؛ زندانیان بی‌دفاعی که همیشه ممکن است قربانی شکنجه و اعدام‌های بی‌محاکمه شوند. در جنگ داخلی انگلستان در سال‌های دههٔ ۱۶۴۰، ضرورت حفظ ایمنی سربازانی که تسلیم می‌شدند از سوی هر سه گروه درگیر در جنگ پذیرفته شده بود: سپاهیان پادشاه انگلیس، سپاهیان پارلمان و سپاهیان پادشاه اسکاتلند. هر سرباز یا فرماندهی که به کشتن اسیر غیرمسلحی متهم و محکوم می‌شد در خطر مجازات اعدام قرار می‌گرفت.[۱۸۰] در نخستین دادگاه محاکمهٔ یک رئیس دولت به اتهام ارتکاب

جنایات جنگی که در سال ۱٦٤۹ برپا شد مهمترین دلیلی که در اثبات جرم چارلز اول ارائه شد این بود که وی ناظر شکنجهٔ زندانیان جنگ بوده است.[۱۸۱] از این تاریخ به بعد، ممنوعیت شکنجه و کشتن اسرا را در مقررات نظامی اغلب ارتش‌های اروپایی می‌توان یافت. با این همه، برای مدتی این مقررات دستخوش رفتارهای انتقامجویانه شده بود. (شکسپیر در توضیح دستور هانری پنجم برای کشتن اسیران فرانسوی به جعل جنایتی دست زد که به ادعای وی دولت فرانسه مرتکب شده بود تا از آن راه جنایت پادشاه انگلیس را مقابله به مثل و قابل توجیه بداند.)[۱۸۲] هوگو گروسیوس قاضی نامدار هلندی نخستین حقوقدانی بود که مقابله به مثل را برای توجیه جنایت به چالش کشید، با این استدلال که «مسئولیت دستجمعی» غیرعادلانه است: «طبیعت انتقامجویی را تأیید نمی‌کند مگر علیه کسانی که خود مرتکب جرمی شده‌اند. کافی نیست که با توسل به یک استعاره دشمن را به یک فرد مشخص کاهش داد.»[۱۸۳]

پرزیدنت لینکلن فرانسیس لیبر را برای تهیه پیشنویس مقررات ارتش آمریکا برگزید؛ همان مقرراتی که امروز هم کمابیش در عرف حقوق بین‌الملل حاکم بر رفتار نیروهای نظامی کشورهای متخاصم شناخته می‌شود. وی تأکید کرد که:

> قوانین جنگ به هیچ دولتی اجازه نمی‌دهد که شهروند نظامی یا غیرنظامی کشور متخاصم را یاغی اعلام کند و بدون محاکمه او را به قتل رساند، همان گونه که قوانین مدرن حاکم در دوران صلح نیز این رفتار فراقانونی را مجاز نمی‌داند و آن را مردود و منفور می‌شمرد. در مقابله با چنین رفتاری، از سوی هر کس و هر مقامی که باشد، سخت‌ترین عمل تلافی جویانه نیز مجاز دانسته می‌شود. جوامع مترقی حتی اعطای هر نوع پاداش برای ترور کردن فرد معینی را به عنوان دشمن فرو افتادن به ورطهٔ توحش می‌شناسند.[۱۸۴]

ماده ۱۳ کنوانسیون سوّم ژنو هرنوع رفتار انتقامجویانه را منع می‌کند و کشتن اسیران جنگی را «یکی از آشکارترین و مسلّم‌ترین جنایت‌های جنگ می‌شمرد.»[۱۸۵]

من فتوای ششم مرداد ۱۳٦۷ خمینی را مصداق بارز عمل انتقامجویانه می‌دانم. این فتوا به صراحت اعلام می‌کند که همهٔ مجاهدین اسیری که بر اعتقادات خود «پا فشاری» می‌کنند دشمنان همدست با عراق اند -و بنابراین اسرای جنگ شناخته می‌شوند- و از همین رو باید، به تلافی حملهٔ «فروغ جاویدان»، اعدام گردند. تردید نیست که تصمیم به اتخاذ این عمل انتقامجویانه، همانند اعمال مشابه آن، در اوج خشمی خروشان گرفته شد، یک هفته پس از آنکه خمینی جام شوکران را سر کشیده و به اجرای قطعنامهٔ آتش بس شورای امنیت سازمان ملل متحد تن در داده بود. از آنجا که مجاهدین خلق به عنوان گروهی از پشتیبانان ایرانی صدام خائن شناخته می‌شدند، مجاهدینی نیز که در زندان‌های خمینی به سر می‌بردند دستجمعی مسئول «خیانت» صدام شمرده شدند. در این سطح ساده و احساساتی کشتار مجاهدین همان‌قدر هولناک و غیرقابل توجیه بود که کشتن اسرای جنگی در ژاپن به تلافی پیروزی‌های متفقین در جبهه‌های جنگ، یا کشتار تلافی جویانهٔ همهٔ ساکنان شهرک‌های واقع در چکسلواکی و ایتالیا به تلافی ترور یک افسر ارتش آلمان هیتلری، یا اعدام‌ها و تخریب‌های کینه جویانهٔ صدام در دوجیل پس از تلاش نافرجام مخالفان برای کشتنش. مقایسهٔ فاجعه‌هایی از این دست شاید ناخوشایند باشد، امّا کشتار زندانیان ایرانی به نظر من شریرانه ترین آن‌هاست. برنامه ریزی دقیقی که برای این کشتار شده بود آن را از کشتار سربره‌نیتسا، یا کشتارهای تلافی جویانهٔ ارتش آلمان هولناک‌تر می‌نمایاند. شمار قربانیان کشتار زندان در ایران بیشتر از قربانیان کشتار برنئو بود که در آن تنها شش تن از ۱۳۰۰ اسیر جان به در بردند.[۱۸٦] اگر، آن گونه که در فتوای خمینی ادعا شده، مجاهدین اسیران جنگی شمرده شوند کشتار آنان جدّی ترین نقض کنوانسیون سوّم ژنو و بنابراین جنایت جنگی است و، در این صورت، همهٔ دولت‌هایی که به این کنوانسیون پیوسته‌اند موظّف‌اند که به شناسایی مرتکبان و آمران این جنایت برآیند و در دادگاهی آنان را بر صندلی متهمان نشانند. این وظیفه در مورد ارتکاب جرایم فاحش در یک رویارویی مسلحانه نیز (جنگ ایران و عراق به یقین از مصادیق آن بود) که در هنگام کشتار هنوز پایان نیافته بر

دوش امضاکنندگان کنوانسیون یادشده است: آتش بس تا اول شهریور ۱۳۶۷ اجرا نشده بود.

مشکل چنین تحلیلی این است که مجاهدین قربانی شده را، نه با تعریف بالا و نه با هیچ تعریف دیگری، «اسیران جنگی» نمی‌توان به شمار آورد. آن‌ها زندانیان دوران جنگ بودند و دستگیری آنان (برخی از این زندانیان پیش از شروع جنگ دستگیر شده بودند) نیز با جرمی ناچیز، که گرایش به یک گروه زیرزمینی مخالف جمهوری اسلامی باشد، ارتباط داشت و نه همکاری با دولت عراق. بسیاری از آنان در تیرماه ۱۳۶۰ و به خاطر شرکت در تظاهرات خیابانی و یا پخش روزنامه یا به صرف هواداری از یک گروه سیاسی دستگیر شده بودند. اگر فرد دستگیر شده مسلح بود یا در جا کشته می‌شد و یا اندکی بعد اعدام. در هر صورت، حتّی اگر ادعا شود که دستگیرشدگان اعضای یک «جنبش زیرزمینی مقاومت» بودند، با عراق ارتباطی نداشتند و دیگر شرایط تصریح شده در مادّهٔ ٤ کنوانسیون سوّم ژنو شامل حالشان نمی‌شد، یعنی آشکارا اسلحه حمل نمی‌کردند و اونیفورم و یا نشانی نداشتند که آن‌ها را به عنوان یک رزمندهٔ جنگی مشخص کند. کنوانسیون‌های ۱۹٤۹ ژنو برای حمایت از سربازان عادی تدوین شده بود که اسیر دشمن شده‌اند. کنوانسیون سوّم هم ریشه در شکنجه و اعدام سربازان و افسران متفقین داشت که اسیر نیروهای محور، به ویژه نیروهای ژاپنی، شده بودند. اعضای جنبش‌های چریکی شهری که به جنگ داخلی با حکومت خود دست زده بودند -حتّی اگر این حکومت گرفتار جنگی دیگر با یک دشمن خارجی بود- اگر به اسارت حکومت خود در می‌آمدند مشمول حمایت این کنوانسیون نمی‌شدند، دست کم در مواردی که نوعی ارتباط رسمی با نیروهای خارجی نداشتند.

حتی اگر ادعای جمهوری اسلامی را بپذیریم که زندانیان مجاهد همگی اعضای یک گروه چریکی متحد با عراق بوده اند، با چنین فرضی آن‌ها، تا تعیین وضعشان در یک دادگاه صالح، به عنوان اسرای جنگی مشمول حمایت کنوانسیون ژنو می‌شدند؛ حال آنکه جمهوری اسلامی آنان را، بدون رعایت موازینی که شامل حال اسیران جنگی می‌شود، کشت. مهم آن است که جمهوری اسلامی از مواد کنوانسیون ژنو، که دولت ایران عضویت آن را داراست، کاملاً آگاه بود زیرا رفتارش با هزاران عراقی اسیرشده در جنگ با این مواد سازگار بود. بنابراین، تردید نباید کرد کسانی که فتوا را اجرا کردند به خوبی می‌دانستند به کاری دست زده‌اند که ناقض قوانین بین‌المللی ناظر بر حقوق بشر است.

اگر مجاهدین را اسیران جنگی نمی‌توان شمرد، زندانیان چپگرا را مسلماً اسیر جنگی نباید نامید. گرچه برخی از گروه‌های چپگرا به جنگ چریکی با رژیم دست زده بودند، هیچ کدام وابستگی آشکار به عراق نداشتند. وضع آنان -هر اسیری در حقوق بین‌الملل دارای وضع مشخصی است-[۱۸۷] وضع افراد غیرنظامی بود.[۱۸۸] چنین وضعی آنان را مشمول حمایت موازین کنوانسیون چهارم ژنو می‌کند که ناظر بر حمایت از افراد غیرنظامی در زمان جنگ است، با این توضیح که در سال ۱۹٤۹ دولت‌های عضو سازمان ملل متحد آماده نبودند که حقوق بین‌الملل خدشه‌ای به حق حاکمیت انحصاری آنان وارد آورد، به ویژه هنگامی که به سرکوب شورش‌های داخلی می‌پرداختند. از همین رو، ماده ٤ کنوانسیون چهارم ژنو حمایت‌اش را تنها شامل افرادی می‌داند که «در دوران جنگ یا اشغال سرزمینشان اسیر یکی از طرفین متخاصم یا اشغالگران خارجی شده اند.»

بنابراین، اگرچه ماده ۳ مشترک در کنوانسیون‌های ژنو وظایف خطیری را، در دوران ناآرامی‌های داخلی، بر دوش دولت‌ها قرار می‌دهد و آن‌ها را به رفتار انسانی نسبت به زندانیان فرا می‌خواند (خودداری از کشتن و شکنجه کردن مگر پس از یک محاکمهٔ عادلانه)، تخطی از مفاد این ماده را در حدّ «نقض فاحش»، و آثاری که بر آن مترتب است، نمی‌شمرد.

با این همه، می‌توان ستیز بین جمهوری اسلامی و «گروهک»های چپگرا را یکسره متفاوت با جنگ با عراق و یا ستیز با مجاهدین شمرد و آن را یک مقابلهٔ مسلحانهٔ «غیر بین‌المللی» دانست که در آن جمهوری اسلامی موظّف به رعایت مادّه ۳ مشترک کنوانسیون‌های ژنو بود. چنین تفسیری به احتمالی بازتابندهٔ داده‌ها و واقعیات مرتبط با کشتارهاست،

دست کم تا آنجا که به نیّت مرتکبان آن مرتبط می‌شود: در موج نخست، که با فتوای ششم مرداد ۱۳۶۷ آغاز شد، نیت رژیم کشتار آن‌هایی بود که مظنون به همکاری با عراق بودند. امّا در موج دوّم برای حذف دگراندیشان غیرمذهبی بود که می‌توانستند خطری برای بقای رژیم پس از برقراری صلح شکننده با عراق باشند. اینکه آیا واقع بینانه است که تصمیم‌های دیوانه‌وار این دوران مرگبار را بر اساس چنین تفاوت‌های نظری بررسی کرد، پرسشی پردردسر برای دادستان یک دادگاه بین‌المللی خواهد بود. این یکی از دلایلی است که توسل به قوانین بین‌المللی حقوق بشر که بلافاصله پس از پایان جنگ جهانی دوّم طراحی شدند با تکیه بر موازین ساده‌تر حقوق متعارف بین‌الملل ناظر بر حقوق بشر تکمیل شده‌اند که برای همهٔ دولت‌ها، چه در جنگ و چه در صلح و چه در ستیزه‌های بین‌المللی یا داخلی، الزام آورند. دادگاه قضایی بین‌المللی تأیید کرده است که ماده ۳ مشترک کنوانسیون‌های ژنو خود بخشی از این موازین متعارف حقوق بشر است که حکومت‌ها موظف‌اند آن را، به عنوان حداقلّ ملاک احترام به این حقوق، در هر رویارویی مسلحانه‌ای رعایت کنند. مادهٔ ۷۵ پروتکل کنوانسیون‌های ژنو نیز، که در سال ۱۹۷۷ به شکل قراردادی مجزّا تدوین شد، نقشی مشابه ماده ۳ ایفا می‌کند. این پروتکل حداقل موازین رفتار انسانی و ویژگی‌های بنیانی یک محاکمهٔ منصفانه را، به مثابه «عناصر اولیه انسانیت» تشریح کرده و نقض آن‌ها را منشاء مسئولیت مدنی دولت و مسئولیت جنایی فرد شمرده است.[۱۸۹]

این ماده ضمانت‌های اساسی حقوق افراد در دوران جنگ را به شرح زیر برمی شمرد:

> ۱. در هر اوضاع و احوالی، با افرادی که به اسارت یکی از طرفین متخاصم در می‌آیند. ... باید براساس موازین انسانی رفتار کرد و آن‌ها را از حداقل حمایتی که این پروتکل تعیین می‌کند بهره مند ساخت، بدون هیچ تبعیضی بر اساس نژاد، رنگ پوست، جنسیت، زبان، اعتقادات مذهبی و سیاسی، تعلقات اجتماعی یا ملی، ثروت و محل تولد، یا هر ملاک و ضابطهٔ مشابه دیگری. هریک از دولت‌های امضا کنندهٔ این پروتکل باید شخصیت، شرف، اعتقادات و تکالیف مذهبی افراد یاد شده را محترم شمرد.
>
> ۲. ارتکاب اعمال زیر، در هر زمان و مکان، توسط مأموران دولتی نظامی یا غیرنظامی ممنوع است و ممنوع خواهد بود:
>
> الف - خشونت نسبت به جان و آسیب رساندن به تندرستی جسمی و روانی فرد به ویژه:
>
> ۱-کشتن؛
>
> ۲-شکنجه به هر شکل و در هرسطح، اعم از شکنجهٔ جسمی یا روانی؛
>
> ۳- مجازات بدنی؛
>
> ٤- قطع اعضای بدن؛
>
> ب- توهین به حیثیت افراد و رفتار تحقیرآمیز با آن‌ها؛
>
> ج - مجازات دستجمعی؛
>
> د - تهدید به استفاده از شیوه‌ها و مجازات‌های یاد شده...

تعهدها و ضمانت‌های اساسی یادشده در پروتکل، که جمهوری اسلامی در سال ۱۳۶۷ با گستاخی به نقض آن‌ها در مورد زندانیان سیاسی پرداخت، با شرایطی که آیین‌های دادرسی پذیرفته شده در جهان برای تضمین محاکمهٔ عادلانه متهم فراهم می‌کنند تکمیل می‌شود. جمهوری اسلامی تعهدات و اصول زیر را در مورد مجاهدین (که در هیچ گونه دادگاهی محاکمه نشدند) و نیز در مورد چپگرایانی که در دادگاه‌های غیرعادلانه و نامتعارف محاکمه شدند، آشکارا زیر پا گذاشته است:

> ٤- نسبت به فردی که در رابطه با جنگ مرتکب جرمی شده هیچ حکمی صادر و هیچ مجازاتی إعمال نخواهد شد مگر هنگامی که رأی به محکومیت وی در دادگاهی داده شده که همهٔ اصول تصریح شده در آیین دادرسی متعارف را رعایت کرده باشد از جمله:
>
> الف) در جریان دادرسی، متهم باید بتواند از جزئیات جرمی که به او نسبت داده شده، بی‌درنگ آگاه شود و پیش از محاکمه و در جریان آن از کلیهٔ حقوق و امکانات لازم برای دفاع از خود، بهره‌مند شود؛
>
> ب) هیچ کس را نمی‌توان به ارتکاب جرمی محکوم و مجازات کرد مگر آنکه شخصاً مسئول ارتکاب آن بوده باشد؛
>
> پ) هیچ کس را نمی‌توان به شهادت علیه خویش و یا اعتراف

به گناه وادار کرد؛

ت) هیچ کس را نمی‌توان به خاطر ارتکاب جرمی تحت تعقیب قرار داد و یا مجازات کرد که در مورد آن دادگاهی ذیصلاحیت، براساس همان قوانین و آیین دادرسی مورد استناد، حکم تبرئه یا محکومیت متهم را صادر کرده باشد؛

ث) هرکس که به ارتکاب جرمی تحت تعقیب قرار گرفته است حق دارد بخواهد که حکم دادگاه در جلسهٔ علنی خوانده شود.

ج) ... افرادی که به دلایل مرتبط با عملیات جنگی دستگیر و زندانی می‌شوند از حمایت‌های مصرّح در این ماده تا هنگام آزادی از زندان یا بازگشتن به محل سکونت اصلی خود، حتّی پس از پایان جنگ، بهره مند خواهند شد.

در دوران کشتارهای سال ۱۳۶۷، جمهوری اسلامی اصول یاد شده دربارهٔ رفتار انسانی با دستگیرشدگان و زندانیان را پیوسته نقض می‌کرد. زندانیان خودسرانه و بدون محاکمهٔ منصفانه (در مورد مجاهدین بدون هیچ محاکمه‌ای) اعدام می‌شدند، پیش از هر مصاحبه یا بازجویی یا «محاکمه»ای، که از آن آگاهی قبلی نداشتند و در آن از حق دفاع محروم بودند، شکنجه می‌شدند و وحشیانه کتک می‌خوردند. در اینجا باید به تفاوت بین قربانیان مجاهد و چپگرا اشاره کرد. فتوایی که زندانیان مجاهد را به دلیل ارتکاب «جرایم مرتبط با جنگ» به مرگ محکوم ساخته بود، چپگرایان را به گناه ارتداد شکنجه و اعدام می‌کرد. گرچه پروتکل یکم ژنو، طبق ماده ۷۵ آن، تنها ناظر بر جنایات جنگی است، امّا می‌توان آن را بازتابندهٔ مواضع حقوق متعارف بین‌الملل در سال ۱۳۶۷ و متأثر از اصول و موازین حقوق بشر در دوران جنگ نیز شمرد.[۱۹۰] منع اعدام خودسرانه، شکنجه و دادگاه‌های غیر منصفانه همگی از اصول و موازین حقوق بین‌الملل اند؛ اصول و موازین مسلم و پذیرفته شده‌ای که کم‌تر دولتی به خود اجازهٔ نقض آن‌ها را می‌دهد. این اصول در میثاق بین‌المللی حقوق مدنی و سیاسی به تفصیل تشریح و تثبیت شده‌اند؛ میثاقی که دولت ایران از امضا کنندگان آن است و درسال ۱۳۶۷ لازم‌الاجرا بوده و به رغم تغییر رژیم، دولت ایران متعهد به رعایت و اجرای آن بوده است. این میثاق به تصریح اعدام را تنها در صورتی مجاز دانسته است که دادگاهی مستقل و منصف با رعایت موازین دادرسی عادلانه و تأیید حق متهم به توکیل، حکم بر اجرای چنین کیفری صادر کند. این میثاق شکنجه را نیز تحریم می‌کند و محاکمهٔ دوبارهٔ محکوم را پس از قطعی شدن حکم دادگاه نخستین مجاز نمی‌داند. افزون بر این، میثاق یادشده آزادی بیان و مذهب را نیز تضمین می‌کند. جمهوری اسلامی همهٔ این حقوق را، که بخشی از حقوق متعارف بین‌الملل‌اند، بدون کمترین توجیه قابل دفاعی، نقض کرده است.

به عقیدهٔ من، حق مهم دیگری نیز وجود دارد که حقوق متعارف بین‌الملل آن را پذیرفته و به رسمیت شناخته و ماده ۳۲ نخستین پروتکل کنوانسیون ژنو (۱۹۷۷) نیز آن را «حق خانواده به دانستن سرنوشت اعضای خود» نام نهاده است. مسئولیتی که از این حق ناشی می‌شود بر دوش دولت گذاشته شده و آن آگاه ساختن خویشان معدومین از محل دفن بستگانشان است و مجاز دانستن آن‌ها به سوگواری در محل دفن معدومان، آن هم بدون مزاحمت و دخالت مأموران دولت.

دادگاه حقوق بشری که به تصمیم مشترک کشورهای آمریکای شمالی و جنوبی ایجاد شده است مجموعهٔ این حقوق را به عنوان حقوق منشعب از حق زندگی به رسمیت شناخته است.[۱۹۱] به نظر منطقی تر کمیتهٔ حقوق بشر [سازمان ملل متحد]، خودداری دولت‌ها، از آگاه ساختن خانواده‌ها از محل دفن خویشان معدومشان، نقض اصل ناظر بر منع رفتار غیرانسانی و تحقیرآمیز است.[۱۹۲] دادگاه اروپایی حقوق بشر نیز همین نظر را تأیید کرد ه است.[۱۹۳] اندوه ناشی از محروم شدن عزادار از سوگواری در مرگ خویشاوند دست کم از دورانی بر سر زبان‌ها افتاده که سوفوکل، شاعر شهیر یونانی، اندوه و اضطراب آنتیگون را، از اینکه به امر کِراون، حاکم تِبِس، از دفن کردن جسد برادرش محروم شده بود، به شعر سرود. تا آنجا که می‌دانم، حق تدفین عزیزان در میان مسلمانان اهمیتی ویژه دارد. از زمانی که حسین ابن علی، نوهٔ پیامبر اسلام، در سال ۶۸۰ میلادی، در میدان جنگ کشته شد و جسدش برزمین ماند، دفن جسد اهمیتی بیشتر یافته است. با توجه به این

نکته، قصد رژیم از محروم کردن خویشان معدوم از دفن جسد شکنجه روحی بازماندگان است و نمایانگر دورویی بی‌رحمانهٔ رهبرانش.

جمهوری اسلامی را نمی‌توان مستقیماً وادار به ایفای وظایفی کرد که دولت ایران با امضا و تصویب میثاق بین‌المللی حقوق مدنی و سیاسی بر دوش گرفته است. تنها راه، توسل به حقوق بشر، آن هم به استناد پروتکل اختیاری است که جمهوری اسلامی، در کنار اغلب دولت‌های جهان، از پیوستن به آن خودداری کرده. به این ترتیب، افشا و تشریح مواردی که جمهوری اسلامی به نقض این میثاق پرداخته است به نتیجهٔ قابل توجهی نخواهد رسید مگر آنکه بتوان با ارائهٔ اسناد غیرقابل انکار در مورد ارتکاب جرم، یا دست کم قصور مدنی عمدی، شکایت به دادگاه‌های کشورهای دیگر و یا به دادگاه ویژه‌ای بُرد که تنها با تصمیم سازمان ملل متحد می‌تواند برپا شود. داوری دربارهٔ مسئولیت جمهوری اسلامی را، در مواردی که به نقض تعهدات قراردادی خود، یا بی‌اعتنایی به موازین و اصول پذیرفته شدهٔ حقوق متعارف بین‌الملل، پرداخته است می‌توان به دیوان دادگستری بین‌المللی محوّل کرد که آن هم منوط به تصمیم مجمع عمومی یا یکی دیگر از ارگان‌های سازمان ملل متحد است. امّا، تنها راه برای بهره جویی از داوری این دادگاه جهانی این است که دولت‌های دیگر در این راه پیشگام شوند.

در سازمان ملل متحد البته مکانیزم‌های غیر حقوقی نیز وجود دارند، از جمله، «گزارشگران ویژه» در زمینهٔ کشتار دستجمعی یا شکنجه، که می‌توانستند، پس از آنکه استاد گالیندو پل از انجام وظیفه‌اش ناتوان ماند، کار تحقیق را پی‌گیری کنند. شورای حقوق بشر سازمان هم، که وظیفه نظارت بر اجرای میثاق بین‌المللی حقوق مدنی و سیاسی را برعهده دارد و جانشین کمیسیون حقوق بشر شده- همان کمیسیونی که در سال ۱۳۶۷ مفتضحانه از بازخواست دولت ایران سر باز زد- می‌توانست ایران را وادار به همکاری کند. البته باید گفت که نهادهای حقوق بشر سازمان ملل متحد ماهیتی به شدّت سیاسی یافته‌اند، توانایی مالی چندانی ندارند و بیشتر به بررسی جنایاتی می‌پردازند که به تازگی روی داده باشد (به عنوان نمونه: گزارش الستون دربارهٔ خشونت‌هایی که در انتخابات اخیر کنیا روی داد و یا گزارش گلدستون دربارهٔ جنگ اخیر در نوار غزه).

به نظر من، امّا، برخی از ابعاد و ویژگی‌های کشتارهای سال ۱۳۶۷ بررسی سازمان ملل متحد را می‌طلبند. نخست، ماهیت فاجعه است. از زمانی که ژاپن به کشتار اسیران جنگی در جنگ جهانی دوم دست زد تا کنون هیچ دولتی به پای جمهوری اسلامی در کشتار این تعداد زندانی سیاسی نرسیده است، مگر کشتار مردان و پسران مسلمان سربره‌نیتسا را نیز به حساب آوریم، گرچه قربانیان این کشتار گروگان بودند و نه زندانی سیاسی. دوّم، واقعیت شرم آور (برای سازمان ملل متحد) این است که تحقیقات پروفسور گالیندو پل به علت‌های گوناگون به جایی نرسید، از جمله به علت خودداری جمهوری اسلامی از همکاری با او و دروغ گویی‌های مکرر مأمورانش. با این همه، وی به حد کافی به واقعیاتی پی برده بود که بتواند مجمع عمومی سازمان را از کشتارها، گرچه نه از ابعاد آن، آگاه کند. سوّم، با آنکه از زمان کشتارها سال‌ها گذشته است، بسیاری از مسئولان و مرتکبان این جنایت، به استثنای خمینی، همچنان در مقام‌های پیشین خود و برخی در مقام‌های بالاتر قرار دارند. برخی از بازماندگان معدومین و شاهدان عینی بی‌طرف نیز هنوز زنده‌اند. آیت‌الله منتظری در اول دی ماه ۱۳۸۸در قم درگذشت و آنچه می‌خواست در مورد کشتارها با گالیندو پل مطرح کند برای همیشه نامعلوم خواهد ماند. دولت‌هایی که نگرانی عمده‌شان ادعاها و توانائی‌های بالقوهٔ جمهوری اسلامی در زمینهٔ انرژی هسته‌ای است ممکن است به بررسی کارنامهٔ حقوق بشر رژیم، که خواهان جلب اعتماد دیگران در مورد اجرای تعهداتش به جامعهٔ بین‌المللی است، علاقه‌مند باشند. اگر جمهوری اسلامی برای انتخاب شدن در شورای حقوق بشر سازمان ملل متحد تلاش کند، با توجه به این واقعیت که به جای اظهار ندامت از اعمال و رفتاری که در این گزارش بازتاب یافته است، و از اقرار به آنچه اتفاق افتاده نیز خودداری می‌کند، انتخابش به چنین سمتی اعتبار این

شورا را به شدّت کاهش خواهد داد -همان گونه که انتخاب لیبی به ریاست کمیسیون حقوق بشر قبلی سازمان ملل این کمیسیون را هم آماج تمسخر همگان کرد. اینکه آیا می‌توان به رهبران جمهوری اسلامی، و از جمله به میرحسین موسوی، رهبر مخالفانش، در مورد رعایت و اجرای حقوق بین‌الملل و تعهداتشان به جامعهٔ بین‌المللی، اعتماد کرد پرسشی است که پاسخ‌اش را باید در پرتو رفتار آنان در نیمهٔ ۱۳۶۷ جست.

من نسبت به توانایی و ارادهٔ ارگان‌های سازمان ملل متحد برای بررسیدن کارنامهٔ حقوق بشر جمهوری اسلامی چندان خوشبین نیستم، گرچه واقعیات و داده‌هایی که در این گزارش آورده ام ممکن است احتمال این بررسی را بیشتر کرده باشند. به هرحال، امروز زمان مناسبی است برای آنکه شورای حقوق بشر به آزمودن درستی سخنان و وعده‌های رهبران ایران بپردازد. یک «گزارشگر ویژهٔ» این شورا نیز امروز به شهادت بسیاری از گواهانی دسترسی دارد که در گذشته از بیم انتقامجویی رژیم از سخن گفتن دربارهٔ کشتارها پرهیز می‌کردند. در چند سال اخیر شمار گواهانی که آمادهٔ بازگویی رویدادهایی که به چشم دیده‌اند هستند افزایشی قابل ملاحظه یافته است. پیش بینی‌ام این است که یک بررسی جدی دربارهٔ ماهیت و ابعاد کشتارها، داده‌هایی را که در این گزارش آورده ام تأیید خواهد کرد. امّا گام بعدی چه می‌تواند باشد؟ شورای امنیت سازمان ملل متحد می‌تواند به تشکیل یک دادگاه ویژهٔ جنایات جنگی اقدام کند همان‌گونه که در مورد نقش حکومت پول پوت در نسل کشی ۱۹۷۹ در کامبوج به چنین کاری دست زد، گرچه توانسته بود موافقت دولت وقت کامبوج را با تشکیل چنین دادگاهی جلب کند. امّا، رهبران رژیم کنونی ایران به یقین با تشکیل دادگاهی که بتواند دست کم برخی از آنان را بر صندلی متهمان نشاند، موافقت نخواهند کرد. با این همه، بررسی و گزارش شورای حقوق بشر سازمان ملل متحد می‌تواند حداقل جمهوری اسلامی را در تنگنا گذارد تا محل دفن معدوم شدگان را اعلام کنند و به بازماندگان آن‌ها اجازهٔ برگزاری مراسم سوگواری دهند. بعید است که رژیم به عقب نشینی بیشتری تن در دهد مگر آنکه زیر فشار بیشتری قرار گیرد و یا در ازای تعدیل تحریم‌های اقتصادی و مالی حاضر به عقب نشینی شود. در واقع بهره جویی از همین شیوه‌ها بود که محاکمهٔ متهمان به منفجرکردن هواپیمای آمریکایی در لاکربی اسکاتلند را امکان‌پذیر کرد و لیبی را نیز به پرداخت غرامت به بازماندگان مسافران هواپیما واداشت.

برپایهٔ استدلال حقوق بین‌المللی که دادگاه حقوق بشر آمریکای شمال و جنوبی ارائه کرده است، ایران موظّف است به جان به دربردگان و بازماندگان قربانیان کشتار و به ویژه به فرزندانشان غرامت مناسب دهد.[۱۹۴] در دعوای «آلوبوئتو علیه سورینام» کمیسیون حقوق بشر مشترک کشورهای آمریکایی دولت را مسئول رفتار و اعمال نیروهای نظامی خود شناخت که به دستگیری و شکنجهٔ گروهی از ماهیگیران دست زدند و سپس، آنان را پیش از کشتن به کندن قبر خود واداشتند. در این دعوا دولت سورینام به پرداخت غرامتی معادل ۵۰۰۰۰۰ دلار آمریکایی به هریک از فرزندان و خویشان قربانیان محکوم شد.[۱۹۵] این غرامت هم بر مِلاک درد و رنج وارد شده بر خویشان نزدیک قربانیان بود و هم ترس و اضطرابی که قربانیان در ساعت‌های قبل از تیرباران شدن تحمل کرده بودند. ملاک دوّم به ویژه مناسب برای تعیین غرامتی است که بازماندگان کشتارهای جمهوری اسلامی محق به دریافتش هستند زیرا خویشان معدومشان پیش از اعدام بارها متحمل درد شکنجه‌های روانی و جسمی شده بودند. مشکل، امّا، در یافتن نهادی -غیر از دادگاه ویژه سازمان ملل متحد- است که صلاحیت و حق رسیدگی به چنین پرونده‌ای داشته باشد. در بخش‌های زیرین به سرفصل‌های دعاوی مدنی خواهم پرداخت.

جنایات علیه بشریت

صلاحیت دادگاه بین‌المللی کیفری محدود به رسیدگی به جنایاتی است که از مرداد ۱۳۸۱ به بعد رویداده اند. بعید به نظر می‌رسد که شورای امنیت سازمان ملل متحد بتواند، پیش از تغییر رژیم در ایران، دادگاه ویژه‌ای برای رسیدگی به اتهام مرتکبان کشتارهای ۱۳۶۷ برپا کند. دادگاه بین‌المللی دادگستری

نیز تنها به اختلافات حقوقی میان دولت‌های عضو سازمان می‌تواند رسیدگی کند. امّا از آنجا که دولت ایران صلاحیت اجباری این دادگاه را نپذیرفته است، این دادگاه تنها می‌تواند، به درخواست یکی از ارگان‌های سازمان ملل متحد، به عنوان نمونه، مجمع عمومی، در این باره رأی مشورتی صادر کند. با این همه، امکانی وجود دارد که یک یا چند تن از مرتکبان کشتارها به کشوری سفر کنند که حاضر به تعقیب و محاکمهٔ آنان و یا تحویلشان به کشوری باشد که آمادهٔ چنین کاری است. شکنجه و کشتار «جنایات علیه بشریت» و قابل تعقیب در سراسر جهان‌اند.

«جنایت علیه بشریت» جرمی است که با رسمیت یافتن «اساسنامهٔ نورمبرگ» و مادهٔ ٦(پ) آن به فهرست جرم‌های تصریح شده در حقوق بین‌الملل افزوده شد. اساسنامه اعمالی را که در حقوق بین‌الملل ممنوع شناخته می‌شوند چنین تعریف می‌کند:

> قتل، نابود کردن، برده داری، اخراج از محل سکونت و دیگر اعمال غیرانسانی که مردم غیرنظامی را، قبل یا در دوران جنگ، هدف قرار دهد، نیز آزار دادن و رفتار تبعیض آمیز با آن‌ها بر اساس ملاحظات سیاسی، نژادی یا مذهبی، گرچه در قوانین داخلی کشوری که جرم در آن ارتکاب شده منع نشده باشند. رهبران، سازمان دهندگان، محرّکان و همدستانی که در طرّاحی یا اجرای نقشهٔ ارتکاب هر یک ازجرایم بالا شرکت کرده باشند مسئول همهٔ اعمال همهٔ شرکت کنندگان در اجرای نقشه خواهند بود.

این تعریف، آشکارا شامل نقشهٔ نابودی مجاهدین خلق و رفتار غیرانسانی جمهوری اسلامی با زندانیان چپگرا، در پایان جنگ ایران و عراق، می‌شود. به هرحال، اعمال یادشده معادل با آزار و شکنجهٔ زندانیان بر پایهٔ ملاحظات سیاسی-مذهبی در مورد مجاهدین خلق، و دلایل مذهبی در مورد چپگرایان است، چه فتوای خمینی با قانون اساسی جمهوری اسلامی، و شلاّق زدن با شریعت اسلام تباینی داشته باشند، چه نداشته باشند. رهبران آلمان هیتلری براساس مادهٔ ٦(پ) به خاطر شکنجه و کشتار اتباع آلمانی در اردوگاه‌های مرگ محکوم شدند. حکم‌هایی که در دادگاه اصلی نورمبرگ صادر شد مجوّز معتبری برای متهم کردن مرتکبان و مباشران کشتار، در همهٔ سطوح تصمیم گیری و اجرائی، به جنایت علیه بشریت است، از جمله پاسداران، رؤسای زندان‌ها، رهبران متنفذ سیاسی و مذهبی. شکنجه‌گر همان‌قدر می‌تواند در دفاع از عمل خود دستور مافوق را مستمسک قرار دهد که یک فرمانده ارتش می‌تواند امتیازات و مصونیت‌های ناشی از حاکمیت عالیهٔ دولت را سپر دفاع خود کند. در ماده ۸ منشور دادگاه‌های نورمبرگ تصریح شده است:

> اینکه متهم به دستور دولت یا مقام مافوقش مرتکب جرم شده او را از مسئولیت مبرّا نخواهد کرد اما ممکن است یکی از عوامل مُخفِفهٔ مجازاتش شمرده شود.

ملاک واقعی در قضاوت دادگاه اصلی نورمبرگ این بود که: «برای سرباز یا افسری که به او دستور شکنجه یا کشتن، در نقض موازین حقوق بین‌المللی، داده شود، آیا در عمل امکان گزینه‌ای اخلاقی وجود دارد؟»[۱۹۶] برای فردی که متهم به جنایت علیه بشریت شده است دو راه بیشتر برای گریز از محکومیت و مجازات وجود ندارد: یا ادعای جهل به قانون کند یا مدعی اجبار و تهدید به مرگ شود؛ به این معنا که امر به ارتکاب جرم با تهدیدهای چنان هراس آور و مرگباری همراه بوده که چارهٔ دیگری جز اجرای دستور نداشته است. در دادگاه‌های بعدی نورمبرگ، افسران، سربازان و گاردهای متهم نمی‌توانستند در دفاع از خود به اجبار توسّل جویند اگر ترس آنان تنها از مجازات‌های انضباطی یا سبکی بوده که به هیچ روی با آسیب‌های سنگین و مرگ آوری قابل مقایسه نیست که با اجرای دستور متوجه قربانی می‌شده است.[۱۹۷] بر اساس مدارک موجود، برخی از رؤسای زندان‌ها، مانند ناصریان، دستورهایی را که باید می‌دانستند به لحاظ قانون توجیه‌پذیر نیست، با شور و اشتیاق تمام اجرا می‌کردند. در مورد پاسداران هم، نشانی از این نیست که اگر از اجرای دستور اعدام زندانیان سرباز می‌زدند، جانشان در خطر می‌افتاد، گرچه بدون تردید با تنبیهات انضباطی مجازات می‌شدند. طبق قرائن موجود برای

کشتن زندانیان اغلب پاسداران آب دیده و خشن را به زندان‌ها می‌بردند؛ شاید به این دلیل که نگهبانان عادی زندان‌ها از به دار آویختن یا تیرباران کردن برخی از زندانیان اکراه داشتند زیرا در طی سال‌ها با آن‌ها آشنا شده و به آن‌ها خوگرفته بودند.

براساس مادۀ ٦(پ) اساسنامۀ یادشده، صلاحیت دادگاهای نورمبرگ منحصر به جرایمی می‌شد که با جنایات جنگی ارتباط مستقیم داشته باشند. به همین دلیل، این دادگاه‌ها از محاکمۀ متهمان به آزار یهودیان آلمانی قبل از آغاز جنگ دوم جهانی خودداری کردند. این محدودیت، اما در دهه‌های پس از پایان جنگ، با بسته شدن قراردادهای بین‌المللی گوناگون، از جمله کنوانسیون ژنو (١٩٤٨)، از بین رفت. در پیش‌نویس کمیسیون حقوق بین‌الملل دربارۀ قانون جزای بین‌المللی نیز چنین محدودیتی وجود نداشت. چند سال پس از کشتارهای ١٣٦٧ در ایران، حکم دادگاه بین‌المللی کیفری ویژۀ جنایات نسل کشی در یوگوسلاوی تصریح کرد که صلاحیتش منوط به اثبات ارتباط جرم متهم با جنایات جنگی نیست.[١٩٨] به این ترتیب، جنایات علیه بشریت در زمان صلح هم قابل وقوع و تعقیب است بی‌آنکه ضرورتی برای اثبات تقارن یا ارتباطش با جنگ باشد. تنها عنصر کلیدی برای تحقق جرم جنایت علیه بشریت اِعمال قدرت دولت است. همان‌گونه که یکی از قضات دادگاه جنایت جنگی آلمان هیتلری توضیح داد: «جنایت علیه بشریت تنها در صورت ناتوانی، بی‌اعتنایی یا مشارکت دولت رخ می‌دهد، هنگامی که یا مانع وقوع آن نشده و یا مرتکبانش را به کیفر نرسانده باشد.»[١٩٩]

مسئولیت جنایات علیه بشریت نه تنها به همۀ سطوح پایین مأموران دولتی تسرّی می‌یابد، یعنی به همۀ کسانی که عملاً دست به شکنجه و کشتن قربانیان می‌زنند، بلکه دامن بالاترین مقام‌های دولتی را که صادرکننده دستور کشتار بوده‌اند نیز می‌گیرد و دعوی مصونیت دیپلوماتیک یا دولتی رافع مسئولیت آن‌ها در برابر دادگاه‌های سازمان ملل متحد نیست، هرچند در دادگاه‌های ملی ممکن است پذیرفته شود.[٢٠٠] بنابراین، کسانی را که در مقام رهبری حکومت قرار دارند می‌توان، بر اساس اصل «مسئولیت فرمانده»، به عنوان شریک جرم متهم کرد و تحت تعقیب قرارداد. بر پایۀ این اصل که دیوان عالی کشور ایالات متحد آمریکا برای محکوم کردن ژنرال یاماشیتای ژاپنی در جنگ جهانی دوم به آن استناد کرد: «مسئولیت عواقب دستور غیرقانونی که بالاترین مقام تصمیم گیری برای ارتکاب جرمی صادر می‌کند برعهدۀ شخص اوست. مسئولیت وی در صورتی نیز محرز است که آگاهانه از ارتکاب عمل غیرقانونی زیردستان خود جلوگیری نکند و یا آنان را پس از ارتکاب جرم به مجازات نرساند.»[٢٠١]

با توسل به همین اصل می‌توان دربارۀ قابل تعقیب بودن میرحسین موسوی نیز، با توجه به اینکه کشتارها در دوران نخست وزیری او روی داده است، داوری کرد. او قاعدتاً می‌بایست از صدور فتوای کشتار آگاه بوده باشد زیرا ادارۀ زندان‌ها نیز در حوزۀ مسئولیت‌های نخست وزیر بوده است. آیا وی گامی برای متوقف ساختن یا کاهش اعدام‌ها و یا، دیرتر، برای پایان دادن شکنجه‌ها برداشته بود؟ مصاحبۀ وی با تلویزیون اتریشی در دی ماه ١٣٦٧ این شبهه را ایجاد می‌کند که به جای تلاش برای جلوگیری از کشتارها در صدد پرده پوشی آن‌ها بوده است. مدرکی در اثبات نقش مستقیم او در این جریان وجود ندارد امّا موقعیتش به عنوان نخست وزیر او را در معرض سوء ظنّ قرار می‌دهد. وی هنوز توضیح نداده که دربارۀ کشتارها چه می‌دانسته، کی از آن‌ها آگاه شده و چه واکنشی نسبت به آن‌ها نشان داده است. در طول مبارزۀ انتخاباتی سال ١٣٨٨، تنها پاسخ وی به این پرسش‌ها که بارها تکرار می‌شد این بود که وی مسئولیتی دربارۀ مسائل قضایی نداشته است.

مادۀ ٧ اساسنامۀ دادگاه کیفری بین‌المللی معتبرترین تعریف این جنایات را آورده است:

> ... هر یک از جرایم زیر که در ارتباط با یک حملۀ سازمان یافته و گسترده با علم قبلی علیه مردمان غیرنظامی ارتکاب شده باشد جنایت علیه بشریت خواهد بود:
>
> الف) قتل؛
>
> ب) نابودسازی؛

ث) حبس کردن یا هر کار دیگری که مخل آزادی حرکت فرد شود و یا منافی با اصول مسلم حقوق بین‌الملل باشد؛

ج) شکنجه؛

ح) اذیت و آزار گروه مشخصی به خاطر ملاحظات سیاسی، نژادی، ملّی، قومی، فرهنگی، مذهبی و جنسیتی، که برپایهٔ اصول مسلم حقوق بین‌الملل ممنوع شمرده شده‌اند، در ارتباط با هر جرمی که در این پاراگرف نام برده شده و یا در ارتباط با هر جنایتی که در حوزهٔ صلاحیت دادگاه قرار دارد …

ذ) سایر اقدامات غیرانسانی مشابه که به عمد سبب‌ساز درد و رنج بسیار یا آسیب وخیم به شخص یا سلامت جسمی یا روانی شود.

به نظر من، رفتار جمهوری اسلامی نسبت به مجاهدین و چپگرایان درسال ۱۳۶۷ آشکارا مشمول تعریف بالا از جنایت علیه بشریت می‌شود. آنان، همان‌گونه که توضیح داده ام، اسرای جنگی به شمار نمی‌آمدند اما بخشی از مردم غیرنظامی بودند و به اتهام ارتکاب جرایمی که اغلب غیر جرایم جنگی بودند در زندان به سر می‌بردند (یا همچون ملّی کشان دوران محکومیت خود را سپری کرده بودند). شکنجه و کشتن اعضای این گروه‌ها بدون تردید «بخشی از یک حملهٔ گسترده و سازمان یافته بود.» این جنایات تقریباً همزمان در ۲۰ زندان در سراسر کشور روی داد و برنامه و نحوهٔ انجام آن‌ها در روزهای پس از ششم مرداد ۱۳۶۷ تهیه و زمان بندی شده بود. متوقف کردن ملاقات با زندانی‌ها، ممنوعیت دسترسی به رسانه‌ها، بازپرسی‌های مجدد از مجاهدین و سپس چپگرایان، به دار کشیدن یا تیرباران زندانی‌ها، از سوئی، و شلاق زدن آن‌ها ۵ بار در روز برای وادار کردنشان به نماز خواندن، از سوی دیگر، همگی را باید اجزا و مراحل از پیش برنامه ریزی شدهٔ این جنایات شمرد. گرچه «کشتن» واژهٔ غیر مناسبی برای قتلی است که به حکم دادگاه صورت می‌گیرد، آنچه را در این مراحل روی داد می‌توان از مصادیق «نابود سازی» شمرد زیرا در این واژه هم «دشمنی علیه گروهی از انسان‌ها» مستتر است و هم «عنصر نابودکردن گروه.»[۲۰۲] آزار و اذیت فرد به دلایل سیاسی و مذهبی نیز توصیف دقیقی از سرنوشتی است که مجاهدین و چپگرایان دچارش شدند.

بخشی از ماده ۷ نیز ایجاد شبهه کرده است. طبق بند ۲ (الف) این ماده حمله یاد شده باید «در حین اجرای یک برنامهٔ سازمان یافتهٔ دولتی یا در ارتباط با چنین حمله‌ای صورت گرفته باشد.» چنین توضیحی، امّا، دال بر آن نیست که شواهد ناظر بر وجود یک برنامهٔ از پیش طراحی شده عنصر لازم برای اثبات جرم است؛[۲۰۳] این سوء تعبیری است که برخی از مفسّران را برانگیخته که به جست و جوی شواهدی بپردازند که برنامهٔ کشتارها از مدت‌ها پیش از ارتکاب جرم طرّاحی شده بوده است، به عنوان نمونه زمان توزیع پرسشنامه‌ها و یا دوران بازجوئی‌های مجدد برای طبقه بندی زندانیان که سال ۱۳۶۶ باشد. تردید چندانی وجود ندارد که وزارت اطلاعات از زمان دستگیری‌های سال ۱۳۶۰ پیوسته دلمشغول مسئلهٔ «نامسلمان» بودن بخشی از زندانیان بوده است. در واقع از همین سال به بعد، این وزارتخانه مشغول جمع آوری مدارک دربارهٔ مجاهدین و چپگرایان، هر دو، بوده است از جمله یادداشت‌های مربوط به بازجوئی‌ها، پاسخ‌های زندانیان به پرسشنامه‌ها، و در برخی از موارد اطلاعات جمع آوری شده از توّابین و جاسوسان ساکن در زندان‌ها. پس از موافقت ناخواستهٔ خمینی با آتش بس، مسئله ابعاد جدی تری یافت و پس از حملهٔ «فروغ جاویدان» به مرحلهٔ اضطراری رسید. به هرحال، از دید حقوقی اهمیتی بر تاریخ طراحی برنامهٔ کشتار مترتّب نیست، چه ششم مرداد ۱۳۶۷ بوده باشد و چه یک سال زودتر. هنگامی که فتوای خمینی به قضات شرع و رؤسای زندان‌ها داده شد، جمهوری اسلامی برنامهٔ کشتار را طراحی و آماده کرده بود آن گونه که اجرای فتوا تقریباً بلافاصله آغاز شد. همهٔ زندان‌هایی که من بررسی کرده ام کار بازجوئی‌ها و اعدام‌ها را در اواخر مرداد متوقف کردند و پس از اندک زمانی، با پاکسازی زندانیان چپگرایی که مرتد شناخته شده بودند، دوباره از سر گرفتند. گرچه اجرای برنامه، به علت شتاب در کار، گاه با آشفتگی‌ها یا هرج و مرج‌هایی هم عجین می‌شد برداشت کلی این است که برنامه معطوف به نابود کردن یا خنثی ساختن هر مسلمان منتقد رژیم بود که احتمال می‌رفت پس از جنگ منشاء خطری

برای دولت شود؛ برنامه‌ای که در دو مرحلهٔ مجزّا اجرا شد. طرّاحی چنین برنامه‌ای بی‌تردید با سازماندهی و ارزیابی شتابزدهٔ اطلاعات به دست آمده در سال‌های قبلی و جداسازی بندهای مخصوص مجاهدین، توّابان، مرتدّان ملّی و چپگرایان در زندان‌های بزرگی چون اوین و گوهردشت بوده است. امّا، این کشتارها چه در ششم مرداد ماه ۱۳۶۷ برنامه ریزی شده و چه از یک سال پیش از آن طراحی شده باشند، بدون تردید «به دنبال تصمیم دولت به اجرای این حمله» ارتکاب شدند. این کشتارها جنایت علیه بشریت بوده‌اند و ناقض حقوق بین‌الملل.

نسل کشی

یکی از عهدنامه‌هایی که می‌تواند ناظر بر جنایات ۱۳۶۷ شناخته شود کنوانسیون نسل کشی است که دولت‌ها را موظف به رسیدگی به موارد ارتکاب جرم نسل کشی و مجازات کسانی می‌کند که افراد را تنها به خاطر عضویت در یک گروه«ملی، قومی، نژادی یا مذهبی» آماج آزار و آسیب‌های شدید جسمی و روانی کنند، آن هم به قصد از بین بردن کل گروه یا بخشی از آن.[۲۰۴] باید توجه کرد که این تعریف شامل گروه‌های سیاسی نیست. بنابراین، پرسش این است که آیا مجاهدین یک گروه سیاسی بودند یا گروهی با رهیافتی ویژه به اسلام. قصد از صدور فتوا آشکارا حذف کامل این گروه به خاطر آراء و گرایش‌های مذهبی‌اش بود. شمول این کنوانسیون تنها به گروه‌های ملّی، قومی و مذهبی، آماج خرده گیری‌های بسیار بوده است. از همین رو برخی از حقوقدانان کوشیده‌اند تا به تعریف دیگری از نسل کشی در حقوق بین‌الملل سنّتی دست یابند، گرچه به نظر من این کنوانسیون به عمد گروه‌های سیاسی را مشمول مقررات خود نکرده است[۲۰۵] امّا، در نظام دین سالار ایران دشمنی با مجاهدین اساساً به این علت بود که بر تفسیر خاص خود از اسلام پا می‌فشردند، گرچه نظریه‌های سیاسی مارکسیستی در شکل گیری این تفسیر بی‌نقش نبوده‌اند.

پرسش این است که آیا می‌توان مجاهدین را مشمول تعریف کنوانسیون از «گروه‌های مذهبی» دانست به ویژه با توجه به این واقعیت که براساس مفاد فتوا رژیم قصد از بین بردن آن‌ها را به عنوان یک گروه کرده بود، یا حداقل گروهی از آن‌ها را که در زندان‌های ایران به سر می‌بردند؟ (مجاهدین حق وجود و فعالیت در خارج از زندان‌ها را نداشتند و به محض شناسایی دستگیر و زندانی می‌شدند). این پرسش، امّا، در مجموع روشن و سرراست نیست. کنوانسیون گروه‌های سیاسی و مذهبی را از تعریف خود خارج کرده است زیرا تعلقات سیاسی و اجتماعی، برخلاف نژاد و قومیت فرد، سیّال‌اند و تابع سلیقه و انتخاب فرد. امّا، یک «گروه مذهبی» لازم نیست اعضایش را از حق ترک گروه محروم کند. در مرحلهٔ پیش‌نویسی کنوانسیون، انگلستان با شمول «گروه مذهبی» مخالفت کرد دقیقاً از این رو که هر فردی آزاد به پیوستن یا بریدن از آن است امّا این مخالفت به جایی نرسید.[۲۰۶] دادگاه جزایی بین‌المللی روآندا تأیید کرده است که «گروه مذهبی گروهی است که اعضایش باورهای مشترک و پایدار دارند.»[۲۰۷] مجاهدین نیز به عنوان یک گروه باورهایی نسبتاً ثابت و موجودیتی پایدار داشته است، نخست در ایران و سپس در پاریس و از سال ۱۳۶۵ در بغداد. مجاهدین به قرآن احترام می‌گذارند و تفسیرهای آیت‌الله طالقانی از اسلام را می‌پسندند. آنان با گروه‌های شخصیت محور وجوه مشترک بسیار دارند امّا با استناد به چنین ویژگی‌هایی آن‌ها را نمی‌توان از حمایت قانون محروم کرد. حتی معتقدان به «ساینتولوژی» نیز به عنوان یک گروه مذهبی به رسمیت شناخته شده‌اند.[۲۰۸]

دادستان‌های جمهوری اسلامی با مجاهدین به عنوان یک گروه مذهبی رفتار می‌کردند: کسانی که از «نفاق افکنی» و بدعت آفرینی خویش توبه نمی‌کردند و به همین دلیل نیز کشته می‌شدند-به خاطر «پافشاری بر سر اعتقاد به تفسیری فاسد و ناپذیرفتنی از اسلام.» رهبران «خِمِرهای سرخ» که امروز در کامبوج در انتظار صدور حکم دادگاه دربارهٔ خویش‌اند به خاطر کشتن رهبران و کشیش‌های «توبه ناکردهٔ» بودایی به ارتکاب جنایت نسل کشی متهم شده‌اند. رهبران جمهوری اسلامی هم ممکن است به ارتکاب جنایتی مشابه متهم شوند؛ متهم به کشتن همهٔ مجاهدینی که به جرم نپذیرفتن دین دولتی

دستگیر شده بودند.

تقریباً همهٔ قربانیان موج دوم کشتار-زندانیان سیاسی مردِ متهم به ارتداد- یا اعدام و یا زیر شکنجه کشته شدند. چنین کشتاری، به قصد از بین بردن بخشی از یک «گروه» -که همان «مرتدّان» محبوس در زندان‌های ایران باشند، مشمول کنوانسیون نسل‌کشی است. براساس تصمیم دیوان دادگستری بین‌المللی، گرچه به طور کلی نسل‌کشی در بوسنی روی نداد، کشتن ۷۰۰۰ مرد و پسر در سربره‌نیتسا را می‌توان نسل‌کشی به شمار آورد.[۲۰۹] امروز محاکمهٔ رادُوان کارادیش به اتهام صدور فرمان این کشتار خاص در جریان است. در قضیهٔ «کریستک»، دادگاه کیفری بین‌المللی یوگوسلاوی با بررسی شواهد و مدارکی که بتوانند وجود قصد عمد در کشتار بخشی از یک گروه یا همهٔ آن را اثبات کنند، به این نتیجه رسید که کشتار با قصد ریشه‌کن کردن گروه معینی از مردم در محدودهٔ جغرافیایی مشخصی در یک کشور، یا حتی یک شهرستان، را می‌توان نسل‌کشی شمرد.[۲۱۰] بنابراین، می‌توان نتیجه گرفت که گروهی که اعضایش به عنوان زندانیان سیاسی در یک زندان دولتی به سر می‌برند حُکم «گروه»ی را دارند که موضوع کنوانسیون نسل‌کشی است. پرسش دشوارتر این است که آیا این زندانیان-مارکسیست‌هایی که به خدا اعتقاد ندارند- یک گروه مذهبی‌اند یا سیاسی. پاسخ خرد متعارف این است که هم مذهبی‌اند و هم سیاسی. امّا، قانون همیشه بر خرد متعارف استوار نیست. بنابراین در مورد نسل‌کشی باید به خاطر این تفاوت تصنعی تصمیم گرفت که آیا می‌توان گروهی از مرتدّان را یک گروه مذهبی دانست یا نه؟ پاسخ این پرسش وابسته به قصد مرتکبان شکنجه و قتل است. به سخن دیگر، باید پی برد که آیا قصد آنان در ارتکاب این جرایم مشخصاً نسل‌کشی بوده است؟ فتوایی در مورد کشتار موج دوّم نیافته‌ایم (و ممکن است چنین فتوایی در اصل صادر هم نشده باشد). امّا، شواهد و مدارک کافی در مورد روش بازجویی از زندانیان و شیوهٔ کار دادگاه‌های درون زندان برجای مانده است. براساس این مدارک، آشکار است که قاضیان به دانستن گرایش‌های سیاسی متهمان علاقه‌ای نداشته‌اند. علاقهٔ آنان کمابیش یکسره معطوف به نگرش زندانیان به خدا و اسلام بوده است و به اینکه آیا در خانواده‌های مؤمن و نمازخوان زاده شده بودند و اینکه آیا حاضر بودند با نمازخواندن اعتقادشان را به خدا و اسلام ثابت کنند یا نه. تصمیم به اعدام آن‌ها، یا -اگر زن بودند- به کشتنشان زیر شکنجه، بسته به پاسخشان به این پرسش بود که آیا براساس ضوابط تعیین شده در متون مذهبی، و نه رساله‌های سیاسی، مرتد شناخته می‌شدند یا نه. بنابراین براساس همین ضوابط است که تفاوت بین مرتد فطری و مرتد ملّی، بین مجازات مرد و زن، آشکار می‌شود و نیز اهمیت توبه در تعیین مرگ یا زندگی متهم. سنّت دیرپای فقه اسلامی منشاء این احکام و ضوابط است. گرچه مذهبی شمردن گروهی مرتد تعریفی متناقض به نظر می‌رسد، امّا، بر اساس یک حکم معتبر قضایی می‌توان فرض کرد که «گروه‌های مذهبی می‌توانند شامل جوامع خداشناس، غیرخداشناس و خدا نشناس، شوند که پیوند درونی شان ریشه در یک آرمان معنوی مشترک دارد [مثل باور یا عدم باور به وجود خدا]». برپایهٔ حکم بالتازار گارزون، قاضی دادگاه رسیدگی به ادعای نسل‌کشی در آرژانتین:

> ریشه‌کن کردن گروهی به خاطر خدانشناسی آنان یا امتناعشان ازپذیرفتن ایدئولوژی مسیحیت... ازبین بردن یک گروه مذهبی است. زیرا چنین گروهی می‌تواند منشاء انگیزهٔ ارتکاب جنایت نسل‌کشی شمرده شود. در واقع چنین به نظر می‌رسد که انگیزهٔ ارتکاب جنایت نسل‌کشی می‌تواند هم در واکنش به گروه‌های معتقد به مذهب (به عنوان نمونه، گروهی مسلمان) متظاهر شود و هم به شدّتی بیشتر، به عنوان نمونه، در واکنش به همهٔ گروه‌های غیرمسیحی یا خدانشناس.[۲۱۱]

واقعیت این است که گرچه، مارکسیست بودن اغلب این گروه‌ها به آنان هویتی سیاسی می‌بخشید، ارتداد و محاربه با خدا مفاهیمی یکسره مذهبی‌اند و در متون مذهبی و رویه‌های قضایی هزارسالهٔ قضات مسلمان تعریف شده‌اند. دربارهٔ اینکه آیا ارتداد متهمان از اعتقادات سیاسی آنان برمی‌خاست یا برعکس. پرسش در واقع این بود که آیا متهم مسلمان زاده

شده؟ آیا از اسلام روی گردانده؟ و آیا، پس از شلاق خوردن با کابل‌های برقی، حاضر است به اسلام بازگردد؟ می‌توان استدلال کرد که کشتار زندانیان سیاسی را نسل‌کشی باید شمرد زیرا هدفش نابودکردن بخش بزرگی از یک گروه بود که مشخصهٔ اصلی اعضایش، در دید کشتارگران، چیزی جز باورهای مذهبی آنان نبود. انگیزه در این کشتار شاید سیاسی بوده باشد، یعنی سرکوب مخالفان حکومت دین سالار. امّا نیت آنان را نسل‌کشی باید دانست زیرا در پی حذف کردن «گروه‌های مذهبی» بودند که به احتمال قوی مشروعیت حکومت را به چالش می‌کشیدند: از سوئی، مجاهدین که به تفسیری دیگر از اسلام اعتقاد داشتند و، از سوی دیگر، گروه‌هایی که سرسختانه بر ارتدادشان پا می‌فشردند. مبنای مذهبی اتهاماتی که این دو گروه را محکوم به مرگ می‌کرد کاملاً روشن بود زیرا «محاربه با خدا و فساد در ارض» تنها جرمی است که مجازاتش در قرآن (سورهٔ پنجم، آیات ۳۳ و ۳۴) اعدام دانسته شده. امّا، بُعد نسل‌کشی این اعدام‌ها ناشی از واقعیت سیاسی است و نه متون مقدس مذهبی. حکومتی که به گونه‌ای بی‌سابقه با مذهب عجین شده بود، بدین معنی که حکومت ایران خود را "جانشین خدا در این دنیا" می‌دانست، نظام خداسالاری که نمی‌توانست این واقعیت را برتابد که گروهی مرتد جسور در زندان‌ها در انتظار آزاد شدن و برگشتن به آغوش جامعه باشند. ایران نمونه‌ای است منحصر به فرد از آمیزشی چنین تنگاتنگ بین دین و سیاست، و مشکل بتوان نقش هریک [دین یا سیاست] را در انتخاب این سیاست [کشتار زندانیان سیاسی] جداگانه مشخص کرد، امّا روشن است که این سیاست به قصد نسل‌کشی طرح ریزی شده بود.

اگر تردیدی هم در این نکته باشد، باید آن را، با توسل به برخی موازین محکم حقوقی، به سود گروه‌های قربانی شده حل کرد. کنوانسیون نسل‌کشی را باید معادلی جهانی برای قوانین داخلی‌ای شمرد که خشونت برخاسته از ملاحظات مذهبی را ممنوع می‌کند. با پذیرفتن این فرض، خطایی بزرگ است اگر مرتکبان این جنایات را از مسئولیت معاف بدانیم زیرا برحسب تصادف کسانی را هدف خشونت قرار داده بودند که اتهامات مذهبی وارده برخود را نمی‌پذیرفتند. فردی که کسی را به خاطر مذهبش (به عنوان نمونه، اسلام یا یهودیت) آزار دهد یا بکشد مسلماً نمی‌تواند مذهب قربانی‌اش را به عنوان عنصر مخفِّفهٔ جرمش پیش کشد. همین گونه، درست نخواهد بود که دولت ایران را از مسئولیت معاف کنیم به این دلیل که قربانیانش به مذهبی اعتقاد نداشتند که الهام بخش مرتکبان شکنجه و اعدامشان بود.

اگر چنین تحلیلی را صحیح بدانیم، جامعهٔ بین‌المللی، یا دست کم ۱۴۰ کشوری که این کنوانسیون نسل‌کشی را پذیرفته‌اند - ازجمله ایالات متحد آمریکا - موظّف‌اند بپذیرند که نابود کردن مجاهدین و از بین بردن گروه‌های چپگرا از مصادیق کنوانسیون نسل‌کشی است. طبق ماده ۱ این کنوانسیون، «نسل‌کشی، چه در دوران صلح روی دهد و چه در زمان جنگ، براساس حقوق بین‌الملل جنایت شمرده می‌شود.» چون شمار بسیاری از کشورهای جهان کنوانسیون نسل‌کشی را تصویب کرده‌اند مفاد این کنوانسیون جزیی از اصول و ضوابط لازم الرعایه حقوق بین‌الملل شده اند و از همین رو همهٔ دولت‌ها، حتّی اگر آن را تصویب نکرده باشند، موظف به اجرای مقررات کنوانسیون، مسئول رسیدگی به این جنایت و تعقیب مرتکبان آن‌اند. همان‌گونه که دیوان دادگستری بین‌المللی در قضیهٔ «تحفّظ نسبت به کنوانسیون نسل‌کشی» توضیح داده است این کنوانسیون در اصل تجلّی نیت سازمان ملل متحد به تقبیح و مجازات نسل‌کشی به عنوان «جنایتی است به قصد انکار حق زندگی گروهی از انسان‌ها؛ انکاری که وجدان بشریت را می‌آزارد و منافی با موازین اخلاقی و مفاد و اهداف سازمان ملل متحد است.»[۲۱۲]

قانون ناظر بر مسئولیت دولت، دولت ایران را مسئول این جنایات می‌شمرد زیرا ارتکاب آن‌ها بر عهدهٔ نهادهای رسمی حکومتی، یعنی وزرا و مأموران دولت و سپاه پاسداران انقلاب بود. جلادان در استخدام دولت ایران بودند و هم این دولت بود که به طرّاحی و هماهنگ کردن نقشهٔ کشتار و نحوهٔ اجرای آن پرداخت. قضات شرع همین حکومت حکم اعدام‌ها را صادر کردند و سپاه پاسداران را به اجرای آن‌ها گماشتند.[۲۱۳]

با این همه بعید است که سازمان ملل متحد، - همان‌گونه که در مورد جنایات مرتکب شده در یوگوسلاوی، روآندا و کامبوج کرده بود،- به تشکیل دادگاه ویژه‌ای برای رسیدگی به کشتارهای ایران اقدام کند. امّا هر دولتی رأساً می‌تواند قضیه را به دیوان دادگستری بین‌المللی ارجاع کند و بخواهد که دربارهٔ مسئولیت ایران برای پرداخت غرامت به قربانیان و خانواده‌هایشان، و نیز تعقیب کسانی که برنامه ریز و مجری این کشتارها بوده‌اند، تصمیم گیرد [رأی مشورتی]. مجمع عمومی سازمان ملل متحد، یا برخی از ارگان‌های آن، نیز می‌توانند قضیه را در این دادگاه پیگیری کنند. مسلماً جمهوری اسلامی صلاحیت دادگاه را نخواهد پذیرفت، همان‌گونه که اسرائیل نیز صلاحیت دادگاه برای رسیدگی به قانونی بودن ساختن دیوار در مرز فلسطین را نپذیرفت. امّا، امتناع ایران مانع صدور رأی [مشورتی] دادگاه نخواهد شد. نسل کشی را نیز می‌توان به هر ادعانامهٔ احتمالی که در کشور دیگری علیه مرتکبان کشتار زندانیان در ایران تهیه شود افزود. علاوه بر این، از آنجا که عناصر تشکیل دهنده جرم نسل کشی در جنایت علیه بشریت نیز وجود دارند، نیازی به اثبات «نیت نسل کشی» نخواهد بود.

امکانات دفاع

آیا جمهوری اسلامی، یا هر فردی که متهم به شرکت یا مباشرت در کشتارها شود، می‌تواند توجیهی پذیرفتنی در دفاع از خود و اتهام جنایت علیه بشریت عرضه کند؟ مجازات اعدام به خودی خود در تضاد با حقوق بین‌الملل نیست و در قوانین کیفری بسیاری از کشورها، اسلامی و غیراسلامی، مجازات‌هایی چون شلاّق و فلک کردن وجود دارد. امّا، پیش از آنکه بتوان به اعدام به عنوان «مجازات قانونی» متوسل شد باید ثابت کرد که چنین مجازات سنگینی با رعایت موازین حقوق بین‌الملل- پس از یک محاکمهٔ عادلانه- اجرا شده است. در مورد مجازات‌های بدنی نیز باید ثابت شود که اجرای آن‌ها به حدّ شکنجه و رفتار غیرانسانی و تحقیر کننده نرسیده است.

در مورد اعدام مجاهدین هیچ دفاع موجّهی ممکن نخواهد بود. این اعدام‌ها بر اساس تصمیم «دادگاهی» اجرا نشد. تنها پس از طبقه بندی کردن و اثبات عضویت آنان در سازمان مجاهدین تصمیم به کشتن بی‌درنگ و خودسرانهٔ آنان گرفته می‌شد. «فتوا» مجازات اعدام را برای همهٔ کسانی که هنوز از این گروه ایدئولوژیک پشتیبانی می‌کردند ضروری می‌شمرد، حتی اگر متهم هرگز برای پیشبرد هدف‌های سازمان به خشونت دست نبرده بود. بسیاری از اعدام شدگان کسانی بودند که به خاطر جرایم ناچیزی چون هواداری از سازمان مجاهدین در ۱۳۶۰ محکوم به حبس شده و هنوز دوران زندان خود را به پایان نرسانده بودند. «فتوا» بدون هیچ توضیحی حکم اعدام این گروه از زندانیان را جایگزین حکم زندانشان می‌کرد. دیگر زندانیان - ملّی کش‌ها - با آنکه دوران حبسشان به جرم تخلفات ناچیز تمام شده بود هنوز در زندان به سر می‌بردند. «فتوا» آنان را نیز دوباره، و تنها به خاطر «جرایمی» چون بی‌دینی یا داشتن عقاید سیاسی یا مذهبی مطرود شده از سوی رژیم، بدون دادرسی و حکم دادگاه محکوم به اعدام می‌کرد. طبق بند ۲ ماده ٦ میثاق بین‌المللی حقوق مدنی و سیاسی، و براساس موازین شورای اقتصادی و اجتماعی سازمان ملل متحد، مجازات اعدام باید به جرایم سنگین محدود شود؛ جرایمی که منجر به مرگ و یا دیگر عواقب هولناک می‌شوند. کمیسیون حقوق بشر[سازمان ملل] پیوسته بر این نکته اصرار ورزیده است که مجازات اعدام نمی‌تواند به خاطر تعلقات سیاسی یا مذهبی اِعمال شود[۲۱۴] یا در مورد مجرمانی اجرا شود که به ۱۸ سالگی نرسیده‌اند. بسیاری از قربانیان کشتارها هنگام دستگیری هنوز دانش آموز دبیرستان بودند. زنان صاحب فرزند نیز نباید به مجازات مرگ محکوم شوند امّا مادران مجاهد مشمول چنین قاعده‌ای نمی‌شدند. ملّی کش‌ها نیز که دوران حبس را گذرانده بودند پس از آنکه به عنوان مرتدِ «سرموضع» شناخته می‌شدند مشمول حکم فتوا یعنی اعدام بودند.

در دوران کشتارها در ایران، رژیم همهٔ موازین حقوق بین‌الملل را در مورد آیین دادرسی یکسره زیرپا گذاشت: اتهام متهمین به آن‌ها ابلاغ و تفهیم نمی‌شد؛ در آغاز جریان، اعضای

سازمان مجاهدین خلق نمی‌دانستند که حضورشان در برابر کمیتهٔ مرگ ممکن است به اعدامشان منجر شود (در واقع بسیاری از آن‌ها گمان می‌بردند که کمیته همان کمیتهٔ عفو است که مدت‌ها در انتظارش بوده اند)؛ متهمان حق دفاع از خود و حق برخورداری از خدمات وکیل نداشتند و از گواهی شاهد و حق پژوهش خواهی از حکم اعدام محروم بودند.

این موانع و محدودیت‌ها در مسیر دادرسی عادلانه در قضیه کشتارها بسیار بیشتر از موانع و محدودیت‌هایی بوده است که در دادرسی اوچالان، رهبر حزب کارگر کردستان، وجود داشت. گرچه اتهام اوچالان فعالیت‌های گسترده و مرگبار تروریستی بود، حکم اعدام او به سبب قصور دولت ترکیه در فراهم آوردن امکانات لازم برای تهیه لایحهٔ دفاع، و نیز محروم بودن وی از خدمات وکیل، نقض شد.[۲۱۵] در کشتار زندانیان ایران، جلسهٔ بازجویی مجاهدین بیشتر از چند دقیقه به طول نمی‌انجامید. در همین زمان کوتاه، پس از شناسایی گرایش‌های مذهبی و سیاسی قربانیان، حکم غیرقابل پژوهش فتوا به اعدام آنان، آن هم بر پایهٔ مسئولیت مشترک، اجرا می‌شد. این دادرسی‌ها در خفا صورت می‌گرفت و حکم اعدام هم به آگاهی عموم نمی‌رسید. به این ترتیب رژیم به هیچ یک از موازین و ضمانت‌های حقوق بشر بین‌المللی در مورد مجازات اعدام کمترین اعتنایی نمی‌کرد.

«موج دوّم» اعدام مرتدان نیز، که با همین اوضاع و احوال و در همین فضا انجام شد، غیرقابل توجیه و دفاع است. گرچه در اغلب موارد «دادرسی» کوتاهی نیز صورت می‌گرفت- اگر بتوان به رد و بدل شدن پرسش و پاسخ‌ها بین اعضای کمیته و متهم برای احراز مسلمان بودن یا نبودن وی چنین عنوانی داد - امّا در آن خبری از تفهیم اتهام و ادعانامه نبود و بیشتر متهمان از این واقعیت آگاه نبودند که در جلسهٔ «محاکمه» شرکت کرده‌اند (آرامش پس از اعدام مجاهدین در آن‌ها این توهم را ایجاد کرده بود که در یک روند مربوط به عفو شرکت می‌کنند) و نیز از اهمیت پاسخ‌هایی که به پرسش‌های فقهی اعضای کمیته می‌دادند کمترین خبری نداشتند. به آنان وقت و امکانی داده نشده بود که با کسی دربارهٔ نکات شرعی و حقوقی مشورت کنند. شاید از همه مهم‌تر حتّی نمی‌دانستند که اگر در همان جلسه «دادرسی» به خواندن نماز می‌پرداختند حکم اعدامشان به مجازات کمتری تبدیل می‌شد. روشن نبود که مفهوم تخفیف در حکم چیست: آنان که پذیرفتند نماز بخوانند، برای مدّت نامعلومی در زندان ماندند و در این مورد تفاوتی بین ملّی کش‌ها و آنان که دوران محکومیت خود را طی می‌کردند نبود.

دوباره تأکید کنم، نبود هر گونه امکان دادرسی عادلانه و صدور حکم اعدام در قالب موازین حقوق بین‌الملل هرگونه ادعایی نسبت به «قانونی بودن اعدام» را غیرقابل قبول می‌کند، به ویژه از آن رو که حکم اعدام برای مجازات ارتداد صادر می‌شد، برای «جرمی» که نمی‌تواند در ردهٔ جنایت‌های «فوق العاده سنگین» قرار گیرد. کمیتهٔ حقوق بشر تصریح کرده است که حقوق بین‌الملل تحمیل مجازات اعدام را در مورد ارتداد - یک «جرم اندیشه محور» - مجاز ندانسته است زیرا جرم شناختن ارتداد با حق انتخاب و تغییر مذهب، که مورد تأیید همهٔ میثاق‌های حقوق بشر و نیز اعلامیهٔ (جهانی) حقوق بشر قرار گرفته است تضادی آشکار دارد.[۲۱۶] بنابراین، موج دوم اعدام مرتدّان، همانند موج اول اعدام مجاهدین، نه قابل توجیه است و نه قابل دفاع زیرا هردو جنایت علیه بشریت‌اند؛ جنایتی که انسان‌ها را خودسرانه از حق زندگی محروم می‌کند و در تضاد است با ماده ۳ اعلامیه جهانی حقوق بشر، بند ۱ مادهٔ ٦ میثاق بین‌المللی حقوق مدنی و سیاسی و ماده ۳ مشترک کنوانسیون‌های جنایات جنگی.

تصمیم دیوان عالی عراق در قضیهٔ دوجیل اعدام‌های غیرقانونی را بُعد جالبی بخشید. در شهر دوجیل، پناهگاه مخالفان رژیم عراق، بود که صدّام در سال ۱۳٦۱ آماج یک سوء قصد شد. گرچه طراحان و مجریان نقشه از چند تن بیشتر نبودند، نیروهای انتظامی عراق ۱۴۸ عراقی را به اتهام شرکت در توطئه دستگیر و پس از شکنجه به حکم یک دادگاه انقلابی اعدام کردند بی‌آنکه دادرسی عادلانه‌ای صورت گرفته باشد. صدّام، که حکم اعدام دادگاه در مورد همهٔ متهمان را تنفیذ کرده بود، قاضی صادرکنندهٔ حکم، و مأمورانی که

مسئول فراهم آوردن وسایل شکنجه و انجام اعدام‌ها بودند، همگی به ارتکاب جنایات علیه بشریت محکوم شدند. دادگاه دستاویز ضرورت را، که زندانیان همگی تروریست و با جمهوری اسلامی، دشمن عراق، همدست بودند، رد کرد زیرا مرگ این گروه «رافع یک خطر فوری نبود.» و مجازات اعدام هم تناسبی با خطر متصوّر نداشت. دادگاه این استدلال را هم که قوانین کیفری عراق از جرمی به نام جنایت علیه بشریت نام نبرده‌اند رد کرد و یادآورشد که: جنایت و شکنجه هردو در این قوانین جرم شناخته می‌شوند و ارتکاب این جرم، آن هم در چنین ابعادی، با قوانین داخلی و بین‌المللی هردو در تناقض‌اند. قاضی انقلابی که بر دادرسی صوری مهر تأیید گذاشت مدعی شد که قانون او را موظّف به صدور حکم اعدام می‌کرد، امّا دیوان عالی یادآور شد که تبعیت وی از دستور خودسرانه و کینه توزانهٔ مقامات بالاتر غیرقابل توجیه است. همانند قضات آلمان نازی که در قضیهٔ آلستوتِر محکوم شدند «خنجر آدمکش را زیر جامهٔ قاضی هم می‌توان یافت.»[۲۱۷] گرچه دیوان عالی عراق یک دادگاه بین‌المللی نبود و اعتبار تصمیماتش هم می‌تواند به سبب تعصبات و فشارهای سیاسی مخدوش بوده باشد،[۲۱۸] اِجماع مفسّران حقوقی بر این است که به هرحال تصمیمش، مبنی بر اینکه دستاویزهایی چون «ضرورت» و «دستور مافوق» رافع مسئولیت قاضی انقلابی و مأموران انتظامی عراق نمی‌تواند باشد، تصمیمی درست است.

شکنجه

زندانیان چپگرایی که از خطر اعدام به دلیل ارتداد در موج اول گریخته بودند در موج دوم هر روز پنج بار ضربه‌های کابل قطور برقی بر کف پا را تحمل می‌کردند تا آنکه یا به نماز خواندن رضایت می‌دهند یا سرانجام بر اثر شکنجه در زندان کشته می‌شوند یا از فشار درد و نومیدی خودکشی می‌کنند. پرسش این است که آیا می‌توان رنج و درد مسلم این گروه از زندانیان را مصداق این تبصرهٔ کنوانسیون ۱۹۸۴ شکنجهٔ سازمان ملل متحد دانست که «درد و رنج، اگر از تبعات اجرای یک مجازات قانونی و یا عنصر لاینفک آن باشد، مسئولیتی متوجه مجازات کننده نمی‌کند؟»

هیچ مجازاتی را قانونی نمی‌توان شمرد، دست کم از نظر حقوق بین‌الملل، اگر ناشی از شکنجه باشد. «اعلامیهٔ سازمان ملل علیه شکنجه (۱۹۷۵)» این مجازات را تعریف و مطلقاً ممنوع کرده است:

> واژهٔ شکنجه به هر فعل عمدی‌ای اطلاق می‌شود که سبب درد و رنج شدید جسمانی یا روانی یک فرد شود و انگیزه‌هایی چون: کسب اطلاعات و یا اقرار از فرد یا شخص ثالث، مجازات فرد به دلیل عملی که او یا شخص ثالثی مرتکب شده و یا مظنون به ارتکاب آن است، ایجاد رعب یا اعمال زور بر فرد یا شخص ثالث، و یا هر انگیزهٔ دیگر مبتنی بر اِعمال هر نوع تبعیض، موجب آن شده باشد. یک چنین درد و رنجی باید توسط یا به تحریک و یا توافق صریح یا ضمنی مأمور دولت و یا فرد دیگری که تحت عنوانی رسمی عمل می‌کند، به وجود آمده باشد.

به اعتقاد من، بر پایهٔ مدارک و شواهد موجود، مجازات اِعمال شده بر زنان مرتد و نیز بر مردان مرتدی که فرصت داشتند یا با توبه کردن و نماز خواندن به اسلام باز گردند و یا در ردیف غیرمسلمانان بمانند، بدون تردید آن چنان شدید بوده که به حدّ شکنجه می‌رسیده است. این داوری تنها بر اساس پروندهٔ خاص و منحصر به فردی نیست. همان‌گونه که شعبهٔ استیناف دادگاه کیفری بین‌الملل ویژه یوگوسلاوی(ICTY) درمورد اردوگاه زندانیان اومارسکا حکم داده است: «شرایط غیرانسانی و رواج خشونت‌های شدید روانی و جسمی در زندان» (دقیقاً همان اوضاع و احوال حاکم بر بندهای زندان‌های ایران که در ماه‌های شهریور و مهر ۱۳۶۷ جایگاه زندانیان سیاسی بودند) خود باید از مصادیق شکنجه شمرده شود.[۲۱۹] شدّت درد ناشی از کتک زدن و فلک کردن در چنین فضایی با درد حاصل از مجازات‌های بدنی متعارف در نظام‌های کیفری برخی از کشورها قابل مقایسه نیست. افزون بر این، در سال ۱۳۴۸ در دعوای معروف به دعوای یونان که سایر دولت‌های اروپایی علیه این دولت اقامه کرده بودند، «کمیسیون اروپائی» زدن شلاّق بر کف پای زندانی را (که دردی وحشتناک و غیرقابل

تحمل دارد، به ورم کف پا منجر می‌شود، امّا اثر مشهودی از خود به جای نمی‌گذارد) شکنجه و رفتار غیرانسانی دانست.[۲۲۰] در شماری از دعواهایی که علیه دولت ترکیه اقامه شده بود، دادگاه حقوق بشر اروپا تردیدی در شکنجه بودن «فلک» نداشت.[۲۲۱]

در سال ۱۹۷۸، دادگاه اروپایی در دعوای ایرلند علیه انگلستان تصریح کرد که «درد ناشی از شکنجه چنان شدید و بی رحمانه است که بر این رفتار غیرانسانی و بی‌رحمانه مُهر ننگ می‌زند.»[۲۲۲] به نظر من از مصادیق این تعریف از شکنجه دقیقاً همان کتک‌هایی است که بر زنان مرتد زده می‌شد و شدیدترش بر مردان؛ کتک‌هایی که از مجازات اسلامی شلاّق بسی فراتر می‌رفت. باید به این نکته نیز اشاره کرد که تعریف شکنجه در رویّهٔ قضایی پس از ۱۳۶۷ تا حدّی پیچیده‌تر شد امّا این پیچیدگی در این واقعیت تغییری نمی‌دهد که رفتار با زندانیان موج دوّم مصداق کامل تعریف آن زمان از شکنجه بود. بدون تردید چنین رفتاری برپایهٔ تعریف کنونی نیز شکنجه به شمار می‌رود زیرا بنابر این تعریف، شکنجه می‌تواند با برانگیختن احساسی از ترس و اضطراب و خفت در قربانی او را خوار و حقیر کند و توان مقاومت روحی و جسمی‌اش را یکسره فروشکند.»[۲۲۳] هدف از کتک زدن‌ها نیز بی‌تردید جز این نبود: شکستن قدرت مقاومت روحی زندانی در برابر دین دولتی و وادار کردنش به روزی پنج بار سجده و تعظیم به دین ناپذیرفته.

می‌توان چنین استدلال کرد که درد و رنج زندانیان موج دوّم از رفتار خشونت آمیز زندانبانان چندان تفاوت با رنج و عذابی نداشته که در نتیجهٔ شکنجه‌های تصویب شده از سوی دولت بوش بر زندانیان خلیج گوانتانامو رفته است. من در درست بودن چنین استدلالی تردید دارم – (زندانبانان آمریکایی زندانیان را هر روز، آن هم روزی پنج بار شلاق نمی‌زده اند). امّا اگر روش‌هایی نیز که در این زندان به کار می‌رفته است به دردی غیرقابل تحمل در قربانی می‌انجامیده (به عنوان نمونه احساس خفه شدن در آب) به یقین باید آن‌ها را نیز از مصادیق شکنجه دانست. در رسیدگی به قضیهٔ «دادستان علیه بردانین»، شعبهٔ استیناف دادگاه بین‌المللی کیفری یوگوسلاوی دفاع متهمان به استفاده از چنین شیوه‌هایی را که بر استدلال‌های سست مشاور حقوقی کاخ سفید بنا شده است نپذیرفته و تصریح کرده است که: «هدف و ماهیت اصلی اِعمال شکنجه بر قربانی آن را از دیگر انواع رفتار خشونت آمیز متمایز می‌کند.»[۲۲۴] مسلم آن است که هدف نامشروع از شکنجهٔ زندانیان موج دوّم اجبار آنان به دست کشیدن از اعتقادات مذهبیِ ناسازگار با دین دولتی بوده. از همین رو، نمی‌توان استدلال کرد که شلاّق‌هایی که با این هدف بر زندانی زده می‌شود مشابه مجازات‌های متعارف بدنی است. دادگاه حقوق بشر اروپائی، دادگاه حقوق بشر آمریکای شمالی و جنوبی، و کمیسیون آفریقایی حقوق بشر و ملل همگی این استدلال را رد کرده‌اند که از خشونت شدید و نامحدود می‌توان برای مجازات محکومان بهره جست.[۲۲۵] در تمام این موارد زدن شلاّق و چوب بر اساس قوانین جاری کشورهای مربوطه مجاز بوده است. اصلی که در آراء این دادگاه‌ها تأیید و تنفیذ شد در قضیهٔ تایرر (Tyrer) به روشنی اعلام شد: «هیچ فردی، و به ویژه هیچ حکومتی حق ندارد به خاطر ارتکاب جرم انسانی را آماج خشونت بدنی کند... زیرا چنین حقی مجاز دانستن حکومت به شکنجه کردن انسان‌ها و در نتیجه مغایر با این منشور [دادگاه اروپایی حقوق بشر] و با ذات این میثاق حقوق بشر [کنوانسیون اروپایی حقوق بشر] است.» این رأی در واقع این اصل را تأکید می‌کند که توسل به قوانین داخلی دفاع موجهی در مقابل اتهام ارتکاب جنایت علیه حقوق بین‌الملل نیست.[۲۲۶]

شکنجه به روشنی یک جرم شناخته شدهٔ بین‌المللی است. همان‌گونه که رأی دادگاه در قضیهٔ پینوشه تأکید کرده:

> با شناخته شدن جنایت شکنجه در عرف حقوق بین‌الملل، هر دولتی واجد صلاحیت عمومی برای تعقیب مرتکبان این جنایت است صرف نظر از اینکه در کجا ارتکاب شده باشد. بر اساس حقوق بین‌الملل هر دولتی صلاحیت دارد که به تعقیب و مجازات مرتکبان این نوع جنایت بپردازد زیرا چنین مجرمان «دشمنان مشترک همهٔ

بشریت‌اند و از همین رو همهٔ ملت‌های جهان در دستگیری و محاکمهٔ آنان، به یکسان ذی‌نفع اند.»[۲۲۷]

با این وصف، اینکه آیا دولت‌ها و افراد شکنجه‌گر هرگز به مجازات خواهند رسید، و یا وادار به پرداخت غرامت خواهند شد، بیشتر از آنکه بسته به اصول حقوق بین‌الملل باشد تابع رویدادهای تصادفی است. دولتی که در دادگاه کشوری دیگر تحت تعقیب قرار می‌گیرد معمولاً با توسل به اصل مصونیت رهبرانش از مسئولیت مدنی می‌گریزد.[۲۲۸] امّا، افرادی که در دادگاه‌های بین‌المللی ویژه‌ای که از سوی شورای امنیت سازمان ملل متحد تشکیل می‌شود تحت تعقیب قرار می‌گیرند به چنین مصونیتی نمی‌توانند متوسل شوند. دیوان بین‌المللی دادگستری، امّا، برای دادگاه‌های کیفری کشورها حقی برای تعقیب و محاکمهٔ وزرای شاغل کشورهای خارجی نشناخته است.[۲۲۹]

منع تعقیب تنها شامل کسانی می‌شود که دارای مصونیت دیپلوماتیک‌اند و نه قضّات و مأموران زندان. البته، گذرِ افراد شکنجه‌گر ممکن است به حوزهٔ صلاحیت کشوری بیفتد که حاضر به تعقیب آنان باشد و یا آن‌ها را به کشورهای دیگری که آمادهٔ چنین کاری باشند تحویل دهد. چنین رویدادی نه تنها به برنامهٔ سفر شکنجه‌گر بلکه به عاری بودن مقام او از مصونیت سیاسی بستگی دارد. آن گروه از اعضای کمیته‌های مرگ که امروز در رتبه‌های بالای دادگستری جمهوری اسلامی قرار گرفته‌اند اگر، به عنوان نمونه، و همانند پینوشه، برای معالجه به لندن سفر کنند -از مصونیت سیاسی یا دیپلوماتیک برخوردار نخواهند بود. امّا، علی خامنه‌ای، رهبر رژیم، در مقام رئیس دولت به هرجای دنیا سفر کند از تعقیب و محاکمه مصون می‌ماند. به نظر نمی‌رسد که میرحسین موسوی، نخست وزیر سابق جمهوری اسلامی، بیرون از ایران از تعقیب مصون بماند. وی اگر هم می‌توانست از چنین مصونیتی برخوردار باشد چه بسا که احمدی‌نژاد وی را از آن محروم می‌کرد.

دعواهای مدنی

واقعیت آن است که تعقیب و محاکمهٔ مرتکبان جنایت علیه بشریت و وادار کردنشان به پرداخت غرامت در ایران کنونی محتمل به نظر نمی‌رسد. امّا، دولت‌های دیگر می‌توانند «متهمان به ارتکاب جنایات علیه حقوق بین‌الملل را، اگر در قلمرو خویش یافتند، تعقیب و در صورت اثبات جرم مجازات کنند.»[۲۳۰] براساس همین اصل می‌توان متهمان به چنین جنایاتی را در دادگاه‌های مدنی برای پرداخت غرامت تحت تعقیب قرار داد، به ویژه در صورتی که خسارات ناشی از نسل‌کشی یا شکنجه یا دیگر تخطی‌ها از اصول لازم‌الاجرای حقوق بین‌الملل متعارف باشد. این اصول در مادهٔ ۵۳ «کنوانسیون وین در بارهٔ قراردادهای بین‌المللی»، به عنوان «اصول غیرقابل انکار و تخطی‌ناپذیری که اکثر قریب به اتفاق اعضای جامعهٔ بین‌المللی پذیرفته و به رسمیت شناخته است»، تعریف شده‌اند. از آنجا که تخطی از این اصول کلیدی مستلزم نقض یک تعهد بین‌المللی در قبال همهٔ اعضای جامعهٔ جهانی است، دلیلی وجود ندارد که یکی از این اعضا نهادهای قضایی خود را، برای تعقیب و محاکمهٔ شکنجه کنندگانی که به حوزهٔ صلاحیت‌اش وارد شده‌اند، در دسترس قربانیان این جنایت قرار ندهد، به ویژه از آن رو که بند ۳ مادهٔ ۲ میثاق بین‌المللی حقوق مدنی و سیاسی همهٔ دولت‌ها را موظف می‌کند که امکانات مناسب و مؤثر برای جبران نقض فاحش حقوق قربانیان این گونه جنایات فراهم آورند. در ایالات متحدهٔ آمریکا طبق قانونی که در سال ۱۷۸۹ به تصویب رسید اتباع بیگانه مجازند که علیه مرتکبان هر آسیبی که «با نقض حقوق بین‌الملل» وارد شده باشد در دادگاه‌های این کشور اقامهٔ دعوا کنند.[۲۳۱]

کارآیی دعاوی مدنی را مصونیت دولت محدود می‌کند؛ مصونیتی که مانع از تعقیب قضایی دولت و مقامات بالای آن می‌شود حتّی در مواردی که آمر شکنجه یا کشتار انسان‌ها بوده‌اند. به این ترتیب، برای تأمین حقوق قربانیان این جرایم باید بتوان فردی را یافت که خود مرتکب چنین جنایات هولناکی بوده است. به احتمال بسیار، رهبران جمهوری اسلامی یا فرماندهان سابق سپاه پاسداران به ندرت به خارج از ایران سفر خواهند کرد و حتی اگر، در صورت سفر به ایالات متحده آمریکا، برگ احضاریه‌ای نیز آنان را به دادگاه فراخواند احتمال

ماندن آنان در این کشور و حضورشان در دادگاه به عنوان متهم بسیار اندک است. در نتیجه، اقامۀ دعوای مدنی تنها هنگامی کارساز خواهد بود که فرد شکنجه گر یا از ایران تبعید شده و یا از آن گریخته و نیز، همانند فردیناند مارکوس، ثروتی در بانک‌های خارجی اندوخته باشد که بتوان آن را مسدود کرد و از آن برای تأمین اجرای حکم غرامت دادگاه بهره برد.[۲۳۲] اغلب کسانی که علیه شان در دادگاه‌های آمریکایی اقامۀ دعوا می‌شود منتظر صدور حکم نمی‌مانند. در قضیۀ معروف فیلارتیگا علیه پنیا ارالا، دادگاه شکنجه گر را به پرداخت مبلغ یک میلیون دلار آمریکایی به عنوان غرامت به خویشاوندان قربانی شکنجه محکوم کرد. با فرار محکوم از ایالات متحده آمریکا پرداخت چنین غرامتی معلّق ماند. در سال ۲۰۰۰، هیئت منصفۀ دادگاهی در شهر نیویورک مبلغ ۷۴۵ میلیون دلار آمریکایی را به قربانیان رادوان کارادیچ اعطا کرد که هنگام حضور در سازمان ملل متحد در سال ۱۹۹۳ برگ احضار به دادگاه را دریافت کرده بود. حتی پس از پایان محاکمه اش در دادگاه کیفری لاهه، بعید است که وی بتواند بخشی از غرامت را هم بپردازد.[۲۳۳] در بهترین صورت، چنین دادرسی‌های غیابی برای قربانیان و خویشاوندانشان فرصتی فراهم می‌کنند که شکایت خود را در یک دادگاه صالح مطرح سازند و آن را به داوری قاضی بسپرند. به نظر می‌رسد که علنی ساختن آنچه برآنان گذشته خود مرحمی بر درد و رنج آنان است. آشکارا، در این موارد طرح شکایت در یک دادرسی کیفری هنگامی کارساز می‌تواند باشد که در حضور متهم به آن رسیدگی شود و نه در غیابش.

۱۱: نتایج بررسی

در اینجا نظرم را در بارهٔ رویدادها [مربوط به کشتار زندانیان] و مسائلی که از دیدگاه قوانین بین‌الملل ایجاد می‌کنند، به اختصار مطرح می‌کنم.

در سال ۱۳٦۷، ایران کشوری با ٤۰ میلیون جمعیت بود (که امروز به حدود ۷۳ میلیون رسیده) و بیش از ۱۰۰ زندان در شهرهای گوناگون. از این میان، دست کم ۲۰ زندان اختصاص به زندانیان سیاسی داشت یعنی به کسانی که متهم به عضویت در گروه‌هایی بودند که با جمهوری اسلامی مخالفت می‌کردند.

برخی از آنان عضو سازمان مجاهدین خلق بودند، سازمانی که پیش از انقلاب ۱۳۵۷ به مخالفت و ستیز با رژیم شاه پرداخته بود و پس از انقلاب تا سال ۱۳٦۰ آزادانه فعالیت می‌کرد، سالی که پاسداران انقلاب صدها تن از اعضا و هوادارانش را در تظاهرات خیابانی کشتند. از این پس، برخی از اعضای سازمان به فعالیت‌های تروریستی علیه جمهوری اسلامی دست زدند و در نتیجه آماج سرکوب‌های خونین نیروهای امنیتی رژیم شدند. دیگر احزاب سیاسی «چپگرا» اغلب گرایش‌های گوناگون مارکسیستی داشتند.

در ۲۹ تیر ماه ۱۳٦۷، آیت‌الله خمینی رهبر جمهوری اسلامی "جام زهر شوکران"، را به اکراه نوشید و با آتش بسی که سازمان ملل متحد برای پایان بخشیدن به جنگ ایران و عراق پیشنهاد کرده بود موافقت کرد. یک هفته بعد، گروه کوچکی از مجاهدین، همزمان با حملات نیروی هوایی عراق [به مناطق جنوبی ایران]، به ناحیه‌ای در آنسوی مرز ایران و عراق حمله کردند. پیروزی اولیه این حمله دیر نپایید و مجاهدین در هفتم مرداد ۱۳٦۷ قاطعانه شکست خوردند و به آن سوی مرز عقب رانده شدند. یک روز پیش از این شکست [٦ مرداد]، خمینی در فتوایی حکم قتل همهٔ مجاهدینی را که در زندان به سر می‌بردند صادر کرده بود. این فتوا به سرعت توسط «کمیته‌های مرگ» سه نفره که زندانی را، پس از احراز هویت و وفاداری‌اش به سازمان مجاهدین خلق، روانهٔ قتلگاه می‌کردند، به مرحلهٔ اجرا رسید. تا اواخر مرداد چند هزار، به قول آیت‌الله منتظری ۳۸۰۰ زندانی اعدام شده بودند. پس از یک وقفهٔ ده روزه، از پنجم شهریور موج اعدام دیگری آغاز شد. این اعدام‌ها همراه با محاکمهٔ «چپ»هایی بود که متهم به ارتداد شده بودند. زندانیان مردی که از خواندن نماز خودداری می‌کردند اما از تبار خانواده‌های مسلمان بودند اعدام می‌شدند در حالی که زندانیان زنِ برگشته از اسلام آنقدر شکنجه می‌شدند تا تن به نماز خواندن دهند. شکنجهٔ مردانی که از خانواده‌های مسلمان و مؤمن نبودند شدیدتر بود. در پی متوقف شدن کشتار زندانیان در پایان شهریور، خانواده‌های معدومین، به تدریج و با تأخیری بی‌رحمانه، از مرگ فرزندان یا همسرانشان با خبر شدند. بازماندگان این گروه از محل دفن معدومین که آگاه نمی‌شدند هیچ، به برگزاری مراسم سوگواری نیز مجاز نبودند. این ممنوعیت هنوز هم به قوت خود باقی است.

به اعتقاد من دولت ایران اصول مسلم حقوق بین‌الملل را در چهار مورد مشخص به شدّت نقض کرده است که همانا اصول ناظر بر مسئولیت دولت و فرد در ارتکاب جنایات جنگی و جنایات علیه بشریت باشد. این موارد عبارت‌اند از:

۱. اعدام خودسرانهٔ هزاران زن و مرد زندانی بر اساس فتوایی که آنان را دستجمعی مسئول حملهٔ سازمان مجاهدین خلق می‌شمرد، با آنکه معدوم‌شدگان هنگام حمله سال‌ها بود که، به اتهامات سبک، در زندان به سر می‌بردند و حضوری در جبهه جنگ نداشتند. بین چنین اعدام‌هایی و اجرای حکم یک دادگاه رسمی کم‌ترین ارتباطی وجود نداشت، زیرا نه محاکمه‌ای برگزار شده بود، نه برگ اتهامی به متهمان ابلاغ شده بود و نه جنایتی صورت گرفته بود.

متهمان جز عضویت در گروهی با اعتقادات خاص گناهی نداشتند. رهبران رژیم ریاکارانه ادعا می‌کردند که زندانیان معدوم به حکم دادگاه اعدام شدند و پس از صدور این احکام نیز از فرصت داده شده برای تسلیم درخواست پژوهش استفاده نکردند. این ادعا دروغ بزرگی بیش نیست. این ادعا هم که زندانیان معدوم دست به شورش زده یا همگی «تروریست و جاسوس» بودند دروغ است. هیچ‌یک از زندانیانی که حاضر شدند با من مصاحبه کنند به انجام کارهای تروریستی یا جاسوسی متهم نشده بودند. بیشتر آنان از سال‌های ۱۳۶۰تا ۱۳۶۲ در زندان به سر می‌بردند. انگیزهٔ اصلی کشتار انتقامجویی در واکنش به عملیات «فروغ جاویدان» و درد وادار شدن به قبول آتش‌بس در جنگ بود. اما، توسل به انتقامجویی قرون وسطایی دیری است ملغی شده. دولت ایران حق شهروندان خود به زندگی را بارها به عمد و وحشیانه پایمال کرده، همان حقی که در عُرف حقوق بین‌الملل، در قراردادهایی که ایران به آن‌ها پیوسته و متعهد به اجرایشان شده و در میثاق‌های ژنو، به صراحت تضمین شده است. بنابراین، همهٔ کسانی که طبق اصول حقوق بین‌الملل مسئولیت این کشتار را بر دوش دارند باید تحت پیگرد قانونی قرار گیرند. وظیفهٔ انجام این پیگرد در میثاق نسل‌کشی نیز تصریح شده است، زیرا دلیلی که برای محکوم و اعدام کردن مجاهدین خلق، به عنوان محاربه با خدا، ارائه شده این بود که آنان به تفسیری از اسلام ایمان دارند که با تفسیر جمهوری اسلامی متفاوت است.

۲. موج دوم کشتار مرتدان نیز نقض حق انسان به زندگی و نیز حق او به انتخاب آزادانهٔ مذهب بود. زندانیان مردی که اعدام شدند در «دادگاه»هایی محاکمه شده بودند که شباهتی بس کمرنگ به یک دادگاه منصفانه داشتند زیرا هیچ یک از اصول آیین دادرسی کیفری را رعایت نمی‌کردند و بنابراین صفتی جز «ناعادلانه» به آن‌ها نمی‌توان داد. به این زندانیان نه امکاناتی داده شده بود و نه فرصتی که خود را برای بازجویی آماده کنند و بنابراین در بازپرسی‌های بی‌مقدمه و ناگهانی به پیامدهای مرگبار پاسخ‌های خویش به بازجویان آگاه نبودند. اینان تنها به گناه تبعیت از حکم وجدان خویش اعدام شدند، به این جرم که از پذیرفتن اعتقادات و آیین‌های مذهبی تحمیل شده از سوی جمهوری اسلامی خودداری کرده بودند. به این ترتیب، می‌توان چنین استدلال کرد که اعدام این گروه از زندانیان نه به خاطر باورها و گرایش‌های سیاسی بلکه به دلیل اعتقادات مذهبی آنان بود. به سخن دیگر، آنان قربانیان جنایت نسل‌کشی شدند. به هر حال ارتداد در حقوق بین‌الملل جرمی نیست که مستوجب مرگ باشد. در واقع، چند ماه پس از آنکه خمینی فتوای قتل سلمان رشدی را صادر کرد، بسیاری از دولت‌ها نیز همین موضع را اتخاذ کردند. زندانیان اعدام شده، بر خلاف ادعای بعدی جمهوری اسلامی، جاسوس و تروریست نبودند و در زندان دست به شورش نزده بودند. آن‌ها را تنها به عنوان مخالفان ایدئولوژیک یک نظام دین سالار از صحنه حذف کردند آن هم در فضای موجود پس از پایان جنگ با عراق که در آن دولت امکان نداشت بتواند مقتضیات و نیازهای دوران جنگ یا عذر دیگری را برای توجیه چنین کشتاری ارائه کند.

۳. خشونتی که بر زنان زندانی چپگرا، و بر مردانی که توانا به انجام فرایض مذهبی نبودند، رفت از مصادیق کامل تعریف شکنجه است که در حقوق بین‌الملل مطلقاً منع شده حتی اگر براساس قوانین

داخلی مجاز شناخته شده باشد. شلاق زدن بر کف پا با کابل الکتریکی، آن هم پنج بار در روز و در هفته‌های متوالی، که گاه با ضربه زدن بر بدن همراه باشد، نه تنها سبب درد غیرقابل تحمل برای قربانی می‌شود بلکه به قصد تحقیر و توهین به اوست. اضطراب و عذاب روحی ناشی از چنین شکنجه‌هایی دو چندان است هنگامی که نه به قصد مجازات زندانی بلکه برای اجبار او به پذیرفتن مذهبی باشد که او از آن اعراض کرده است. از دیگر عوارض چنین شکنجه‌هایی احساس قربانی به از دست دادن آزادی وجدان است. در این مورد هم هیچ ضرورتی برای ارتکاب جرم شکنجه نمی‌توان ارائه کرد زیرا تنها هدف شکنجه‌گر شکستن اراده و از بین بردن روحیهٔ قربانی و وادار کردنش به پذیرفتن اسلام دولتی بوده است.

۴. سرانجام، جمهوری اسلامی، تا زمان نگارش این گزارش حق اولیاء را به دانستن محل دفن فرزند یکسره نادیده گرفته و همچنان نادیده می‌گیرد. این حقوق، از حق زندگی و (منطقی‌تر آن) از حق خانواده‌های بیگناه به مصونیت در برابر رفتارهای بیرحمانه و غیرانسانی سرچشمه می‌گیرد. در دنیای کنونی، برای محروم کردن بازماندگان از دانستن محل دفن عزیزانشان یا ممانعت از تجمع سوگواران در مرگ رفتگانشان، هیچ توجیهی متصور و پذیرفتنی نیست زیرا دلیلی وجود ندارد که تجمع سوگواران به بی‌نظمی عمومی انجامد یا صلح و آرامش جامعه را به خطر اندازد. دو دهه پس از کشتار دستجمعی زندانیان، هنوز پدران و مادران، همسران و برادران و خواهران آن‌ها از حق ابراز احساسات و ادای احترام نسبت به از دست رفتگانشان محروم و ممنوع‌اند. چنین محرومیتی انکار حق آنان به محترم شمردن پیوندهای زندگی خانوادگی و حریم خصوصی و نیز حق انسان به ابراز اعتقادات مذهبی خویش است. افزون بر این، اِعمال چنین محرومیتی را باید نشان دیگری از رفتار و سیاست‌های تبعیض‌آمیز جمهوری اسلامی دانست زیرا هیچ گروه و قشر سوگوار دیگری در جامعه از این حق، حقّ سوگواری، محروم نشده است. خودداری از مشخص کردن محل دفن کشته‌شدگان، نشان مخالفت با ازمایش‌های ژنتیکی است که برای تعیین هویت اجساد در گورهای دستجمعی وسیله‌ای قابل اعتماد شناخته می‌شود. بدون احراز هویت اجساد امکان برگزاری مناسب مراسم تدفین نیز برای بازماندگان وجود نخواهد داشت.

تا آنجا که به دولت ایران مربوط می‌شود، موارد نقض تعهدش به محترم شمردن و اجرای قراردادها و اصول حقوق بین‌الملل هیچ پیامد کیفری نخواهد داشت. دولت‌ها را نمی‌توان آماج مجازات‌های کیفری کرد. امّا این تعهد شکنی‌ها به پیدایش دو وظیفهٔ دیگر می‌انجامند. نخست اینکه دولت باید به رفتار غیرقانونی‌اش بلافاصله پایان دهد و دو دیگر، به قربانیان چنین رفتاری غرامت آسیب‌های جسمی و روحی وارد شده را بپردازد.[۲۳۴] غرامت باید خسارات وارده را نیز شامل شود و به قصد جبران آن باشد و نه به نیت تنبیه مجرمان.[۲۳۵] بدیهی است اقدامات قانونی و حقوقی که بازماندگان، و یا یک دولت دیگر به نمایندگی از آنان، به عمل می‌آورند در محل و مرجعی خارج از ایران خواهد بود. یافتن چنین مرجعی چندان آسان نیست. یکی از دولت‌های عضو سازمان ملل متحد، یا یکی از ارگان‌های آن، می‌تواند از دیوان بین‌المللی دادگستری (دادگاه لاهه) درخواست رسیدگی به رفتار و تعهدشکنی‌های جمهوری اسلامی کند، امّا اقدام این دادگاه مشروط به پذیرفتن صلاحیت آن از سوی دولت ایران است. با این همه، مجمع عمومی سازمان ملل متحد یا یکی از ارگان‌های آن می‌تواند از دادگاه لاهه درخواست صدور رأی مشورتی دربارهٔ ایران کند (به عنوان نمونه، اینکه آیا کشتار زندانیان را می‌توان مصداق نسل‌کشی یا جنایت علیه بشریت شمرد؟). در این صورت جلب موافقت ایران لازم نخواهد بود. دولت اسرائیل

هم نتوانست مانع صدور رأی مشورتی این دادگاه دربارۀ غیرقانونی بودن کشیدن دیوار در مرز فلسطین شود. امکان تشکیل یک دادگاه اختصاصی، یا هر نوع نهاد دیگری زیر نظارت سازمان ملل متحد، برای مذاکره و داوری به این گونه دعاوی بسته به ملاحظات و منافع سیاسی دولت‌هاست. به عنوان نمونه، اگر منافع دولت‌های ذینفع اقتضا کند می‌توان به دولت ایران پیشنهاد کرد که در ازای دریافت امتیازهای مشخصی در زمینۀ برنامه‌های هسته‌ای، موافقت کند برای برائت از تجاوزهای گذشته‌اش به اصول حقوق بشر، اطلاعات لازم و غرامت‌های مناسب به بازماندگان و خویشان کسانی که در کشتارهای دستجمعی قربانی شدند ارائه کند و با مجاز کردن نبش قبرهای دفن شدگان در گورستان‌های بی‌نام، و انجام آزمایش‌های پزشکی، یافتن هویت کشته‌شدگان را برای خویشانشان ممکن سازد.

افرادی که، برپایۀ قرائن و شواهد مثبته، در جنایات علیه بشریت، اِعمال شکنجه، و جنایات جنگی آمریت، مباشرت یا معاونت داشته‌اند، و می‌توان آن‌ها را تحت تعقیب قانونی قرار داد، در سلسله مراتب رده‌های تصمیم گیری جمهوری اسلامی قرار دارند، از شخص رهبر گرفته تا مسئولان و مجریان مستقیم اعدام‌های دستجمعی. در رده‌های میانی، هویت اعضای کمیته‌های مرگ معلوم است. پی بردن به هویت مأموران رده‌بالای زندان‌ها که اعدام‌ها را ترتیب دادند و هویت اعضای سپاه پاسداران که نقش جلاد در جوخه‌های آتش را داشتند، نیز چندان مشکل به نظر نمی‌رسد. با این همه، در سطوح بالای تصمیم گیری نقش‌ها در هاله‌ای از ابهام قرار گرفته‌اند. به عنوان نمونه، برای من روشن نیست چه کسانی [از رهبران کشور] در برانگیختن خمینی به صدور فتوای ٦ مرداد ١٣٦٧ نقش داشته‌اند و چه مقاماتی در فرستادن این فرمان به رؤسای زندان‌ها و تهیه مقدمات و امکانات نخستین موج کشتارها شرکت کرده‌اند. آشکارا وزارتخانه‌ها و نهادهای گوناگون مسئول برنامه ریزی و هدایت عملیات بوده‌اند، به ویژه وزارت اطلاعات که مأمورانش بازجوئی‌ها را انجام می‌دادند، پرسشنامه‌ها را می‌نوشتند و مراقب رفتار یک یک زندانیان بودند. براساس شواهد و مدارک موجود، در برخی از زندان‌ها، اعضای سپاه پاسداران جایگزین زندانبانان شدند و کار کشتار را بر عهده گرفتند. در بیشتر موارد، نه مأموران عادی زندان، بلکه اعضای سپاه خبر اعدام زندانیان را به بازماندگانشان ابلاغ می‌کردند. هویت آمر یا آمرین موج دوم کشتار که چپگراها و مرتدین را نشانه گرفته بود، و موضوع فتوای ٦ مرداد نبود، نیز چندان روشن نیست. آیا، به گفتۀ منتظری، فتوای فاش نشده‌ای نیز مخفیانه در دو هفتۀ آخر شهریور صادر شده بود؟ آیا رهبران سیاسی رژیم بودند که این فرمان را زیر فشار جناح تندرو در قم نوشتند و از طریق شورای عالی قضایی به کمیته‌های مرگ ابلاغ کردند؟ پاسخ به این پرسش‌ها باید روشن شود تا بتوان با اطمینان به هویت کسانی که در برنامه ریزی و ارتکاب این کشتارها شریک بودند پی برد.

با این همه، احراز هویت برخی کسانی که قربانیان را به مسلخ زندان‌های تهران فرستادند مشکل نیست. فتوا خطاب به **حسینعلی (جعفر) نیری**،[۲۳۶] قاضی شرع وقت و معاون فعلی دیوان‌عالی‌کشور، بود. بسیاری از زندانیانی که اجازه یافتند چشم بند را هنگام پاسخگویی به اعضای کمیتۀ مرگ بردارند، و به دام کشتار نیفتادند، هویت او را فاش کرده‌اند زیرا ریاست کمیته‌های مرگ را در زندان‌های تهران بر عهده داشت و هم او بود که پیشتر به پرونده‌های قبلی آنان رسیدگی کرده بود. افزون بر این، هویت نیّری با ظاهر شدنش بر صفحۀ تلویزیون نیز بر ملا شده بود [و زندانیان او را می‌شناختند]. او، به گفتۀ منتظری، در ٢٤ مرداد اعتراف کرده بود که تا آن زمان ٧٥٠ زندانی را در تهران اعدام کرده است. نام **مرتضی اشراقی**، دادستان وقت تهران و عضو کنونی دیوان عالی کشور، نیز در فتوا آمده است.[۲۳۷] بسیاری از بازماندگان کشتار او را شناسایی کرده اند چون پیشتر به پرونده‌هایشان رسیدگی کرده بود. دادستان دیگری که گاه جانشین او می‌شد معاونش، **ابراهیم رئیسی**، بود که به ریاست سازمان بازرسی کل کشور رسید و امروز معاون قوّۀ قضاییه است.[۲۳۸] نمایندۀ وزارت اطلاعات در کمیتۀ تهران که معاونت وزیر اطلاعات وقت را برعهده داشت **مصطفی پورمحمدی** بود[۲۳۹] که در

سال ۱۳۸۴ به مقام وزارت کشور رسید.[۲۴۰] در حال حاضر وی ریاست سازمان بازرسی کل کشور را بر عهده دارد. **علی مبشّری** قاضی شرع دیگری است که گفته می‌شود گاه به جای نیری در اوین به قضاوت می‌نشست و امروز رئیس دادگاه‌های انقلاب تهران است. **اسماعیل شوشتری** که در سال ۱۳۶۸ به وزارت دادگستری رسید نیز گفته می‌شود در سمت سرپرست سازمان ادارهٔ زندان‌ها نقش مهمی در اجرای فتوا به عهده داشته است.[۲۴۱] **محمدی گیلانی**، آیت‌الله صریح‌اللهجه‌ای که زمانی رئیس شورای نگهبان و سرپرست قضات شرع تهران بود، نیز ظاهراً در اجرای فتوا نقشی اساسی ایفا کرده است. وی در سال ۱۳۸۸ به پاس خدماتش به گسترش «عدالت» در کشور، به افتخار دریافت مدال عدالت از دست احمدی نژاد نایل شد.

افراد یاد شده در بالا همه زیر نظر **آیت‌الله موسوی اردبیلی**، رئیس قوه قضاییه، خدمت می‌کردند که خطبه‌های هراس انگیزش در نماز جمعه نشان بارز نیات اش بودند.[۲۴۲] وی به یقین فتوا را در ۶ مرداد مستقیماً از شخص رهبر دریافت کرده و آن را بی‌درنگ به همهٔ اعضای کمیته‌های مرگ ابلاغ کرده بود. در مقام رئیس قوه قضاییه، وی ظاهراً مسئولیت گزینش قاضیان شرع برای ریاست کمیته‌های مرگ استان‌های کشور را بر عهده داشته است. در حال حاضر، **موسوی اردبیلی** از روحانیان متنفّذ قم است که صلاحیت صدور فتوا را نیز دارد. یکی دیگر از حقوقدانانی که در سال ۱۳۶۸ به جانشینی **موسوی اردبیلی** انتخاب شد **محمد یزدی** بود. وی نیز بعدها به ریاست قوه قضاییه منصوب شد و در حال حاضر نایب رئیس مجلس خبرگان و عضو شوران نگهبان است.

چنین به نظر می‌رسد که همهٔ این افراد به گونه‌ای مستقیم مسئول صدور دستور اعدام و شکنجه‌هایی بودند که می‌دانستند، و یا باید می‌دانستند، در تضاد با اصول حقوق بین‌الملل‌اند. طبق اصل مشهوری که در دادگاه نورمبرگ، هنگام رسیدگی به پروندهٔ ایالات متحد آمریکا علیه جوزف آلتستوتر، تثبیت شد (و در فیلم «قضاوت در نورمبرگ» از آن یاد شده) قضاتی که به دستاویز اجرای قانون، ارتکاب جنایتی را تسهیل می‌کنند نمی‌توانند از چنگ قانون و مجازات بگریزند. دادستان دادگاه نورمبرگ این اصل را چنین تعریف کرد: «قضات دادگاه همان‌قدر می‌توانند با توسل به کسوت قضاوت از مسئولیت بگریزند که افسری به دستاویز اونیفورم نظامی اش.» قضاتی که در صف متهمان دادگاه نورمبرگ نشانده شدند قوانینی را تنفیذ کردند که باید می‌دانستند معارض با حقوق بین‌الملل‌اند.»[۲۴۳]

اگر در کار تعقیب و کیفر مرتکبان جنایات علیه بشریت کسوت قضاوت رافع مسئولیت نباشد دلیلی برای مستثنا کردن دیپلومات‌هایی وجود ندارد که با کتمان حقیقت، نهادهای گوناگون سازمان ملل متحد را از انجام وظیفه بازداشتند؛ بازگویی حقایق در پاسخ به پرسش‌های نهادهای سازمان ملل از وظایف نمایندگان دولت‌های عضو این سازمان است. **جعفر محلاتی**، سفیر جمهوری اسلامی در سازمان ملل متحد بارها کشتار زندانیان را انکار کرد و مدعی شد که چنین اتهاماتی در جنگ تبلیغاتی دشمنان رژیم ساخته و پرداخته شده است. **سیروس ناصری**، نمایندهٔ ایران در مقر سازمان ملل متحد در ژنو نیز در گفت و گوهای خود با نمایندهٔ ویژهٔ سازمان ملل به انکار کشتارها پرداخت.[۲۴۴] گفته می‌شود که **محلاتی** در ایالات متحد آمریکا اقامت گزیده است، در کشوری که ممکن است در آن، طبق قانون ناظر بر مسئولیت مدنی بیگانگان، به اتهام معاونت در شکنجهٔ زندانیان مورد تعقیب قرار گیرد. **ناصری**، بازرگانی که در اروپا به سر می‌برد، نیز ممکن است بر اساس قوانین برخی از کشورهای اروپایی محاکمه شود.

افراد دیگری که نامشان در شهادت‌نامهٔ گواهان به عنوان مأموران کلیدی در بازجویی و اعدام زندانیان قید شده است مأموران رده بالای زندان‌اند، از جمله **ناصریان** (نام واقعی: **محمد مقیسه**)، رئیس وقت زندان گوهردشت و رئیس گروه محافظانش، **داود لشکری** (نام واقعی: **تقی عادلی**). شاهدان عینی روایات هولناکی از این دو نقل می‌کنند که با اشتیاق بر شکنجهٔ زندانیان و اعدامشان نظارت می‌کردند. آن گونه که برخی گواهان شرح داده‌اند، این دو زندانیان را به کمیته‌های مرگ می‌بردند و در برابر اعضای کمیته به تندی از آنان انتقاد می‌کردند و در مواردی هم زندانیانی را که نشان کرده بودند به سوی صفی هدایت می‌کردند که به محل اعدام

ختم می‌شد. شماری از شاهدان **ناصریان** را متهم کرده‌اند که در مواردی شخصاً به شکنجهٔ زندانیان می‌پرداخت و یا آن‌ها را حلق آویز می‌کرد. در زمان نوشتن این گزارش، وی ریاست شعبهٔ ۲۸ دادگاه انقلاب تهران را برعهده داشت. این شعبه موّظف است کسانی را که در تظاهرات سال ۱۳۸۸ دستگیر شده بودند راهی زندان کند. **سید حسین مرتضوی**، معاون سرپرست زندان اوین، نیز به ارتکاب جرایم مشابهی متهم شده است، از جمله به جرم نظارت بر اعدام‌هایی که در این زندان صورت گرفته است. **زمانی** نامی (نام واقعی: **موسی واعظی**)، از کارمندان وزارت اطلاعات، نیز متهم به جمع آوری اسناد و مدارکی شده است که تصمیم کمیته‌های مرگ برپایهٔ آن‌ها گرفته می‌شده. در صورت اثبات این اتهامات و نیز اثبات اعتبار گواهانی که اتهامات را وارد کرده‌اند دلایل کافی برای محاکمه افراد یاد شده، بر همان اساسی که زندانبانان اردوگاه‌های اُمارسکا و نازی در دادگاه‌های نورمبرگ محاکمه شدند، فراهم خواهد شد.

برخی از اعضای سپاه پاسداران نیز، که گفته می‌شود مأمور اجرای اعدام‌ها بوده‌اند، قابل تعقیب و محاکمه‌اند. نام یکی از این افراد، که در شهادت یکی از شکنجه شدگان دیده می‌شود، و به گفتهٔ این شاهد از اعضای گروه شکنجهٔ سپاه پاسداران بوده، **محمود احمدی نژاد** است. من نسبت به درستی این ادعا تردید دارم زیرا این سازمان در تبلیغات خود هرگز این اتهام را نتوانسته ثابت کند که احمدی نژاد از گروگان گیران سفارت آمریکا بوده است. گرچه این امر ثابت شده که وی در دوران انجام کشتارها در سپاه پاسداران خدمت می‌کرده است؛ دورانی که به ادعای نویسندهٔ زندگی-نامه اش "همچنان در تاریکی مانده است."[۲۴۵]

سازمان مجاهدین خلق نیز شماری از کارمندان عالی رتبهٔ دولت را به نظارت بر اجرای فتوا متهم کرده است، گرچه در این مورد به اعتبار اسناد و مدارک اطمینان چندانی نیست. **احمد خمینی**، فرزند متنفّذ و درگذشتهٔ رهبر انقلاب، نویسندهٔ متن فتوا بوده و مسئول تحویل دادن آن. به نظر می‌رسد که **محمد ری‌شهری**، وزیر اطلاعات، نیز نقشی در جریان کشتارها داشته است، دست کم در انتصاب نمایندگان وزارت اطلاعات به عضویت در کمیته‌های مرگ (وی تا سال ۱۳۸۸ نمایندهٔ رهبر در گروه زائران ایرانی عازم مکه بود). **ری‌شهری** در زندگینامه‌اش اشاره‌ای به این رویدادها نکرده گرچه آشکارا دانسته‌هایش دربارهٔ کشتارها اندک نبوده است. **محمد موسوی خوئینی‌ها**، دادستان کل کشور، نیز که مسئول تعیین نمایندگان خود در کمیته مرگ بود در این کشتارها نقشی ایفا می‌کرده است. وی در حال حاضر به صفوف اصلاح طلبان پیوسته و رایزن آنان در مسائل دینی شده است.

علی خامنه ای، رئیس جمهور وقت رژیم، نقشی فعال در جریان موافقت ایران با قطعنامهٔ آتش بس شورای امنیت سازمان ملل داشت و در نتیجه می‌توان فرض کرد که در هفتهٔ پس از اعلام این موافقت نیز نقش رایزنی را در صدور فتوای خمینی ایفا کرده است. اظهارات او در دی ماه ۱۳۶۷ را می‌توان دال بر موافقت کاملش با اجرای این فتوا شمرد. در همان ماه بود که وی از موافقت با سفر گالیندو پل به ایران برای انجام تحقیقات خودداری کرد. البته به عنوان رهبر جمهوری اسلامی، هیچ دادگاهی حق احضار و محاکمه او را ندارد مگر دادگاهی که به تصمیم شورای امنیت سازمان ملل متحد تشکیل شده باشد.

علی اکبر هاشمی رفسنجانی، عضو حلقهٔ مرکزی تصمیم گیری بود و خمینی هنگام تصمیم گیری بیش از هرکس به مشورت با او می‌پرداخت.[۲۴۶] وی عملاً فرماندهی و ریاست ستاد ارتش جمهوری اسلامی را برعهده داشت و به احتمالی مسئولیت فرستادن اعضای سپاه پاسداران به زندان‌ها و موافقت با اعزام جوخه‌های اعدام به برخی از استان‌ها نیز با او بوده است. وی در آن زمان مقام امامت جمعهٔ تهران را داشت و گاه ضمن ایراد خطبه، جمعیت را به دادن شعارهایی چون «مرگ بر زندانیان منافق» تشویق می‌کرد. در دی ماه ۱۳۶۷، او نیز به تأیید ضرورت اعدام‌ها برخاست گرچه ادعا می‌کرد که «تعداد زندانیان اعدام شده به هزار هم نمی‌رسد.» برخی از مفسران ادعا می‌کنند که کشتار زندانیان سیاسی را باید یکی از مانورهای جناح رفسنجانی برای برکنار کردن منتظری از مقام جانشینی خمینی شمرد. استدلال این است که آن‌ها

پیش‌بینی می‌کردند که منتظری با کشتار مخالفت خواهد کرد و خمینی را به خشم خواهد آورد.[۲۴۷] در این مورد رفسنجانی مظنون اصلی است. در حال حاضر وی ریاست مجمع تشخیص مصلحت نظام را بر عهده دارد. داشتن چنین مقام‌هایی ممکن است به حدّ اهمیت مقام وزارت نباشد و در نتیجه برای او مصونیت از تعقیب ایجاد نکند، مصونیتی که توسط دادگاه بین‌المللی لاهه (تأسیس ۱۹۴۵) در مورد دی سی آر علیه کنگو تأیید شده بود.

فرماندهی سپاه پاسداران را در آن زمان عملاً **محسن رضایی** برعهده داشت و در انتخابات سال ۱۳۸۸ هم یکی از چهار نامزد ریاست جمهوری بود. به احتمالی او را می‌توان مسئول فرستادن نیروهای تندروی سپاه برای کشتار زندانیان سیاسی دانست. مسئولیت فرماندهی این نیروها با **محسن رفیق دوست** بود که در حال حاضر به عنوان بازرگان به خارج از ایران و گاه به انگلستان سفر می‌کند.

دربارهٔ نقش **میرحسین موسوی**، که در زمان کشتارها نخست وزیر بود و در نتیجه مسئول اقدامات وزارت اطلاعات بوده است تردیدهایی وجود دارد. وی در مصاحبه‌اش با تلویزیون اتریش با اشاره به عملیات مرصاد و توجیه کردن و دست کم کاستن اهمیت کشتارها به دیگر رهبران رژیم پیوست. در برخی از تجمعات عمومی درانتخابات ریاست جمهور ۱۳۸۸، ظاهراً شماری از دانشجویان در اشاره به کشتارها شعار«۶۷» سر داده بودند اما موسوی تا کنون دربارهٔ رویدادهای آن سال و تفسیر امروزش از کشتارها سخنی نگفته است.[۲۴۸] در مبارزهٔ انتخاباتی اخیر و در پاسخ به پرسش دانشجویان در باره کشتارها، وی ادعا کرد که قوه مجریه مطلقاً نقشی در «محاکمه‌ها» نداشته است. با این همه انتقادهای صریح وی از برخی از اقدامات احمدی نژاد از زمان شکستش در انتخابات خرداد ۱۳۸۸ تحسین جهانیان را برانگیخته است. امّا وی نمی‌تواند توقع جلب احترام واقعی هموطنانش را داشته باشد اگر گزارشی کامل از کارها و وظایفش در مقام نخست وزیر از تیرماه تا آذر ۱۳۶۷ ارائه نکند، زیرا در دوران نخست وزیری او بود که وحشیگری سیاست رسمی دولت شد. اینک که منتظری، مردی با شهامتی غیرقابل انکار، دیگر نمی‌تواند شهادت بدهد، بر موسوی است که به جای او توضیح دهد که اطرافیان عالی رتبهٔ خمینی در اجرای فتوای او، و سپس در پرده پوشی جنایات، دقیقاً چه کردند و چه نقشی داشتند.

اوضاع و احوال کنونی ایران نشان می‌دهد که فرار مجرمان از کیفر ارتکاب جنایاتی که نه به درستی بررسی شده و نه کسی به ارتکاب آن‌ها اعتراف کرده است چه پیامدهایی دارد. برخی از مرتکبان این جنایات و دستیارانشان هنوز بر مسند قضا و قدرت دولتی نشسته‌اند و رهبر «عالی قدر» شان، **علی خامنه‌ای** در سال گذشته، همنوا با **آیت‌الله مصباح یزدی**، سپاه پاسداران را به اِعمال خشونت علیه ایرانیانی فرا خوانده است که مسالمت جویانه به تجمع و طلب حقوق و خواست‌های خود می‌پردازند. **مصباح یزدی** همان کسی است که تهدید کرده «آنانی که به مخالفت با نظام حاکم برخیزند خرد خواهند شد.»[۲۴۹] در سال ۱۳۸۸، نمایش‌های ساختگی تلویزیونی دههٔ ۱۳۶۰، که به اعترافات دروغین زندانیان سیاسی شکنجه دیده و نیمه جان شده اختصاص داشت، بار دیگر تکرار می‌شود و این بار با شرکت اجباری اصلاح طلبان جنبش سبز؛ کسانی که به ادعای رژیم با حمایت ایالات متحدهٔ آمریکا، سفارت انگلیس، بی‌بی سی، توییتر، فیس بوک، جورج سوروس، سازمان دیده بان حقوق بشر و سازمان عفو بین‌الملل، در یک توطئهٔ بین‌المللی علیه نظام جمهوری اسلامی شرکت کرده‌اند. بار دیگر، منتقدان و مخالفان رژیم به اتهام محاربه با خدا روانهٔ زندان و دادگاه می‌شوند و گاه محکوم به اعدام.[۲۵۰]

زندان اوین، مسلخ زندانیان سیاسی در سال ۱۳۶۷، همچنان انسان‌های چشم بسته را به جرم پیوستن به تظاهرات دانشجویان، و ارتباط با سازمان‌های غیردولتی حقوق بشر، بی‌رحمانه می‌بلعد.[۲۵۱] در سال گذشته شمار کشته‌شدگان و آسیب دیدگان اندک نبوده است، همانند آنچه درسال ۱۳۶۷، سال گریز جنایتکاران از کیفر، روی می‌داد، صدها تن از تظاهر کنندگان، از جمله نوهٔ دختری آیت‌الله منتظری، دستگیر و محبوس شده‌اند. خواهر زادهٔ میر حسین موسوی به ضرب گلولهٔ پاسداران انقلاب به هلاکت رسیده است. یکی از آخرین

بیانیه‌های آیت‌الله منتظری مردم ایران را به سوگواری سه روزه در مرگ ندا آقا سلطان فرا خواند؛ دختر جوانی که با گلوله بسیجیان هوادار احمدی نژاد در منظر عام در خون خویش درغلطید و جان سپرد. منتظری در همین بیانیه ایرانیان را به دفاع از قربانیان خشونت رژیم سرکوبگری دعوت کرده که خود در آفریدنش سهیم بود و در تقبیح و تکفیرش نیز پروا نکرد.

در نوامبر سال ۱۳۸۸، جمهوری اسلامی، غرق در تکبر، در چارچوب بررسی ادواری وضعیت حقوق بشر در کشورها، گزارش خود را،گزارشی لبریز از دروغ، دربارۀ وضع حقوق بشر در ایران تسلیم شورای حقوق بشر کرد[۲۵۲] و بر پایۀ آن نامزد عضویت در آن شورا شد. اگر این نامزدی پس گرفته نمی‌شد، تردید نیست که با عضویت ایران اعتبار شورا به شدت کاهش می‌یافت. تحریم‌هایی که در این سال‌ها برای فشار بر جمهوری اسلامی برقرار شده تنها ناشی از اصرارش بر داشتن حق دسترسی به انرژی هسته‌ای بوده است -حقّی که در اصل مشکل بتوان انکار کرد زیرا بسیاری از کشورهای جهان از انرژی هسته‌ای برای مقاصد صلح آمیز بهره می‌برند. شماری از این کشورها، از جمله اسرائیل، هند و پاکستان، موفق به تولید سلاح‌های هسته‌ای هم شده‌اند.[۲۵۳] تحریم‌های بیشتری نیز در دستور کار کشورهای بزرگ قرار گرفته است، برخی از تحریم‌هایی که ایالات متحدۀ آمریکا پیشنهاد کرده است،[۲۵۴] -از جمله، منع فروش مواد نفتی خام- شهروندان عادی را تحت مضیقه قرار خواهند داد، اما دیگر تحریم‌ها (به عنوان نمونه محدود کردن دسترسی ایران به فناوری ارتباطات) عملاً فراخواندن مردم برای شرکت در گردهمائی‌ها و پخش گزارش دربارۀ آن‌ها را اگر نه غیرممکن دست کم دشوار می‌کنند. اروپا - که ۲۴ درصد بازرگانی خارجی ایران را در اختیار دارد- از پشتیبانی این گونه تحریم‌ها تاکنون خودداری کرده است. اخیراً پیشنهاد اعمال تحریم‌های متمرکز بر هدف‌های مشخص مطرح شده، از جمله فعالیت‌های تجاری فرماندهان سپاه پاسداران که به پاس خدماتشان در تثبیت رژیم اجازه یافته‌اند که به سرمایه گذاری در شرکت‌های سود آور خصوصی بپردازند که میلیون‌ها دلار ارزش دارند، امّا نقش مستقیمی در سیاست هسته‌ای مملکت ندارند.

راه معقول‌تر آن است که تحریم‌ها را به عنوان واکنش به جنایت علیه بشریتی که جمهوری اسلامی ایران در سال ۱۳۶۷ مرتکب شده، و به خاطر آن هم نه تحت تعقیب قرار گرفته و نه به کیفری رسیده است، اِعمال کرد و نه به خاطر فعالیت‌های احتمالی‌اش در زمینۀ غنی سازی اورانیوم.

با توجه به وجود اسناد ارتکاب جنایات بین‌المللی، از جمله جنایتی که کنوانسیون بین‌المللی نسل‌کشی ۱۹۴۸ موضوع تحقیق قرار داده و خواستار مجازات آن شده است، جنایتی که بر مبنای این کنوانسیون شامل مرور زمان نمی شود، شورای امنیت سازمان ملل متحد حق دارد، در قالب فصل هفتم منشور سازمان، به تشکیل یک دادگاه بین‌المللی برای رسیدگی به کشتارهای ۱۳۶۷ در ایران اقدام کند. دادستان چنین دادگاهی می‌تواند به سرعت به جمع آوری اسناد و مدارک مثبته و پرونده‌های دولتی، و احضار گواهان بپردازد. پذیرفته ترین دلیل مخالفت با تلاش ایران برای دسترسی به انرژی هسته‌ای این است که رژیمی که به کشتار جمعی بزرگ دست زده و برای خود مصونیت کیفری قائل شده است می‌تواند دوباره به ارتکاب چنین جنایتی دست زند.

بسیاری از مرتکبان این کشتارها هنوز زنده اند: کسانی که در حلقۀ نزدیک ترین یاران و مشاوران خمینی قرار داشتند؛ وزیران و دیپلومات‌هایی که به آنچه در ایران روی می‌داد آگاه بودند؛ قاضیانی که با تخطی از وظایف خویش با اشتیاقی هرچه تمام‌تر زندانیان سیاسی را به شکنجه و اعدام، آن هم بدون دادرسی و دادگاه، محکوم می‌کردند؛ رؤسای زندان‌ها و مأموران اطلاعاتی که زندانیان را چشم بسته به صف محکومان به مرگ می‌کشاندند. بازماندگان قربانیان شماری از مرتکبان این جنایات را شناسایی کرده‌اند و نامشان در تارنماهای مخالفان رژیم ثبت و اعلام شده است.[۲۵۵] گرچه بسیاری از چنین قاضیان و کارمندان در زندان‌های تهران (اوین و گوهردشت)، که محل ارتکاب کشتارهای اصلی بودند، کار می‌کردند، مسلم است که صدها بلکه هزاران تن دیگر از زندانیان سیاسی در شهرستان‌های گوناگون ایران اعدام شده‌اند؛ از جمله در شیراز،

دزفول، تبریز، قزوین، اراک، خرّم آباد، قم، رشت، اصفهان و مشهد. در همهٔ این زندان‌ها قاضیان بی‌شفقت و جلّادان آماده به کشتن از میان مأموران زندان و وزارت اطلاعات، و سپاه پاسداران، در کشتار شرکت داشته‌اند. باید بین مجاهدینی که پس از سال‌ها گذر عمر در زندان قربانی موج نخستین کشتارها شدند، از سوئی، و جنگندگان اسیرشدهٔ نیروهای مسلح رجوی، از سوی دیگر، تفاوت قائل شد. سخنگویان جمهوری اسلامی، امّا، ادعا می‌کنند که تنها به اعدام مجاهدینی دست زده‌اند که یا در جبهه‌های جنگ اسیر شده و یا در زندان‌ها به جاسوسی مشغول بودند. من چنین ادعایی را قاطعانه رد می‌کنم.

برخی از محافل سیاسی واشنگتن نیز به مجاهدان با همان دیدی می‌نگرند که به مخالفان دولت صدام حسین قبل از حملهٔ نظامی ایالات متحد آمریکا به عراق، یعنی به عنوان یک جانشین اصیل دموکراتیک برای رژیمی که دیوانه وار به دشمنی با غرب پرداخته است. واقعیت، امّا، آن است که سیاست مجاهدین برای «بسیج مردم» در قالب اسلام تنها در مدتی کوتاه، اوایل دهۀ ۱۳۶۰، در میان دانشجویان گیرایی داشت. اتحاد مسلحانهٔ مجاهدین با دولت عراق در سال ۱۳۶۷، هر امیدی را که به جلب حمایت مردم ایران داشتند از بین برد. گرچه هنوز برخی محافل غربی در این گمان‌اند که جنبش سبز ۱۳۸۸ زنده کنندهٔ جنبش جوانان تندروی چپگرایی است که به قیام علیه شاه و سپس خمینی برخاستند، اکثر شرکت کنندگان در تظاهرات ۱۳۸۸، هنگامی که زندانیان سیاسی قربانی کشتارها می‌شدند، یا هنوز زاده نشده بودند یا در گهواره جای داشتند. تردید چندانی نیست که ایده‌های آشفته و از سکّه افتادهٔ مارکسیستی آن دوران برای جوانان امروز ایران کششی ندارد. نظام کنونی ایران را باید نظامی مستقر و جاافتاده شمرد و، طبق حقوق بین‌الملل و در صورتی که این حقوق را رعایت کند، آن را سزاوار احترام دانست و به رسمیت شناخت.

حقوق بین‌الملل دولت‌ها را موظف به انجام تعهداتی می‌داند که در قوانین و قراردادهای بین‌المللی ناظر بر اصول مسلم و پذیرفته شدهٔ حقوق بشر تعریف و تصریح شده‌اند. این قوانین و قراردادها شکنجه و اعدام‌های شتابزده را تقبیح و تحریم کرده اند -دقیقاً همان جنایاتی که جمهوری اسلامی در اواسط سال ۱۳۶۷ در زندان‌های ایران مرتکب شد. در تاریخ رویدادهای هولناک پس از جنگ جهانی دوم، این کشتار قابل مقایسه با کشتار سال ۱۳۷۴ در شهر سربره‌نیتسای یوگسلاوی است، به ویژه از لحاظ ناتوانی و بی‌پناهی قربانیان. امّا اگر حسابگری‌های بی‌رحمانه ملاک باشد به یقین رهبران جمهوری اسلامی گوی سبقت را از مرتکبان کشتار سربره‌نیتسا ربوده‌اند. تا هنگامی که گور معدومان این کشتار مخفی بماند و بازماندگان آن‌ها از سوگواری در مرگ آنان ممنوع باشند، جمهوری اسلامی به سرپیچی دایم از اصول مسلم حقوق بین‌الملل، که رهبرانش در سال ۱۹۸۸ بی‌رحمانه به پایمال کردنش برخاستند، متهم خواهد ماند.

جفری رابرتسون

دهم مه ۲۰۱۰

پیوست ۱: گاه‌شمار فشرده
رویدادهای مهم یاد شده در گزارش

۱۹۰۷ تدوین نخستین قانون اساسی نظام مشروطه در ایران.

۱۹۲۱ کودتای رضاخان.

۱۹۲۶ تاجگذاری رضا شاه پهلوی، انتصاب محمد رضا فرزند ارشد او به مقام ولیعهد شد.

۱۹۳۵ نام کشور رسماً ایران شد.

۱۹٤۱ اعلام بیطرفی ایران در جنگ جهانی دوم، امّا گرایش پادشاه به سوی نیروهای محور منجر به اشغال ایران توسط قوای انگلستان و شوروی شد. رضا شاه به نفع فرزندش محمد رضا از سلطنت استعفا نمود.

۱۹۵۰ آغاز مذاکرات بین دولت ایران و شرکت نفت ایران و انگلیس.

۱۹۵۱ مجلس شورای ملّی به اتفاق آراء اصل ملّی شدن صنعت نفت ایران را تصویب نمود و از پادشاه درخواست کرد که دکتر محمد مصدق، یکی از رهبران حرکت ملّی شدن صنعت نفت را به نخست وزیری منصوب کند. در یک حرکت تنبیهی، دولت بریتانیا ایران را مشمول محاصرهٔ اقتصادی قرار داد.

۱۹۵۳ پادشاه موقتاً ایران را ترک نمود، در حالیکه یک کودتای نظامی (با حمایت سی آی ای و ام آی ٦ منجر به سقوط دولت محمد مصدق شد. در پی کودتا، پادشاه با حمایت ارتش به ایران بازگشت.

۱۹٦۳ **ژانویه**

شاه آغاز انقلاب سفید را با اعلام شش اصل برنامهٔ اصلاحات اعلام نمود. آیت‌الله خمینی و دیگر آیت‌الله‌های بلند پایهٔ قم اعلامیه‌ای در اعتراض به اصلاحات منتشر نمودند.

ژوئن

۱۵ خرداد (۵ ژوئن): صدها تظاهر کننده در اعتراض به بازداشت آیت‌الله خمینی به خیابان‌ها ریختند. این بازداشت در پی یک سخنرانی خمینی در انتقاد به شاه صورت گرفته بود. چندین تظاهر کننده در این تظاهرات به دست نیروهای انتظامی کشته شدند.

۱۹٦٤ **نوامبر:** پس از شش ماه حبس خانگی خمینی از ایران تبعید شد.

۱۹۷۱ **اوت - سپتامبر**

دستگیری و شکنجهٔ یازده تن از دانشجویان مجاهد خلق. خشونت ساواک، پلیس مخفی، منجر به مخالفت روزافزون گروه های اپوزیسیون با شاه می شود.

اکتبر

برگزاری جشن های ۲۵۰۰ سالگی پادشاهی در ایران. حملهٔ فدائیان خلق به یک پاسگاه ژاندرمری و آغاز مبارزهٔ مسلحانه در کشور.

۱۹۷۲ محاکمه و اعدام رهبران سازمان مجاهدین خلق ایران.

۱۹۷۸ پادشاه شماری از زندانیان سیاسی را آزاد می‌کند امّا مخالفت عمومی اوج می‌گیرد.

سپتامبر

اختلال نظم عمومی با گسترش اعتراضات در همهٔ اقشار جامعه.

تظاهرات کنندگان، اعتصابیون و شورشیان همگی خواهان بازگشت خمینی شدند.

صدها تن در تظاهرات مختلف در سرتاسر کشور و در رویارویی با نیروهای انتظامی جان باختند. پس از جمعهٔ سیاه حکومت نظامی اعلام شد.

۱۹۷۹ ژانویه

انتخاب شاپور بختیار، از رهبران جبههٔ ملّی و از مخالفان دیرین شاه، به نخست وزیری؛ اعلام انحلال ساواک، آزادی مطبوعات و تظاهرات و خروج شاه از ایران. نخست وزیر از مردم خواست که خود را برای انتخابات آزاد و منصفانه آماده کنند که تنها راه نجات مملکت از بحران است.

۱۶ ژانویه: شاه ایران را برای همیشه ترک کرد.

فوریه

۱ فوریه: خمینی پس از ۱٤ سال تبعید به ایران بازگشت. انبوه جمعیت از او به عنوان رهبر و ناجی استقبال کرد. خمینی حاضر نشد قدرت خود را به آزمون انتخابات بگذارد

۵ فوریه: اعلام و تعیین حکومت موقت انقلابی و اسلامی به نخست وزیری مهدی بازرگان. حکومت جدید با تکیه بر کمیته‌های انقلاب و سپاه پاسداران انقلاب و شورای انقلاب که چندی قبل از پیروزی انقلاب تشکیل شده بود، آغاز به فعالیت کرد.

۱۱ فوریه: دولت بختیار در پی تظاهرات عمومی سرنگون شد.

۱۵ فوریه: اغاز اعدام‌های خودسرانهٔ مقام‌های بلندپایهٔ نظام شاهنشاهی

آوریل

اوّل آوریل: خمینی پیروزی خود را در پی موافقت اکثریت قاطع رأی دهندگان، در یک همه پرسی عمومی، با تشکیل جمهوری اسلامی اعلام کرد و گفت: "صبحگاه ۱۲ فروردین که روز نخستین حکومت الله است از بزرگترین اعیاد مذهبی و ملّی ماست."

مه

۱۵ **مه:** فرمان خمینی به رسانه‌های عمومی برای تبعیت از اصول و قوانین جمهوری اسلامی و تشدید روند اسلامی کردن مطبوعات که از ماه فوریه آغاز شده بود

۲٤ **مه:** خمینی: "هرکس مسیرش مسیر اسلام نباشد دشمن ماست."

ژوئیه

اخراج خبرنگاران خارجی از ایران به خاطر انتقاد از جمهوری اسلامی.

۲ ژوئیه: نامهٔ سرگشادهٔ جبههٔ دموکراتیک ملی (ائتلافی از نیروهای ملّی و چپگرا) به خمینی و انتقاد از رهبری خودسرانه اش.

۱۱ ژوئیه: تصویب قانون جدید مطبوعات؛ مجازات زندان تا دوسال برای نشر نوشته‌های توهین آمیز به اسلام، انقلاب و سران جمهوری اسلامی.

اوت

۳ اوت: انتخابات مجلس خبرگان رهبری، به جای مجلس مؤسسان، برای تدوین قانون اساسی جمهوری اسلامی.

۹-۱۳ اوت: تظاهرات علیه خودسری روزافزون نظام جمهوری اسلامی. آیت‌الله خمینی تظاهرات خیابانی مخالفان را ممنوع اعلام کرد.

۲۰ اوت: توقیف ۲۲ روزنامهٔ منتقد رژیم.

اکتبر

۱٤ اکتبر: مجلس خبرگان اصل ۸۷ (اصل یک صد و دهم) قانون اساس مبنی بر اعطای مقام فرماندهی کل قوا، و حق ابطال انتخابات رئیس جمهور، به خمینی را تصویب کرد.

نوامبر

۱ نوامبر: درخواست خمینی از دانشجویان برای وادار کردن آمریکا و اسرائیل به تسلیم شاه به جمهوری اسلامی.

٤ نوامبر: اشغال سفارت ایالات متحد آمریکا از سوی دانشجویان پیرو خط امام و گروگان گیری ۱۰۰ تن از کارمندان آن.

٦ نوامبر: استعفای دولت موقت بازرگان و جانشینی آن با شورای انقلاب.

دسامبر

۲ دسامبر: برگزاری رفراندم تأیید قانون اساسی جمهوری اسلامی و تسلط کامل ولایت فقیه خمینی بر عرصهٔ سیاسی و حکومتی کشور.

۱۹۸۰

ژانویه

۲٤ ژانویه: انتخاب ابوالحسن بنی صدر به ریاست جمهوری.

آوریل

۱۸ آوریل: انتقاد تند خمینی از غرب زدگی دانشگاه‌های کشور؛ حملهٔ حزب الله به دانشگاه و مجروح شدن صدها دانشجو.

ژوئن

۱۲ ژوئن: اعلام «انقلاب فرهنگی» به منظور اسلامی کردن محیط دانشگاه‌ها و تعطیل دوسالهٔ آن‌ها. تشکیل یک کمیته برای اسلامی کردن دانشگاه‌ها و متون درسی و انتصاب اعضای آن.

سپتامبر

۲۲ سپتامبر: آغاز جنگ ایران و عراق و حملهٔ نیروی هوایی عراق به فرودگاه‌های ایران.

۱۹۸۱

ژانویه

آزادی گروگان‌های سفارت آمریکا.

فوریه

٦ فوریه: مجروح شدن دست کم ۳۹ تن از تظاهرکنندگان مارکسیست لنینیست در تهران با حملهٔ نیروهای حزب اللهی.

مه

۲ مه: تظاهرات مجاهدین در اعتراض به تعطیل دانشگاه‌ها؛ کشته شدن سه تن و مجروح شدن ۱۰۰ تن در حملهٔ ایادی مسلح رژیم در خارج از محوطهٔ دانشگاه.

ژوئن

۲۰ ژوئن: تظاهرات گستردهٔ مجاهدین در دفاع از بنی صدر و کشته شدن شماری بزرگ از تظاهرکنندگان.

۲۲ ژوئن: عزل بنی صدر از ریاست جمهوری و فرار او و مسعود رجوی به پاریس؛ آغاز دستگیری و حبس مجاهدین خلق و هوادارانشان.

۲۸ ژوئن: کشته شدن دست کم ۷۳ نفر در انفجار ستاد حزب جمهوری اسلامی؛ در رویارویی با مجاهدین، نظام جمهوری اسلامی به استقرار حکومت ترور متوسل می‌شود.

اکتبر

رفسنجانی بر ضرورت نابودی مجاهدین منافق تأکید می‌کند؛ اعدام بسیاری از دستگیرشدگان.

محمدی گیلانی: شلاق زدن اگر برای تعذیر اسلامی باشد شکنجه نیست.

انتصاب حسینعلی نیری به عنوان قاضی شرع تهران.

انتخاب علی خامنه‌ای به ریاست جمهور.

انتصاب میرحسین موسوی به نخست وزیری.

نوامبر

۱۵نوامبر: بنا بر اظهارات حجت الاسلام موسوی تبریزی شش تا هفت هزار زندانی سیاسی از زمان خروج شاه به بعد در زندان‌های ایران در بازداشت به سر می‌برند.

دسامبر

۱۳ دسامبر: بنا بر گزارش عفو بین‌الملل، ۱٦۰۰ زندانی سیاسی از خرداد تا شهریور ۱۳٦۰ در ایران اعدام شده اند.

۱۹۸۲

ژانویه

۳۰ ژانویه: توزیع بخشنامه‌ای تحت عنوان طبقه بندی افراد گروهك منافقین و هواداران آن‌ها و نحوه برخورد با آنان، توسط شورای عالی قضایی جمهوری اسلامی ایران. در این بخشنامه شرایط آزادی توابین مشخص شده است.

فوریه- مارس

مطبوعات ایران خبر از کشف مخفیگاه‌های رهبران سازمان پیکار و فدائیان خلق (اقلیت) و کشته شدن آن‌ها می‌دهند.

آوریل

۱۶ آوریل: دستگیری نزدیک به یک هزار نفر، ازجمله برخی از روحانیان عالی‌رتبهٔ شیعه، به اتهام ارتباط با نقشهٔ کشتن آیت‌الله خمینی.

مه

گسترش و تشدید جنگ ایران و عراق.

ژوئن

۲۹ ژوئن: عراق از خروج آخرین واحدهای نظامی‌اش از خاک ایران خبر می‌دهد.

جمهوری اسلامی اعلام می کند که عقب نشینی و تخلیه خاک ایران توسط ارتش عراق شرایط ایران را برای پایان دادن جنگ برآورده نمی کند.

نوامبر

آغاز حملهٔ گستردهٔ واحدهای نظامی ایران به عراق.

۷ نوامبر: هاشمی رفسنجانی، رئیس مجلس شورای اسلامی: «حزب توده حزبی است بدنام با کارنامه‌ای کثیف.»

۱۹۸۳

فوریه

۷ فوریه: دستگیری رهبران و اعضای حزب توده.

۱۰فوریه: علی خامنه ای، رئیس جمهور: «هدف اصلی جنگ مجازات رهبران عراق است.»

مه

پخش تلویزیونی اعترافات رهبران حزب توده در روز کارگر و اعلام انحلال حزب توده؛ آغاز دستگیری رهبران گروه‌های متمایل به شوروی.

سپتامبر

۲۱ سپتامبر: بازگشایی دانشگاه‌های ایران.

۱۹۸۴

توزیع بخشنامه تحت عنوان دستورالعمل چگونگی رسیدگی به جرایم افراد وابسته به حزب توده، توسط شورای عالی قضایی.

فوریه

۸ فوریه: سازمان عفو بین‌الملل جمهوری اسلامی را به نقض گستردهٔ حقوق بشر محکوم می‌کند، ازجمله به خاطر اعدام بیش از ۵ هزار نفر در ۶ سال.

مه - ژوئن

نبردهای سنگین بین نیروهای نظامی ایران و عراق در حوالی اروند رود. ایران بصره را اشغال می‌کند و عراق آبادان را بمباران.

۱۹۸۵

مارس

ادامهٔ جنگ ایران و عراق و حملات هوایی به شهرها و مناطق غیر نظامی توسط نیروهای متخاصم.

آوریل- مه

تظاهرات خیابانی در تهران علیه جنگ و جمهوری اسلامی.

اکتبر

۱۰ اکتبر: علی خامنه‌ای برای بار دوّم به ریاست جمهور انتخاب می‌شود و از مجلس می‌خواهد که میرحسین موسوی را در مقام نخست وزیر ابقا کند.

نوامبر

۲۳ نوامبر: مجلس خبرگان آیت‌الله منتظری را برای جانشینی خمینی انتخاب می‌کند.

ادامهٔ حملات هوایی به شهرها توسط نیروهای متخاصم.

۱۹۸۶

مه

۲۰ مه: یک هیئت به ریاست معاون نخست‌وزیر جمهوری اسلامی ایران برای مذاکره وارد پاریس شد. این اوّلین هیئت عالیرتبه‌ای است که پس از پیروزی

انقلاب اسلامی ایران به فرانسه اعزام می‌شود.

ژوئن

اخراج رجوی و مجاهدین از فرانسه و آغاز اقامت آنان در یک اردوگاه عراقی در نزدیکی مرز ایران و عراق.

۱۹۸۷ ژوئن

مجاهدین خلق: اعلام تشکیل ارتش آزادی بخش ایران به قصد سرنگون کردن رژیم جمهوری اسلامی.

ژوئیه

۷ ژوئیه: صدور قطعنامهٔ شمارهٔ ۵۹۸ شورای امنیت سازمان ملل متحد شامل شرایط اعلام آتش بس در جنگ ایران و عراق.

۲۱ ژوئیه: ملغی دانستن آتش بس از سوی ایران و ادامهٔ جنگ و بمباران شهرهای دو طرف.

از سپتامبر به بعد وزارت اطلاعات فرم‌هایی را در زندان پخش می‌کند که در آن از زندانیان سیاسی در مورد اعتقادات سیاسی و دینی شان سؤال شده است.

۱۹۸۸ ژانویه

اعلام تشکیل «هیئت‌های عفو» برای تسریع آزادی برخی از زندانیان سیاسی.

مارس

با ادامهٔ جنگ و کشتار، صدام به استفاده از سلاح‌های شیمیایی علیه کردها در حلبچه و روستاهای ایران در مریوان استفاده می‌کند.

ژوئن

خمینی رئیس مجلس شورای اسلامی، علی اکبر هاشمی رفسنجانی، را به جانشینی فرمانده کل قوا منصوب می‌کند.

ژوئیه

۳ ژوئیه: هواپیمای مسافربری ایران در خلیج فارس هدف موشک یو اِس اِس وینسِن، ناو شکن آمریکائی، قرار می‌گیرد و همهٔ سرنشینانش کشته می‌شوند.

۱۴ ژوئیه: ایران آتش بس را برپایهٔ شرایط تصریح شده در قطعنامهٔ ۵۹۸ شورای امنیت سازمان ملل متحد

می‌پذیرد.

۲۰ ژوئیه: خمینی در یک سخنرانی رادیویی ترک مخاصمه با عراق را با اکراه می‌پذیرد و اعلام می‌کند که این کار برایش از نوشیدن جام شوکران نیز دشوارتر بوده است.

۲۵ ژوئیه: آغاز حملهٔ «فروغ جاویدان» مجاهدین خلق.

۲۸ ژوئیه: خمینی در فتوایی حکم کشتار همهٔ مجاهدین زندانی «سرموضع» را صادر می‌کند.

۲۹ ژوئیه: شکست حملهٔ مجاهدین و باز گشت ارتش آزادی بخش به عراق.

۲۹ ژوئیه- ۱۰ اوت: آغاز کار هیئت‌های مرگ و اعدام زندانیان سیاسی در زندان‌های اوین و گوهردشت و دست کم ۲۰ زندان دیگر ایران.

اوت

ادامهٔ «محاکمه» و اعدام زندانیان مجاهد.

۱ اوت: شکایت قاضی احمدی به خمینی و منتظری: دادستان و نمایندهٔ وزارت اطلاعات، اکثریت اعضای کمیته، رأی وی را خنثی می‌کنند.

۵ اوت: موسوی اردبیلی، رئیس قوه قضاییه: «مردم ما را تحت فشار قرار داده‌اند که آن‌ها (مجاهدین) را بدون استثنا اعدام کنیم.»

۱۳ اوت: منتظری با احضار اعضای کمیتهٔ مرگ از آن‌ها می‌خواهد که اعدام‌ها را دست کم در اعیاد مذهبی متوقف کنند. نیّری اعتراف می‌کند که «تا کنون ۷۵۰ نفر از زندانیان در تهران اعدام شده‌اند.»

۱۵ اوت: به محاسبهٔ منتظری بین ۲۸۰۰ تا ۳۸۰۰ تن از زندانیان در ده روز پس از صدور فتوا اعدام شده‌اند.

۲۰ اوت: با پذیرفته شدن قطعنامهٔ ۵۹۸ شورای امنیت از سوی ایران، جنگ با عراق رسماً پایان می‌پذیرد.

۲۶ اوت: با از سر گیری کار کمیته‌های مرگ «موج دوّم» کشتار آغاز می‌شود.

سپتامبر

۱ سپتامبر: موسوی اردبیلی، رئیس قوه قضاییه، به دادستان‌ها دستور می‌دهد که با چپگراهای کافر مقابله کنند.

۲ سپتامبر: هشدار سازمان عفو بین‌الملل دربارهٔ کشتار زندانیان در ایران.

۶ سپتامبر: امکان صدور فتوای دوّم در ضرورت کشتن زندانیان چپگرای کافر.

۸- ۶ سپتامبر: در نامه‌ای به علی خامنه‌ای و میرحسین موسوی، خمینی حق خود به صدور احکام تعزیر را به مجمع تشخیص مصلحت واگذار می‌کند.

اکتبر

پروفسور رنالدو گالیندوپل، نمایندهٔ ویژه سازمان ملل متحد، در گزارشی به مجمع عمومی سازمان تأکید می‌کند که ۲۰۰ تن از مجاهدین در زندان اوین اعدام و جسد ۸۶۰ تن از کشته‌شدگان نیز دستجمعی در گورستان‌های گمنام در تهران دفن شده اند.

نوامبر

۲۰ -۲۲ نوامبر: محلاتی، سفیر ایران در سازمان ملل متحد، در ملاقاتی با پروفسور پل ضمن رد ادعای کشتار مجاهدین در زندان، ادعا می‌کند که کشته‌شدگان در میدان‌های جنگ به قتل رسیده‌اند.

دسامبر

موسوی، در مصاحبه‌ای با خبرنگار یک تلویزیون اطریشی، از رفتار جمهوری اسلامی با چپگرایان و مجاهدین دفاع می‌کند.

۱۹۸۹

ژانویه

رفسنجانی اقرار می‌کند که «کمتر از هزار نفر» از زندانیان اعدام شده‌اند. پروفسور گالیندوپُل فهرست نام بیش از ۱۰۰۰ تن از قربانیان کشتار را به کمیسیون حقوق بشر ارائه می‌دهد.

فوریه

۱۴ فوریه: فتوای خمینی به قتل سلمان رشدی، مترجمان و ناشران آثارش.

نوامبر

در گزارشی به مجمع عمومی سازمان ملل متحد، پروفسور گالیندوپُل کشتار دستجمعی زندانیان سیاسی را در ایران تأیید می‌کند.

دسامبر

به تخمین سازمان عفو بین‌الملل شمار زندانیان سیاسی اعدام شده در ایران بیشتر از هزار بوده است.

۱۹۹۰

گماشتگان جمهوری اسلامی کاظم رجوی را در سوئیس و سیروس الهی را در پاریس به قتل می‌رسانند.

۱۹۹۱

شاپور بختیار، نخست وزیر پیشین ایران، در پاریس به دست عوامل جمهوری اسلامی کشته می‌شود.

پیوست ۲: کتابشناسی

Ervarnd Abrahamian, *Tortured Confessions: Prisons and Public Recantations in Modern Iran* (University of California Press, 1999).

Ervarnd Abrahamian, *The Iranian Mojahedin* (Yale, 1989).

Nasrin Alavi, *We are Iran* (Portobello, 2005).

Said Amir Arjomand, *The Turban for the Crown: The Islamic Revolution in Iran* (Oxford, 1988).

Michael Axworthy, *Iran – Empire of the Mind* (Penguin, 2007).

Fakhreddin Azimi, *The Quest for Democracy in Iran* (Harvard, 2008).

Ronan Bergman, *The Secret War with Iran* (One World, 2009).

Antonio Cassesse, *International Criminal Law* (Oxford, 2003).

Con Coughlin, *Khomeini's Ghost* (Macmillan, 2009)

Hamid Dabashi, *Theology of Discontent: The Ideological Foundation of the Islamic Revolution in Iran* (Transaction, 2005).

Adam Roberts and Richard Guelff (eds), *Documents on the Laws of War* (Clarendon Press, 2nd edn, 2002).

Haleh Esfandiari, *My Prison, My Home: One Woman's Story of Captivity in Iran* (Ecco, 2009).

Mohamed Heikal, *The Return of the Ayatollah: The Iranian Revolution from Mossadeq to Khomeini* (Andre Deutsch, 1981).

Dilip Hiro, *Islamic Fundamentalism* (Paladin, 1988)

Dilip Hiro, *The Longest War: The Iran-Iraq Military* Conflict (Paladin, 1990).

Ryszand Kapuscinski, *Shah of Shahs* (Harcourt, 1985).

Stephen Kinzer, *All the Shah's Men: An American Coup and the Roots of Middle East Terror* (John Wiley, 2008).

Sandra Mackay, *The Iranians: Persia, Islam and the Soul of a Nation* (Penguin, 1996).

Theodore Meron, *War Crimes Law Comes of Age* (Oxford, 1998).

Afshin Molavi, *The Soul of Iran: A Nation's Journey to Freedom* (WW Norton, 2002).

Tom Ginsberg and Tamir Mustafa (eds) *Rule by Law: The Politics of Courts in Authoritarian Regimes* (Cambridge, 2008).

Afar Nafisi, *Reading Lolita in Tehran* (Random House, 2007).

Kasra Naji, *Ahmadinejad: the Secret History of Iran's Radical Leader* (IB Taurus, 2008).

Marina Nemat, *Prisoner of Tehran* (John Murray, 2007).

William R Polk, *Understanding Iran: From Cyrus to Ahmadinejad* (Palgrave, 2009).

Geoffrey Robertson QC, *Crimes Against Humanity – The Struggle for Global Justice* (Penguin, 2006).

Geoffrey Robertson QC, *The Tyrannicide Brief* (Vintage, 2009).

Nigel S Rodley, *The Treatment of Prisoners in International Law* (Oxford, 3rd edn, 2009).

Majane Satrapi, *Persepolis* (Vintage, 2008)

William A Schabas, *Genocide in International Law* (Cambridge, 2nd edn,

2009).

Michael Newton and Michael Scharf,
*Enemy of the State: The Trial and Execution
of Saddam Hussein* (St Martin's Press, 2008).

Ray Takeyh, *Guardian of the Revolution:
Iran and the World in the Age of the
Ayatollahs* (OUP, 2009).

Yuma Tatoni, *The Tokyo War Crime Trial*
(Harvard, 2008).

یادداشت‌ها

۱ گزارش عفو بین‌الملل، ۲ سپتامبر ۱۹۸۸:

Amnesty International, *Iran: political executions*, UA235/88, MDE 13/14/88, 2 September 1988.

۲ تاریخ گزارش: ۲۱ مهر ۱۳۶۷. ن.ک. به:

Reynaldo Galindo Pohl, Interim Report annexed to Note by the Secretary General, ECOSOC Report, "Situation of Human Rights in the Islamic Republic of Iran," A/43/705, 13 October 1988 ("*Interim 1988 Report*"), paras 5–11, 59.

۳

Iran Research Group, Iran Yearbook 89/90, (MB Medien & Bucher Verlagsgesellschaft mbH, 1989).

۴ روزنامه اطلاعات، ۱ دی ۱۳٦۷، ص ۲.

۵ روزنامه کیهان، ٦ اسفند ۱۳٦۷، ص ۱٦.

۶ دیانت بهایی در سال ۱۲٤۱ خورشیدی در ایران ریشه گرفت و امروز شمار پیروان آن در کشور بیشتر از شمار پیروان ادیان دیگر، غیر از اسلام است. دین بهایی اصول اخلاقی مشترک در بین همهٔ ادیان را تأیید می‌کند و گفته می‌شود که بنیان گذارش، بهاءالله، برای پی‌ریزی یک تمدن جهانی احکام و قوانین تازه‌ای را به هوادارانش عرضه کرد. یکی از تعالیم اصلی کیش بهایی این است که همهٔ انسان‌ها اعضای یک خانواده‌اند و زمان آن فرا رسیده که همگی به یک جامعهٔ جهانی واحد بپیوندند. پس از انقلاب اسلامی، پیروان کیش بهایی که به نظر مسلمانان مرتد تلقی می‌شوند از حمایت قانون محروم و در معرض انواع فشارها و تبعیض‌ها قرار گرفته‌اند.

۷ ن.ک. به:

Reynaldo Galindo Pohl, *Report on the Situation of Human Rights in Iran*, 28 January 1987, E/CN.4/1987/23, para 82(b).

تا ۲ بهمن ۱۳۷۰ جمهوری اسلامی به هیچ نماینده‌ای از صلیب سرخ اجازه دیدار زندانیان را نداد. درست ۲ ماه بعد، در اول فروردین ۱۳۷۱ همهٔ نمایندگان این سازمان از ایران اخراج شدند. ن.ک. به:

Pohl, *Report on the Human Rights Situation in the Islamic Republic of Iran*, 28 January 1993, E/CN.4/1993/41, para 168.

۸ ن.ک. به:

Reynaldo Galindo Pohl, *Report on the Situation of Human Rights in Islamic Republic of Iran*, E/CN.4/1988/24, 25 January 1988, paras 82(7) and 82(8).

۹ ن.ک. به گزارش رینالدو گالیندوپل:

Reynaldo Galindo Pohl, *Interim 1988 Report*, supra note 2, para 47.

۱۰ گزارش روزنامه کیهان، ۱۵ مرداد ۱۳٦۷، ص ۱۵

۱۱ ن.ک. به:

Reynaldo Galindo Pohl, *Interim 1988 Report*, supra note 2, paras 69 and 71.

۱۲ ن.ک. به گزارش نماینده ویژهٔ سازمان ملل متحد رینالدو گالیندوپل:

Reynaldo Galindo Pohl, *Report on the situation of human rights in the Islamic Republic of Iran*, E/CN.4/1989/26, 26 January 1989, paras 15–18.

۱۳ ن.ک. به همان جا: بند ۶۸.

۱۴ ن.ک. به همان جا: بند ۶-۱۰.

سفیران ایران که در این دوران گالیندوپل را گمراه کردند عبارت بودند از محلاتی در نیویورک و سیروس ناصری در ژنو. ناصری در حال حاضر به کارهای تجاری مشغول است و محلاتی مقیم ایالات متحده آمریکا شده و هیچ یک هنوز به پرسش‌هایی که دربارهٔ آن‌ها مطرح شده پاسخی نداده است.

۱۵ ن.ک. به:

Ervand Abrahamian, *Tortured Confessions: Prisons and Public Recantations in Modern Iran* (University of California Press, 1999), 221.

۱۶ یکی از زندانیان، منیره برادران، در خاطراتش (حقیقت ساده: خاطراتی از زندان‌های جمهوری اسلامی ایران، تشکل مستقل دموکراتیک زنان ایرانی، ۱۳۷۵، نسخه الکترونیکی، ص. ٥٣٤-٤) می‌نویسد چگونه پس از مدتی در دیدار با گالیندو پل به این نکته پی برد که وی را در زندان اوین به دیدن بازیگرانی برده بودند که نقش زندانی را ایفا می‌کردند. طبیعتاً وی از آن‌ها جز تعریف از وضع زندان نشنیده بود. به نظر برخی گواهان، استاد پُل فریب خورده بود. به هرحال ساده لوحی که از گزارشش بر می‌آید دال بر این است که او از تجربه و هوش لازم در کار تحقیق در باب حقوق بشر بی بهره بوده است.

۱۷ ن.ک. به این گزارش که به تاریخ ۱۵ آبان ۱۳٦۹ منتشر شد:

Reynaldo Galindo Pohl, *Report on the Situation of Human Rights in the Islamic Republic of Iran*, A/45/697, 6 November 1990, para 230.

۱۸ ن.ک. به همان جا: بند ۲۴۰.

۱۹ ن.ک. به همان جا: بند ۱۳۶.

۲۰ ن.ک. به همان جا: بند ۱۴۲.

۲۱ ن.ک. به همان جا: بند ۲۱۵.

۲۲ ن.ک. به همان جا: بند ۲۵۶.

۲۳ ن.ک. به همان جا: بند ۲۹۰.

۲۴ ن.ک. به گزارش عفو بین‌الملل، گزارش نقض حقوق بشر در ایران، ۱۹۸۷–۱۹۹۰: قتل عام در زندان‌ها ۱۹۸۸، لندن، ۱ دسامبر ۱۹۹۰، فصل اوّل، "کشتار زندانیان سیاسی در سال ۱۹۸۸". متن فارسی این گزارش را می‌توان در کتابخانهٔ سایت بنیاد عبدالرحمن برومند یافت:

http://www.iranrights.org/farsi/document–349.php.

۲۵ چنین به نظر می‌رسد که پروفسور پُل علاقه خود را به تحقیق در مورد کشتارها از دست داده بود. در واقع، در گزارشش اشاره‌ای به آن‌ها نمی‌کند، گرچه عفو بین‌الملل در گزارشی که دوهفته پیش از منتشرشدن گزارش پُل انتشار یافته بود به تفصیل از آن‌ها یاد کرده است. ن.ک. به:

Report on the Human Rights Situation in the Islamic Republic of Iran, E/CN.4/1991/35, 13 February 1991.

وی در آخرین گزارشی که نوشت اعلام کرد که، درسال ۱۳۷۱، ١٦٤ تن زندانی سیاسی در ایران اعدام شده‌اند. ن.ک. به:

Final Report on the Situation of Human Rights in the Islamic Republic of Iran, E/CN.4/1993/41, 28 January 1993, para 281.

در همین سال، رژیم جمهوری اسلامی پی برده بود که پُل اطلاعاتش را دربارهٔ اعدام‌های سیاسی از رسانه‌های ایرانی بر می‌گرفته است که خود بازتابی از سخنان و بیانیه‌های خودستایانهٔ مقام‌های قضایی جمهوری اسلامی بودند. از همین رو، از این تاریخ به بعد رسانه‌های ایرانی اجازهٔ پخش این گونه اخبار را نداشتند. در یک سند محرمانه، امّا فاش شدهٔ، دولتی اظهار خوشوقتی شده است که «یکی از منابع خبررسانی پُل شناسایی و خنثی شده است.» ن.ک. به:

Interim report on the situation of human rights in the Islamic Republic of Iran, annexed to Note by the Secretary General transmitting the Pohl Report to the General Assembly, A/48/526, 8 November 1993, para 92.

۲۶ ن.ک. به:

Reynaldo Galindo Pohl, 8 November 1993, supra note 25, para 25.

۲۷ ن.ک. به:

Amnesty International, supra note 24, pages 12, 16, 14.

۲۸ در آگهی‌های درگذشت آیت‌الله منتظری به خطا آمده که وی در خاطراتش از کشتار ۳۰ هزار زندانی سخن گفته در حالی که تنها رقمی که وی در این باره به کار برده ۳۸۰۰ است. ن.ک. به:

"The Cleric Who Dared To Defy The Regime," *The Times*, 21 December 2009; The Australian, 22 December 2009.

۲۹ ن.ک. به:

Abrahamian, *Tortured Confessions*, supra note 15, 209.

۳۰ ن.ک. به:

Azar Nafisi, *Reading Lolita in Tehran* (Random House, 2003), 239.

۳۱ ن.ک. به: "گفتگو با محمد حسن ضیایی فرد دبیر کمیسیون حقوق بشر اسلامی"، پیام امروز، شماره ۳۸، نوروز ۱۳۷۹، ص ٣٤.

۳۲ مرکز اسناد حقوق بشر ایران، فتوای مرگبار: قتل عام زندانیان ١٣٦٧ ایران، نیو هیون، ۱۳۸۸، ص ۹۲.

۳۳ ن.ک. به:

Anne Applebaum, "*An Overlooked Force in Iran*," Washington Post, 23 June 2009.

۳۴ منابع کمک مالی به بنیاد عبدالرحمان برومند از جمله عبارت‌اند از:

The Oak Foundation, Sigried Rausing Trust, Open Society and the National Endowment for Democracy (see http://www.ned.org).

۳۵ ن.ک. به:

Kasra Naji, Ahmadinejad: *The Secret History of Iran's Radical Leader*, (IBTaurus, 2009), 119.

۳۶ ن.ک. به همان جا: بند ۲۰.

۳۷ محسن مخملباف، کارگردان و فیلمساز ایرانی، سخنگوی جنبش سبز در اروپا، نقش الهام بخش منتظری را طی یک سخنرانی در لندن به مناسبت دریافت جایزهٔ «آزادی آفریدن» تشریح کرد، چهارم آذر ماه ۱۳۸۸. ن.ک. به: www.freedomtocreate.com

۳۸ با همهٔ شهرتی که به عنوان یک مجتهد اعلم و انقلابی داشت، نگرانی منتظری دربارهٔ رفتار خشونت آمیز با زندانیان و نیز انتقادهایش از نابردباری رژیم و زیاده خواهی برخی از سران کلیدی نظام (گرچه به آرمان‌های انقلاب و به هم سنگرش بازرگان وفادار مانده بود) برای او مخالفان و دشمنانی تراشید که وی را به ساده لوحی متهم می‌کردند. ن.ک. به:

Fakhreddin Azimi, *The Quest for Democracy in Iran: A Century of Struggle against Authoritarian Rule* (Harvard, 2008), 372.

۳۹ «بیانات خمینی در قبرستان قم» تاریخ ۵۷/۱۲/۱۸، در صحیفهٔ نور (وزارت ارشاد اسلامی، بهمن ماه ١٣٦١) جلد ۵، ص. ۱۸۵. همچنین: «اعلامیه امام خمینی در آستانه ترک تهران به قم»، تاریخ ۵۷/۱۲/۹، در صحیفهٔ نور، جلد ۵، ص. ۱۲۲: «به خواست خداوند متعال به زودی درباره شکل حکومت رفراندم خواهد شد. لازم است تذکر دهم آنچه اینجانب به آن رای می‌دهم "جمهوری اسلامی" بوده است نه یک کلمه زیاد و نه یک کلمه کم».

۴۰ روزنامه کیهان، ١٤ فروردین ۱۳۵۸، ص ۳. همچنین ن.ک. به: "پیام رادیوتلویزیونی آیت‌الله خمینی پس از انجام رفراندم جمهوری اسلامی"، صحیفهٔ نور، (وزارت ارشاد اسلامی، بهمن ماه ١٣٦١)، جلد ۵، ص. ۲۳۶.

۴۱ حکم تنفیذ ریاست جمهوری بنی صدر از سوی خمینی، تاریخ ۱۳۵۸/۱۱/۱۵،

صحیفهٔ نور، (وزارت ارشاد اسلامی، بهمن ماه ۱۳۶۱)»، جلد ۱۱، ص. ۲۶۰.

۴۲ ن.ک. به:

Azimi, *The Quest for Democracy in Iran*, supra note 39, 363.

۴۳ ن.ک. به همانجا.

۴۴ در این بمب گزاری عوامل نزدیک به اتحاد جماهیر شوروی مورد سوؤظن قرار دارند، زیرا یکی از متنفذ ترین رهبران مذهبی در جمهوری اسلامی که شدیداً ضد کمونیست بود، هدف قرار گرفت و از بین رفت. ک. به:

Abrahamian, *The Iranian Mojahedin*, supra note 15, 220.

۴۵ سخنرانی خمینی برای اعضای خانواده جان باختگان حادثه انفجار بمب در دفتر حزب جمهوری اسلامی، منتشر شده در روزنامه کیهان ۱۳ تیر ۱۳۶۰، ص ۱۴. گزارش کامل‌تر این سخنرانی در روزنامه اطلاعات همان روز (ص ۱۰) منتشر شد که در آن خمینی، بر اساس حکم آنچه وی حکم خدا می‌پندارد، مردم را به شکلی هولناک تشویق به قتل اعضای سازمان مجاهدین خلق می‌کند: «مسئله در کتاب خدا هست که این اشخاص که مفسد هستند و ریختند توی خیابانها و مردم را می‌ترسانند، به حسب حکم خدا، حکمشان این است...نه اینکه بگویید خشونت شما نکنید، آن وقت به من هم بگویید که شما هم خشونت نکنید، این معنایش این است که ما و آن‌ها مثل هم هستیم... آن‌ها توحید را توحید طبقاتی می‌گویند. آن‌ها معاد را همین جا می‌دانند یعنی دنیا. آن‌ها غیر این دنیا را چیزی قائل نیستند. اما شما قائلید. آن روزی که این‌ها پیروز بشوند خدای نخواسته، شما فدای آن‌ها خواهید شد.»

۴۶ روزنامه اطلاعات، ۱۳ تیر ۱۳۶۰، ص ۱۰. مفهوم این سخنان آیت‌الله خمینی در بیانات موسوی تبریزی، دادستان کلّ انقلاب اسلامی بدینسان روشن می‌شود: "اگر این‌ها را دستگیر کردند دیگر معطل این نخواهند شد که چندین ماه این‌ها بخورند و بخوابند و بیت المال مصرف کنند این‌ها محاکمه‌شان توی خیابان است. هر کس کوکتل بدست گرفت و در برابر نظام جمهوری اسلامی ایستاد همانجا محاکمه شد. وقتی دستگیر و به دادستانی رسیدند محاکمه شده‌اند و حکمشان اعدام است.» ن.ک. به: روزنامه جمهوری اسلامی، ۳۰ شهریور ۱۳۶۰، ص ۱۱.

۴۷ خطبه نماز جمعه هاشمی رفسنجانی در روزنامه جمهوری اسلامی، ۱۳ تیر ۱۳۶۰، ص ۳ و ۸. همچنین نگاه کنید به سخنرانی خمینی در روزنامه اطلاعات، ۱۳ تیر ۱۳۶۰، ص ۱۰.

۴۸ روزنامه کیهان، ۱۱ مهر ۱۳۶۰، ص ۱۵

۴۹ روزنامه کیهان، ۲۷ مهر ۱۳۶۰، ص ۱۴

۵۰ ن.ک. به:

Sayyid Muhammad Rizvi, *Apostasy in Islam*, http://www.al-Islam.org/short/apostasy/, 8–12, and sources cited therein. Date accessed: 19 January 2011.

۵۱ روزنامه کیهان، ۱۳ اسفند ۱۳۵۹، ص ۳

۵۲ موسوی تبریزی، دادستان کل انقلاب، در روزنامه جمهوری اسلامی، ۲۴ آذر ۱۳۶۰، ص ۱۲

۵۳ ن.ک. به:

Abrahamian, *Tortured Confessions*, supra note 15, 125.

۵۴ این اطلاعات را از شهادت برخی از بازماندگان کشتار ۱۳۶۷ که در تظاهرات خرداد ۱۳۶۰ دستگیر شده بودند کسب کردم.

۵۵ در ۵ مرداد ۱۳۶۰ رادیو تهران اعلام کرد که یکی از اعضای کمیتهٔ مرکزی سازمان مجاهدین خلق، محمدرضا سعادتی، ظاهراً پس از یک محاکمهٔ اختصاری اعدام شده است (به نقل از نیویورک تایمز و رویترز).

۵۶ شورای ملّی مقاومت ایران که نخست از ائتلاف چند حزب سیاسی در مهاجرت تشکیل شده بود پس از چندی به یکی از ارگان‌های سازمان مجاهدین خلق تبدیل شد.

۵۷

Abrahamian, *Tortured Confessions*, supra note 15, 170.

۵۸ موسوی تبریزی در روزنامه جمهوری اسلامی، ۲ اسفند ۱۳۶۰، ص ۱۲

۵۹

Abrahamian, *Tortured Confessions*, supra note 15, 186.

۶۰ روزنامه جمهوری اسلامی، ۱۸ دی ۱۳۶۱، ص ۵

۶۱ خمینی در روزنامه جمهوری اسلامی، ۱۸ مرداد ۱۳۶۱، ص ۱۲

۶۲ محمد ری‌شهری در روزنامه کیهان، ۲۹ بهمن ۱۳۶۳، ص ۲

۶۳ بخشنامه شوارى عالى قضایى، شماره ۵۲۹۵۷/۱ «دستورالعمل چگونگی رسیدگی به جرایم افراد وابسته به حزب توده»، صادر شده توسط مرتضی مقتدایی، ۱۳ بهمن ۱۳۶۲.

۶۴ روزنامه اطلاعات، ۳۰ دی ۱۳۶۰.

۶۵ مقتدایی در روزنامه کیهان، ۱۷ دی ۱۳۶۶ ص ۱۷؛ همچنین ن.ک. به: روزنامه اطلاعات، ۱۳ دی ۱۳۶۶، ص ۲

۶۶ روزنامه اطلاعات، ۱۰ بهمن ۱۳۶۶، ص ۳

۶۷ ن.ک. به:

National Council of Resistance of Iran (NCRI), *Crime Against Humanity* (2001), 68–9.

۶۸ فریبا ثابت، مصاحبه در پاریس، ۲۴ ژوئن ۲۰۰۹.

۶۹ رضا شمیرانی، «خاطرات کشتار ۱۳۶۷ در زندان اوین» بخش‌های ۱ تا ۷. ن.ک. به:

http://www.didgah.net/maghalehMatnKamelHogh.php?id=6312

تاریخ آخرین بازدید: ۱۱ بهمن ۱۳۸۹.

۷۰ مرکز اسناد حقوق بشر ایران، ن.ک. به زیرنویس ۳۲، ص ۱۹ - ۱۳.

۷۱ ن.ک. به:

Con Coughlin, *Khomeini's Ghost: Ayatollah Khomeini's Islamic revolution and its enduring legacy* (Macmillan, 2009), 234–5.

۷۲

Dilip Hiro, *The Longest War: The Iran Iraq Military Conflict* (Palladum, 1990), 244–245

۷۳ روزنامه اطلاعات، ١٤ تیر ۱۳٦۷، ص ۲

۷۴ نامه خمینی به منتظری، در خاطرات سیاسی محمد ری‌شهری، ص ۲۵۵، منتشر شده در کتاب ایرج مصداقی، نه زیستن نه مرگ، جلد سوم: تمشک‌های ناآرام، چاپ دوم، آلفابت ماکزیما، ۱۳۸۵، ص. ۸۲.

۷۵ آیت‌الله اسلامی در روزنامه رسالت، ۲۹ تیر ۱۳٦٦، ص ۱۰.

۷۶ یک هوادار سازمان مجاهدین، مصاحبه در یکی از شهرهای اروپا، ۳۰ ژوئن ۲۰۰۹.

۷۷ مصاحبه مرکز اسناد حقوق بشر ایران با مهدی اصلانی (۲۰ خرداد ۱۳۸۸)، ن.ک. به: زیرنویس ۳۲، ص ١٦.

۷۸ رضوان مقدم، مصاحبه د ر برلن، ۱۱ تیرماه ۱۳۸۸.

۷۹ منوچهر اسحاقی، مصاحبه در پاریس، ۲۱ ژوئن ۲۰۰۹.

۸۰ شهاب شکوهی، مصاحبه در لندن، ١٤ ژوئن ۲۰۰۹.

۸۱ نیما پرورش، نبردی نابرابر: گزارشی از هفت سال زندان ۱۳٦۱ تا ۱۳٦۸، انتشارات اندیشه و پیکار، نسخه الکترونیکی ۱۳۸٦، ص ۵۲ و ۵۳.

۸۲ مهدی اصلانی عضو سابق سازمان فدائیان خلق ایران، گروه کشتگر، مصاحبه در فرانکفورت ۱۰ تیر ۱۳۸۸.

۸۳ ایرج مصداقی، نه زیستن نه مرگ، ن.ک. به زیرنویس ۷۴، ص. ٦٦ و ۱۰۰.

۸۴ مهندس، عضو سازمان فدائیان خلق ایران شاخهٔ اکثریت، مصاحبه در لندن، ۱۳ ژوئن ۲۰۰۹.

۸۵ شهاب شکوهی، ن.ک. به: زیرنویس ۸۰.

۸۶ حمید اشتری، مصاحبه در لندن، ۱۳ ژوئن ۲۰۰۹.

۸۷ شهاب شکوهی، ن.ک. به: زیرنویس ۸۰.

۸۸ اکبر صادقی، مصاحبه در کلن، ۸ تیر ۱۳۸۸. (مصاحبه شونده نام اکبر صادقی را، دوستی که در کشتار ٦۷ اعدام شده است، به عنوان نام مستعار خود برگزیده است.)

۸۹ مریم نوری، مصاحبه در کلن، ۳۰ ژوئن ۲۰۰۹.

۹۰ هوادار سازمان مجاهدین، ن.ک. به: زیرنویس ۷٦.

۹۱ مهدی اصلانی، ن.ک. به: زیرنویس ۸۲.

۹۲ مهرداد نشاطی ملکیانس، مصاحبه در فرانکفورت، ۱ ژوئیه ۲۰۰۹.

۹۳ این نکته را برخی از کسانی که با من مصاحبه کرده‌اند تأکید کرده‌اند و من انکار سازمان مجاهدین را باور نمی‌کنم. به عنوان کسی که در جوانی تشنهٔ خواندن خاطرات زندانیان جنگ جهانی دوّم بوده است، چنین به نظرم می‌رسد که هیچ بندی از زندان‌های اسیران جنگی نبوده است که در آن صدای رادیو بی‌بی سی از راه گیرنده‌های پنهان شده به گوش زندانیان نرسیده باشد. حتّی اعضای گروه تروریستی بادر ماینهوف، که در زندان به شدّت تحت مراقبت بودند، از راه ترانزیستورهای قاچاق شده از سرنوشت آدم ربایانی که تقاضای آزادی آن‌ها را می‌کردند با خبر می‌شدند. بسیاری از اعضای سازمان مجاهدین خلق دانشجویان رشتهٔ مهندسی بودند و از شنیدن خبرهایی که می‌رسید هیجان زده می‌شدند امّا، مدرکی وجود ندارد که از راه دستگاه‌های گیرنده و فرستنده با یاران خویش در عراق نقشه و خبر رد و بدل می‌کردند.

۹۴ خمینی، پیام به مناسبت سالگرد کشتار خونین در مکه و قبول قطعنامه ۵۸۹، ٦۷/٤/۲۹، صحیفه نور (وزارت ارشاد اسلامی، ۱۳٦۱)، جلد ۲۰، ص ۲۳۹.

۹۵

Dilip Hiro, supra note 73, 242–3.

۹٦ خمینی، ن.ک. به: زیرنویس ۹۴، ص ۲٤۱.

۹۷ همان، ص ۲٤۰.

۹۸ شمار کشته‌شدگان و مجروحان مورد اختلاف است. به اعتقاد باقر معین شمار قربانیان هر دو طرف صدها تن بوده است. ن.ک. به:

Baqer Moin, Khomeini: *Life of the Ayatollah* (Thomas Dunne Books, 2000), 278.

محمد محمدی ری‌شهری، وزیر وقت اطلاعات ادعا می‌کند که در این رویارویی ۳٤۰۰ مجاهد کشته، یا مجروح یا دستگیر شده‌اند. ن.ک. به: محمد محمدی ری‌شهری، خاطرات سیاسی، (مرکز اسناد انقلاب اسلامی، ۱۳۸٦)، ص ۱۷۱.

۹۹ خود فتوا تاریخی ندارد اما بر اساس آنچه در خاطرات منتظری نوشته شده تاریخ صدور آن مشخص است.

۱۰۰ مرتضی اشراقی در روزنامه اطلاعات، ۲۲ تیر ۱۳٦۷، ص ۲.

۱۰۱ میر حسین موسوی در جمع دانشجویان دانشگاه باهنر کرمان. ن.ک. به: آفتاب نیوز، ١٦ اردیبهشت ۱۳۸۸.

http://www.aftabnews.ir/vdcepw8v.jh8vzi9bbj.html

آخرین بازدید ۱۸ اردیبهشت ۱۳۹۰.

۱۰۲ محمدعلی امانی در مصاحبه با خبرگزاری دانشجویان ایران (ایسنا)، ۳۱ مرداد ۱۳۸۳.

۱۰۳ ن.ک. به:

Moin, supra note 98, 287–9.

۱۰۴ روزنامه کیهان، ۱۵ مرداد ۱۳٦۷، ص ۱۵

۱۰۵

Amnesty International, supra note 1.

۱۰٦ نخست زندانبانان به سراغشان آمدند، گرچه هم مجاهدین و هم چپگراها هر دو اصرار کردند که با آن‌ها به مثابه زندانیان سیاسی رفتار کنند و در بندِ مجرمان عادی قرار ندهند. هردو گروه خواستند که با «توّابین» گروه خود -که برای خبرچینی از یاران سابق تحت فشار بودند- هم بند نشوند. برخی از زندانیان مجاهد نیز تلاش کردند که با چپگراهای «کافر» یکجا محبوس نشوند.

۱۰۷ برپایهٔ برخی از گزارش‌ها در برخی موارد زندانیان در راه رفتن به پای چوبهٔ دار برای مدت کوتاهی به اطاق‌های انتظار برده می‌شدند تا اگر بخواهند وصیت‌نامهٔ خویش را بنویسند.

۱۰۸ خاطرات آیت‌الله حسینعلی منتظری، (شرکت کتاب، ۱۳۷۹)، ص ۳۵۷.

۱۰۹ ن.ک. به شورای ملّی مقاومت:

National Council of Resistance of Iran (NCRI), *The Massacre of Political prisoners*, (1999).

در سال ۱۳۸۰، شورای ملی مقاومت در جزوهٔ «جنایت علیه بشریت» تعداد کشته‌شدگان در سراسر ایران را ۳۰۰۰۰ نفر تخمین زده بود. این رقم، امّا، توضیح داده نشده است و به هرحال اغراق گونه به نظر می‌رسد. ن.ک. به زیرنویس ٦۷.

۱۱۰ مهندس، ن.ک. به: زیرنویس ۸۴.

۱۱۱ حمید اشتری، ن.ک. به: زیرنویس ۸۶.

۱۱۲ ابراهیم محمدرحیمی، هوادار سازمان مجاهدین خلق ایران، مصاحبه در لندن، ۱۳ ژوئن ۲۰۰۹.

۱۱۳ رضا شمیرانی، ن.ک. به: زیرنویس ۶۹.

۱۱۴ شهاب شکوهی، ن.ک. به: زیرنویس ۸۰.

۱۱۵ همان.

۱۱۶ ن.ک. به زیرنویس ۱۳۱.

۱۱۷ محمد رضا آشوغ، هوادار سازمان مجاهدین خلق، مصاحبه در آمستردام، ۲٦ خرداد ۱۳۸۸،

۱۱۸ جهانگیر اسماعیل پور، مصاحبه در آمستردام، ۲٦ خرداد ۱۳۸۸.

۱۱۹ فریبا ثابت، ن.ک. به: زیرنویس ٦۸.

۱۲۰ اکبر صادقی (نام مستعار)، ن.ک. به: زیرنویس ۸۸

۱۲۱ هوادار سازمان مجاهدین، ن.ک. به: ۷٦.

۱۲۲ مهدی اصلانی، ن.ک. به: زیرنویس ۸۲.

۱۲۳ مهرداد نشاطی ملکیانس، ن.ک. به: زیرنویس ۹۲.

۱۲۴ رحمت غلامی، مصاحبه با منیره برادران در تاریخ ۳۰ تیر ۱۳۸۷، منتشر شده در سایت بیداران، بازدید در تاریخ ۳۰ دی ۱۳۸۹. ن.ک. به:

http://www.bidaran.net/spip.php?article171

۱۲۵ رضا ساکی، مصاحبه، منتشر شده در سایت بیداران در ۱۱ آبان ۱۳۸۷، بازدید در تاریخ ۳۰ دی ۱۳۸۹. ن.ک. به:

http://www.bidaran.net/spip.php?article180

۱۲۶ ایرج مصداقی، ن.ک. به: زیرنویس ۸۳، ص ۱۳۳- ۱۲۹، ۱۴۳، ۱۵۲.

۱۲۷ نیما پرورش، ن.ک. به: زیرنویس ۸۱، ص ۵۸ - ٥٦.

۱۲۸ مریم نوری، ن.ک. به: زیرنویس ۸۹.

۱۲۹ رضا غفاری،، خاطرات یک زندانی از زندان‌های جمهوری اسلامی، ترجمه الف سامان، انتشارات آرش، مارس ۱۹۹۸، ص. ۲۵۱.

۱۳۰ شورای ملیّ مقاومت، ن. ک. به زیر نویس ٦۷ ، ص. ٤ و ۷. همچنین به حسینعلی منتظری، ن.ک. به زیرنویس ۱۰۸،ص ۳۵۲ تا ۳٥٤

۱۳۱ حسینعلی منتظری، ن.ک. زیرنویس ۱۰۸، ص ۳۵۳ - ۳۵۲ و ۳٥٤

۱۳۲ همان، ص ٦۰۲ (پیوست شماره ۱۵۷).

۱۳۳ همان، ص ۳۵۲

۱۳۴ همان، ص ۳۵۷

۱۳۵ ن.ک. به مرکز اسناد حقوق بشر ایران، زیرنویس ۳۲، ص ۳٦.

۱۳۶ همان، ص ٤۳

۱۳۷ همان، ص ٤۲

۱۳۸ مقتدایی، سخنگوی شورای قضایی، در روزنامه اطلاعات، ۱۰ شهریور ۱۳٦۷، ص ۱٤. شورای عالی قضایی همان آیه‌ای را ملاک عمل قرار می‌دهد که در فتوای آیت‌الله خمینی برای توجیه کشتار زندانیان مجاهد ذکر شده بود.

۱۳۹ روزنامه اطلاعات، ۱٦ شهریور ۱۳٦۷، ص ۲

۱۴۰ فلاحیان در روزنامه اطلاعات، ٤ مهر ۱۳٦۷، ص ۲

۱۴۱ روزنامه کیهان، ۲۰ آذر ۱۳٦۷، ص ۱٤

۱۴۲ ایران کنوانسیون ممنوعیت از نسل کشی (۱۹٤۸) را در ۱۷ آذر ۱۳۲۸ امضا کرد. این کنوانسیون در ۲۳ مرداد ۱۳۳۵ به تصویب مجلس رسید.

۱۴۳ مهندس، ن.ک. به زیرنویس ۸٤.

۱۴۴ شهاب شکوهی، ن.ک. به زیرنویس ۸۵.

۱۴۵ اکبر صادقی (نام مستعار) ن.ک. به زیرنویس ۸۸.

۱۴۶ مهدی اصلانی، ن.ک. به زیرنویس ۸۲.

۱۴۷ مهرداد نشاطی ملکیانس، ن.ک. به زیرنویس ۹۲.

۱۴۸ ایرج مصداقی، ن.ک. به زیرنویس ۸۳، ص ۲۰۲.

۱۴۹ نیما پرورش، ن.ک. به زیرنویس ۸۱، ص ٦٤ - ۵۹.

۱۵۰ مهیار مکی، در گزارش «به یاد جانباختگان: خاطرات بازماندگان قتل عام سال ۱۳٦۷»، مرکز اسناد حقوق بشر ایران، ۱۳۸۸، ص. ۲٤ و ۲۵، پاراگراف ۵۲ - ٤۹.

۱۵۱ فریبا ثابت، ن.ک. به زیرنویس ٦۸.

۱۵۲ شهلا آزاد (نام مستعار)، ن.ک. به زیرنویس ۳۲، ص ٦۹، پاراگراف ۷۹.

۱۵۳ منیره برادران، ن.ک. به زیرنویس ۱٦، ص ٤۷۱ - ٤۷۰.

۱۵۴ عفو بین‌الملل، ن.ک. به زیرنویس ۲٤، ص. ۱۵.

۱۵۵ رضا شمیرانی، ن.ک. به زیرنویس ٦۹. تاریخ بازدید: ۲۹ دی ۱۳۸۹.

۱۵۶ ن.ک. به مرکز اسناد حقوق بشر ایران، زیرنویس ۳۲، ص۷۸.

۱۵۷ ن.ک. به اعتراض عفو بین‌الملل به تخریب آرامگاه خاوران:

Amnesty International, *Iran: Preserve the Khavaran Grave Site for Investigation into Mass Killings*, Index MDE 13/006/2009, 20 January 2009.

۱۵۸ ن.ک. به: فصل اول این گزارش و همچنین زیرنویس ۳.

۱۵۹ شهادتنامه خانم سپیده، مرکز اسناد حقوق بشر ایران، «به یاد جانباختگان: خاطرات بازماندگان قتل عام سال ۱۳٦۷».

۱۶۰ ن.ک. به گزارش عفوبین‌الملل، زیرنویس ۲٤.

۱۶۱ ن.ک. به شورای ملّی مقاومت، زیرنویس ٦۷، ص.۸۱.

۱۶۲ خامنه‌ای در روزنامه رسالت، ۱٦ آذر ۱۳٦۷، ص ۲ و ۱۱

۱۶۳ ن.ک. به: فصل اول این گزارش و همچنین زیرنویس ٤.

۱۶۴ سپیده، ن.ک. به زیرنویس ۱۵۹، ص ٤۹ و ۵۰، پاراگراف ۳٤ و ۳۵.

۱۶۵ مریم نوری، ن.ک. به زیرنویس ۸۹.

۱۶۶ جهانگیر اسماعیل‌پور، مصاحبه، منتشر شده در سایت بیداران در ٤ مرداد ۱۳۸۷، بازدید در تاریخ ۳۰ دی ۱۳۸۹. ن.ک. به:

http://www.bidaran.net/spip.php?article159

۱۶۷ رضوان مقدم، ن.ک. به زیرنویس ۷۸.

۱۶۸ احمد موسوی، شب بخیر رفیق، نشر باران، ۱۳۸۳، چاپ اول، ص ۲۵۱ و ۲۵۲.

۱۶۹ رضا فانی یزدی، مصاحبه با منیره برادران، منتشر شده در سایت بیداران در ۱۷ خرداد ۱۳۸۷، بازدید در تاریخ ۳۰ دی ۱۳۸۹. ن.ک. به:

http://www.bidaran.net/spip.php?article153

۱۷۰ ن.ک. به مقالهٔ فرهاد مقدم در روزنامهٔ گاردین:

Farhad Mogaddam, 'Death comes to a dissident: A young woman's struggle to stay alive', *The Guardian*, 13 January 1989.

۱۷۱ ن.ک. به:

'Iran: Double Standard?' *The Economist*, 29 August 1998, 45.

۱۷۲ سیف الله منیعه، هوادار مجاهدین خلق، مصاحبه در دانمارک، ۸ مهرماه ۱۳۸۸. همکاری آقای سیف الله منیعه با این تحقیقات صرفاً برای دفاع از حق دادخواهی قربانیان و در حمایت از اقداماتی است که منجر به پیگرد قضایی مسئولین کشتار خواهد شد. این شاهد اگر چه تحلیل قاضی رابرتسون در مورد کشتار زندانیان را تأیید می‌کند امّا با نظر او در مورد ایدئولوژی و سیاست سازمان مجاهدین خلق ایران موافق نیست.

۱۷۳ حسین ملکی از هواداران سازمان فرقان، پیرو نظریات علی شریعتی، مصاحبه در سوئیس، ۱۹ مهر ۱۳۸۸.

۱۷۴ رضا شمیرانی، خاطرات...، ن.ک. به زیرنویس ٦۹.

۱۷۵ رضا شمیرانی، مصاحبه در سوئیس، ۱۵ و ١٦ مهر ۱۳۸۸.

۱۷۶ (خاطرات منتظری، ص ۳۵۱).

۱۷۷ ری‌شهری در روزنامه کیهان، ۲۹ بهمن ۱۳٦۳، ص ۲.

۱۷۸ سید محمد موسوی بجنوردی در روزنامه اطلاعات، ۱۲ بهمن ۱۳٦٦، ص ٤

۱۷۹ هر دولتی موظف به اجرای تعهدات ناشی از قراردادهایی است که دولت پیشینش به عهده گرفته باشد. ن.ک. به:

Western Electric Co. Inc. Claims, (1959)

بدیهی است که یک دولت حق درخواست ترک معاهده دارد (گرچه ایران تا کنون درخواست ترک معاهده‌های مذکور را نکرده است)، امّا حتی اگر این کاری را بکند، جنین ترک معاهده‌ای عطف به ما سبق نخواهد شد و وظیفهٔ دولت مبنی بر اجرای تعهدات ناشی از معاهدات بین‌المللی دولت پیشین را، در زمان قبیل از ترک معاهده، لوث نخواهد نمود. ن.ک. به:

Oppenheim's International Law, 234–5.

۱۸۰ این اصل که «هرکس دشمنی را بکشد، که سلاحش را به زمین افکنده و تسلیم شده، خود محکوم به مرگ است» اصلی بود که در سپاه پادشاه انگلیس (۱۶۴۰)، قشون اِرل اِسِکس (۱۶۴۲) و سپاه پادشاه اسکاتلند اجرا می‌شد. ن.ک. به:

Grosse, *Military Antiquities* (London, 1788) pp. 118 and 136 and Charles M Clode *The Military Forces of the Crown* (London 1869) Vol 1. pp. 422–5. Grosse (above), 136.

۱۸۱ ن.ک. به:

Geoffrey Robertson, *The Tyrannicide Brief: The Story of the Man Who Sent Charles I to the Scaffold* (Vintage, 2006), Chapter 10.

۱۸۲ هالینشِد، منبع مورد استناد شکسپیر به چنین حادثه‌ای اشاره نمی کند. تنها توجیهی که در این مورد مطرح شده است این بوده است که تعداد زندانیان فرانسوی از تعداد سربازان انگلیسی خیلی بیشتر بود، و اگر زنده می‌ماندند، ممکن بود جنگ را یک روز دیگر ادامه داده و پیروز شوند. ن.ک.:

Theodore Meron, *War Crimes Law Comes of Age* (Oxford, 1998).

۱۸۳ ن.ک. به:

H. Grotius, De Jure Belli ac Pacis Liberi Tres, Book iii, Chapter xi, Part xvi(i).

۱۸۴ ن.ک. به:

Lieber's Code *Instructions for the Government of Armies of the United States in the Field*, General Orders Number 100 (24 April 1863) Qtricle 148.

مادهٔ ۲۸ مقررات لیبر به ویژه تأکید می‌کند که " اعمال انتقام بی تناسب و ناروا [در جنگ] طرفین متخاصم را با قوانین و مقررات ناظر بر جنگ‌های عادی در تضاد قرار می‌دهد و آن‌ها را به ردهٔ وحوشی تنزل می‌دهد که دست به کشتار متقابل می‌زنند.

۱۸۵ ن.ک. به زیرنویس ۱۸۲.

Meron, *War Crimes Comes of Age*, 120.

۱۸۶ ن.ک. به:

Yuma Tatoni, *The Tokyo War Crime Trial* (Harvard, 2008), 164–6.

۱۸۷ ن.ک. به تفسیر چهارمین معاهدهٔ ژنو توسط کمیتهٔ بین‌الملل صلیب سرخ:

ICRC Commentary, Fourth Geneva Convention (1958), 51.

۱۸۸ ن.ک. به:

ICTY judgment, *The Prosecutor v Delalic* et al, IT–96–21–T, 16 November 1998, para 271.

۱۸۹ ن.ک. به:

Military and Paramilitary Activities In and Against Nicaragua (Nicaragua v USA (judgment)) ICJ Rep 1986, para 218. The ICTY Appeals chamber confirmed this in Prosecutor v Tadic (Decision on the defence motion for interlocutory appeal on jurisdiction) ICTY–94–1–AR72, 2 October 1995, para 102.

۱۹۰ ن.ک. به:

Legality of the Threat or Use of Nuclear Weapons (Advisory Opinion) ICJ Rep 1995 [para 25] *Legal Consequences of the Construction of a Wall in the Occupied Palestinian Territory* (Advisory Opinion) ICJ reports 2004, para 106.

در دوران جنگ تضمین‌های مصرّح در قوانین حقوق بشر باید، با توجه به «قوانین ویژهٔ حقوق بین‌الملل» که ناظر بر رفتار «انسانی» است تفسیر شوند. ن.ک. به:

Human Rights Committee General Comment 26 (61) on Issues Relating to the Continuity of Obligations to the ICCPR, UN doc CCPR/C/21/rev1add.8.rev.1, 8 December 1997, para 4.

۱۹۱ ن.ک. به:

Castillo–Pâes v Peru HR (Series C) No. 34 para 90 (1997) see also *Velâsquez–Rodriquez v Honduras* Inter–American Court HR (ser. C) No.4. para 157 (1988).

۱۹۲ ن.ک. به شدکو برعلیه بلاروس:

Schedko v Belarus, Communication No. 886/1999, 28 April 2003.

۱۹۳ ن.ک. به تاس برعلیه ترکیه و قبرس بر علیه ترکیه:

Tas v Turkey Application No.24396/924, (2000) para 80. *Cyprus v Turkey*, Application No. 25782/924 ECHR paras 157–58 (2001).

۱۹۴ ن.ک. به ولاسکز رودریگز، زیرنویس ۱۹۱.

۱۹۵ ن.ک. به:

IAC 66, OAS/ser/L/V/3, 29 doc 4, and see Padilla "Reparations" in *Aloeboetoe v Suriname* HRQ 17 (1995), 541.

۱۹۶ ن.ک. به حکم دادگاه نورنمبرگ:

"*The Nuremberg Judgment*" (1947) 41 American Journal of International Law 172.

۱۹۷ ن.ک. به:

Re Ohlendorf and Others (1948) 15 ILR 656.

۱۹۸ ن.ک. به جفری رابرتسون، جنایت علیه بشریت:

Geoffrey Robertson, *Crimes Against Humanity: the Struggle for Global Justice* (Penguin and New Press 2006), 260–61.

۱۹۹ ن.ک. به ایالات متحدهٔ آمریکا علیه اوهنلندورف:

United States v Ohlendorf (Case 9, 1946–7) IV trials of war criminals before the Nuremberg military tribunals, 498.

۲۰۰ ن.ک. به پروندهٔ مربوط به حکم بازداشت یازده آوریل سال ۲۰۰۰ (جمهوری دموکراتیک کنگو علیه بلژیک):

Case Concerning the Arrest Warrant of 11 April 2000 (Democratic Republic of the Congo v Belgium) ICJ decision, 14 February 2002.

۲۰۱ ن.ک. به آر علیه یاماشیتا:

R v Yamashita (1946) 327 US1.

۲۰۲ ن.ک. به دادستان علیه میتار واسیلژویک:

See *Prosecutor v Mitar Vasiljevic*, Case No. IT–98–32–T, para 227 (ICTY), 29 November 2002.

۲۰۳ این نظر مرکز اسناد حقوق بشر ایران است. ن.ک. به، فتوای مرگبار...، زیرنویس ۳۲، ص.۸۷–۸۸.

۲۰۴ ن.ک. به کنوانسیون پیشگیری و مجازات جرم نسل‌کشی، که بر اساس قطعنامهٔ ۲۶۰ A (III) مجمع عمومی سازمان ملل متحد در نهم دسامبر ۱۹۴۸ به تصویب رسید، و در ۲ ژانویه ۱۹۵۱ لازم الاجرا شد.

۲۰۵ ن.ک. به بحثی در این باره در:

The "*Crime of Political Genocide: repairing the Genocide Convention's Blind Spot*", in Yale Law Journal, Vol 106, No. 2259, 1997.

۲۰۶ ن.ک. به ویلیام آ. شاباس، نسل‌کشی در قانون بین‌الملل:

William A Schabas, *Genocide in International Law* (Cambridge, 2nd edn, 2009), 147.

۲۰۷ ن.ک. به دادستان علیه کییشما:

Prosecutor v Kayishema, 21 May 1999, para 98

۲۰۸ ن.ک. به کلیسای ایمان نوین علیه مقامات امور مالیاتی دادگاه عالی استرالیا:

Church of New Faith v Commissioner of Payroll Tax (1983) 57 ALJR 785 (High Court of Australia).

۲۰۹ برای چگونگی اجرای کنوانسیون پیشگیری و مجازات جرم نسل‌کشی ن.ک. به:

Bosnia and Herzergovenia v Serrbia and Montenegro, Case 91, ICJ judgement, 26 February 2007.

۲۱۰ ن.ک. به دادستان علیه کرستک:

The Prosecutor v Krstic, Case No. IT–98–33–T, judgment, ICTY trial chamber, 2 August 2001, para 589.

۲۱۱ ن.ک. به ب. وان شاک، جنایت نسل کشی سیاسی، زیر نویس ۲۰۵، ص. ۱۴۹.

۲۱۲ ن.ک. به:

Reservations to the Prevention on Genocide Case (1951) ICJ Rep. 15, 23.

۲۱۳ این حقایق برای ایجاد مسئولیت دولت کافی است. برای نمونه ن.ک. به دادستان علیه تادیک:

See *Prosecutor v Tadic* case No. IT–94–1–A Appeal Judgment, ICTY AC, 15 July 1999, para 131.

۲۱۴ صدور حکم اعدام به خاطر تعلقات مذهبی یا سیاسی (یا خدانشناسی) اصل انحصار مجازات اعدام به «فجیع ترین جنایات» را نقض می‌کند. برای نمونه ن.ک. به فشردهٔ نتیجه گیری‌های آمده در:

Human Rights Committee: Libyan Arab Jamahiriya, UN document CCPR/C/79/Add.101, 6 November 1998, para 8 and The Human Rights Committee: Sudan, UN document CCPR/C/79/Add.85, 19 November 1997, para 8.

افزون بر این کمیتهٔ حقوق بشر سازمان ملل متحد نگرانی خود را نسبت به «ارتکاب جرایم مبهم» علیه امنیت داخلی و خارجی اعلام کرده است. ن.ک. به فشردهٔ نتیجه گیری‌های:

The Human Rights Committee: *Kuwait*, UN document CCPR/CO/69/KWT, 27 July 2000, para 13; and The Human Rights Committee: *Viet Nam*, UN document CCPR/CO/75/VNM, 26 July 2002, para 7).

و نیز در بارهٔ «مبهم بودن تعریف جرایم سیاسی که صدور حکم اعدام در بارهٔ آن‌ها را عملاً به ملاحظات شخصی دادستان و قاضی واگذار می‌کند» ن.ک. به فشردهٔ نتیجه گیری‌های:

The Human Rights Committee: *Democratic People's Republic of Korea*, UN document CCPR/CO/72/PRK, 27 August 2001, para 13.

۲۱۵ ن.ک. به اوچالان علیه ترکیه:

Ocalan v Turkey No. 46221/99 ECHR 2005 paras 148–9.

۲۱۶ برای نمونه ن.ک. به ملاحظات کمیتهٔ حقوق بشر سازمان ملل متحد در بارهٔ سودان:

UN document CCPR/C/79/ Add.85, 19 November 1997, para 8.

۲۱۷ ن.ک. به:

Newton and Scharf, *Enemy of the State: the Trial and Execution of Saddam Hussein* (St Martin's Press 2008).

۲۱۸ ن.ک. به جفری رابرتسون، جنایت علیه بشریت:

Geoffrey Robertson, *Crimes Against Humanity* (Penguin 2006), 602–9

۲۱۹ ن.ک به دادستان علیه کوچکا:

Prosecution v Kvocka et al, Case No. IT–98–30/1–A, Appeal Judgment, 28 February 2005, 285–91.

۲۲۰ ن.ک. به:

(1969) 12 Year Book of European Convention Law 505.

۲۲۱ ن.ک. به باتی علیه ترکیه؛ محمداف علیه آذربایجان؛ و همچنین نایجل اس. رادلی، رفتار با زندانیان بر مبنای قانون بین‌الملل:

See *Bati v Turkey* (No.33097/96;57834–00) ECHR, 3 June 2004, paras 114 and 117; Mammadov v Azerbaijan (No.34445/04) ECHR, 11 January 2007, paras 66, 68– 69; Nigel S Rodley *The Treatment of Prisoners under International Law* (Oxford, 3rd edn, 2009), 96.

۲۲۲ ن.ک. به دادگاه اروپایی حقوق بشر:

European Court of Human Rights Series A No.25, paras 96–97.

۲۲۳ ن.ک. به سلمونی علیه فرانسه:

Selmouni v France (No. 25803, 1994) European Commission of human Rights Report 1999, paras 96–97.

۲۲۴ ن.ک. به دادستان علیه بردانین:

Prosecutor v Brdanin (1 September 2004) Trial Judgment para 483, Appeal Judgment paras 243–252.

۲۲۵ به ترتیب ن.ک. به تایرر علیه انگلستان؛ سزار علیه ترینیداد و توباگو؛ کورتیس فرانسیس دابلر علیه سودان:

See respectively *Tyrer v UK* (No.5856/72) 1978 Series A, No 26; *Caesar v Trinidad and Tobago* 2005 Series C No.123 and *Curtis Francis Doebbler v Sudan* Communication 236/2000 16th Activity Report, 2002–3

۲۲۶ ن.ک. به رادلی، زیر نویس ۲۲۱، ص. ٤٤٥.

۲۲۷ ن.ک. به پینوشه:

Pinochet No.3 [2000] 1 AC 147 at 198 per Lord Browne– Wilkinson

۲۲۸ ن.ک. به الادسانی علیه کویت:

See *Al–Adsani v. Government of Kuwait* (1996) 107 ILR 536 and see also *Al–Adsani v United Kingdom* (No.2) (35763/97) European Court of Human Rights, 21 November 2001.

۲۲۹ ن.ک. به جمهوری دموکراتیک کنگو علین بلژیک:

DRC v Belgium [2002] ICJ Rep 3 see para 61 in

particular.

هر دولتی می‌تواند مصونیت سیاسی یا دیپلماتیک هر یک از اتباع خود را لغو کند. دولت فیلیپین در مورد فردیناند مارکوس، رئیس جمهور این کشور، چنین کرد.

۲۳۰ ن. به:

Ian Brownlie, *Principles of Public International Law* (OUP, 6th edn, 2003), 303.

۲۳۱ «قانون حمایت از قربانی شکنجه» (مصوب ۱۹۹۲) تعقیب مقامات دولتی خارجی را، که دستور شکنجه یا اعدام بی محاکمهٔ اتباع ایالات متحدهٔ آمریکا یا خویشاوندان درجهٔ یک آنان را در کشور دیگری داده اند، مجاز شمرده است.

۲۳۲ ن.ک. به تراجانو علیه مارکوس. دادگاه فدرال تجدید نظر در این مورد حکم داد که مصونیت شامل اعمالی چون شکنجه، آدم ربایی و قتل نمی شود.

Trajano v Marcos 878 F 2d 40 and 39 (9th Circuit) and *Re Estate of Ferdinand Marcos Litigation* (1992) 978 F 2d 493, 498 (9th Circuit).

۲۳۳ ن.ک. به:

Filartiga 1986 3OF 2d 876, *Kadic v Karadzic* (1995) 70 F 3d 232 (2nd Circuit).

۲۳۴ ن.ک. به کمیسیون قوانین بین‌الملل:

International Law Commissions, Articles on Responsibility of States for International Wrongful Acts (2001) Articles 1, 30 and 31.

۲۳۵ در مورد ولاسکز رودریگز، دادگاه حقوق بشر آمریکای شمالی و جنوبی اعلام کرد که قانون بین‌الملل مقولهٔ غرامت برای تنبه و عبرت را نمی پذیرد:

In *Velsquez Rodriguez*, the Inter-American Court of Human Rights held that international law did not recognise the concept of punitive or exemplary damages (Series C No.7 1989). See also *Letelier v Moffitt*, (1992) 88 ILR 727.

۲۳۶ گزارش‌های قضایی ایران اغلب از حسینعلی (جعفر) نیری نام می‌برند.

۲۳۷ دفتر وکالت وی نیز در تهران و در تقاطع خیابان‌های ویلا و سپند است.

۲۳۸ این آگاهی‌ها را ایرج مصداقی، در ۲۰ اسفند ۱۳۸۸ در اختیار نگارنده گذاشته است.

۲۳۹ در دوران ریاست جمهوری خاتمی، وی، به اتهام شرکت در «قتل‌های زنجیره ای» مجبور به استعفا شد امّا خامنه‌ای او را زیر چتر حمایتش قرار داد. وی در کابینهٔ احمدی نژاد به مقام وزارت رسید.

۲۴۰ ن.ک. به گزارش دیده بان حقوق بشر، آمران قتلها: کابینه امنیتی دولت جدید ایران، نیویورک، دسامبر ۲۰۰۵.

۲۴۱ ن.ک. به: شورای ملّی مقاومت، زیرنویس ٦٧، ص. ٥٧.

۲۴۲ او در خطبهٔ نماز جمعهٔ ١٤ مرداد ماه ١٣٦٧ با اشاره به زندانیان مجاهد گفت: "قوهٔ قضایی در فشار است که چرا این‌ها محاکمه می‌شوند، قوهٔ قضایی در فشار است که چرا تمام این‌ها اعدام نمی شوند و یک دسته شان زندانی می‌شوند (شعار منافق زندانی اعدام باید گردد از سوی نمازگزاران) ... مردم می‌گویند باید از دم اعدام شوند. قاضی از آنطرف گرفتار یک سلسله مسائل است که ضوابط این است و محاکمه این است. از این طرف در فشار افکار عمومی... ما ده تا ده تا، بیست تا بیست تا محاکمه می‌کنیم... متأسفانه می‌گویند ثلث شان از بین رفته، ای کاش همه شان از بین بروند و یک مرتبه مسئله تمام بشود. " در روزنامه جمهوری اسلامی، ١٥ مرداد ماه ١٣٦٧، ص. ١٠.

۲۴۳ ن.ک. به:

Phillippe Sands *Torture Team – Deception, Cruelty and the Compromise of Law* (Alan Lane, 2008) 30.

۲۴۴ ن.ک. به گزارش گالیندوپل، ژانویهٔ ۱۹۸۹، زیرنویس ۱۲. همچنین ن.ک. به کاوه شهروز:

"With Revolutionary Rage and Rancour: A Preliminary Report on the 1988 Massacre of Iran's Political prisoners" (2007) 20 Harvard Human Rights Journal 227, 241.

شهروز یاد آوری می‌کند که یکی دیگر از منکران کشتار در این زمان عبدالله نوری، وزیر کشور بود. وی ده سال بعد از این تاریخ به عنوان یکی از رهبران جنبش اصلاح طلبی از سوی رژیمی که وی در آغاز از هواداران پرو پا قرصش بود به زندان افتاد.

۲۴۵ ن.ک. به ناجی، زیرنویس ۳۵، فصل ۱۳، ص. ٣٤-٣٦.

۲۴۶ ن.ک. به باقر معین، زیرنویس ۹۸، ص. ۲٦۳.

۲۴۷ ن.ک. به شهروز، زیرنویس ۲۴۴، ص. ۲۴۱-۲۴۲. همچنین ن.ک. به رضا افشاری، حقوق بشر در ایران:

Reza Afshari, *Human Rights in Iran*, University of Pennsylvania Press, (2001), 113.

۲۴۸ گرچه، زهرا رهنورد، همسر موسوی، در تجمعات دانشجویان پس از تظاهرات ۱۳۸۸، سازمان مجاهدین خلق را به عنوان یک سازمان تروریستی محکوم شناخته است. ن.ک. به مقالهٔ مازیار بهاری در نیوزویک:

Maziar Bahari, "Who is behind Tehran's Violence?" Newsweek Web Exclusive, 17 June 2009.

۲۴۹ ن.ک. به مجلهٔ نیو استیت من:

"Meet the Ayatollahs", *New Statesman*, 10 August 2009, 30.

۲۵۰ ن.ک. به مقالهٔ کاترین فیلیپ در روزنامهٔ تایمز ایران: "اعدام دگراندیشان هشداری به اپوزیسیون":

Catherine Philip, 'Iran executes alleged dissidents "to warn opposition"', *The Times*, 29 January 2010, 9.

۲۵۱   ن.ک. به کتاب هالهٔ اسفندیاری:

Haleh Esfandiari, *My Prison, My Home: One Woman's Story of Captivity in Iran* (Ecco, 2009).

اسفندیاری، مدیر یکی از برنامه‌های مرکز وودرو ویلسون واشنگتن دی سی، در سفری که برای دیدار مادرش به تهران کرده بود دستگیر شد و چند ماهی درزندان اوین به سر برد. خاطرات او سند مهمی در تشریح روحیهٔ حاکم بر وزارت اطلاعات است که اعضای آن را قانع ساخته که سرچشمهٔ «جنبش سبز» قطعاً توطئه‌های صهیونیستی و غربی بوده.

۲۵۲   ن.ک به گزارش ایران به شورای حقوق بشر سازمان ملل متحد:

Iran National Report, 18 November 2009, A/HRC/WG.6/7/IR

۲۵۳   ن.ک. به مقالهٔ هفته نامهٔ اکونومیست:

"Iran: Barricades and the Bomb', *The Economist*, 13 February 2010"

۲۵۴   ن.ک. به مقالهٔ روزنامهٔ نیویورک تایمز:

"*US sees opportunity to press Iran on nuclear fuel*", NewYork Times, 3 January 2010.

۲۵۵   برای نمونه، ن.ک. به وبسایت ایرج مصداقی:

www.irajmesdaghi.com